에듀윌과 함께 시작하면,
당신도 합격할 수 있습니다!

오랜 직장 생활을 마감하며 찾아온 앞날에 대한 막연한 두려움
에듀윌만 믿고 공부해 합격의 길에 올라선 50대 은퇴자

출산한지 얼마 안돼 독박 육아를 하며 시작한 도전!
새벽 2~3시까지 공부해 8개월 만에 동차 합격한 아기엄마

만년 가구기사 보조로 5년 넘게 일하다, 달리는 차 안에서도
포기하지 않고 공부해 이제는 새로운 일을 찾게 된 합격생

누구나 합격할 수 있습니다.
시작하겠다는 '다짐' 하나면 충분합니다.

마지막 페이지를 덮으면,

에듀윌과 함께
공인중개사 합격이 시작됩니다.

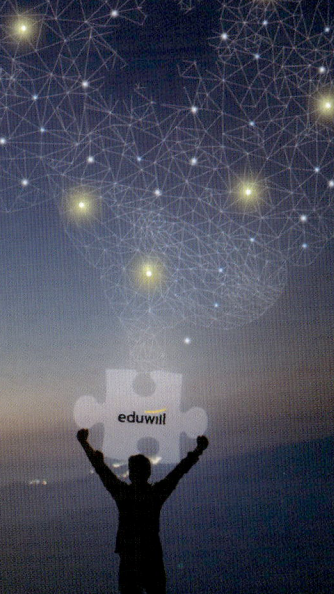

공인중개사 1위

15년간 베스트셀러 1위
에듀윌 공인중개사 교재

탄탄한 이론 학습! 기초입문서/기본서/핵심요약집

기초입문서(2종)

기본서(6종)

1차 핵심요약집+기출팩(1종)

출제경향 파악, 실전 엿보기! 단원별/회차별 기출문제집

단원별 기출문제집(6종)

회차별 기출문제집(2종)

다양한 문제로 합격점수 완성! 기출응용 예상문제집/실전모의고사

기출응용 예상문제집(6종)

실전모의고사(2종)

* 2023 대한민국 브랜드만족도 공인중개사 교육 1위 (한경비즈니스)
* YES24 수험서 자격증 공인중개사 베스트셀러 1위 (2011년 12월, 2012년 1월, 12월, 2013년 1월~5월, 8월~12월, 2014년 1월~5월, 7월~8월, 12월, 2015년 2월~4월, 2016년 2월, 4월, 6월, 12월, 2017년 1월~12월, 2018년 1월~12월, 2019년 1월~12월, 2020년 1월~12월, 2021년 1월~12월, 2022년 1월~12월, 2023년 1월~12월, 2024년 1월~12월, 2025년 1월~10월별 베스트, 매월 1위 교재는 다름)
* YES24 국내도서 해당분야 월별, 주별 베스트 기준

에듀윌 공인중개사

합격을 위한 비법 대공개! 합격서&부교재

이영방 합격서
부동산학개론

심정욱 합격서
민법 및 민사특별법

임선정 합격서
공인중개사법령 및 중개실무

김민석 합격서
부동산공시법

한영규 합격서
부동산세법

오시훈 합격서
부동산공법

신대운 합격서
쉬운민법

심정욱 핵심체크 OX
민법 및 민사특별법

오시훈 키워드 암기장
부동산공법

핵심 테마를 빠르게 공략하는 단기서

이영방 합격패스 계산문제
부동산학개론

심정욱 합격패스 암기노트
민법 및 민사특별법

임선정 그림 암기법
공인중개사법령 및 중개실무

김민석 테마별 한쪽정리
부동산공시법

오시훈 테마별 비교정리
부동산공법

시험 전, 이론&문제 한 권으로 완벽 정리! 필살키

이영방 필살키　심정욱 필살키　임선정 필살키　오시훈 필살키　김민석 필살키　한영규 필살키　신대운 필살키

더 많은 공인중개사 교재

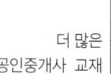 

eduwill

* 해당 교재의 이미지는 변경될 수 있습니다.

공인중개사 1위

공인중개사,
에듀윌을 선택해야 하는 이유

9년간 아무도 깨지 못한 기록
합격자 수 1위

합격을 위한 최강 라인업
1타 교수진

공인중개사

합격만 해도 연 최대 300만원 지급
성공 DREAM 지원금

업계 최대 규모의 전국구 네트워크
동문회

* 2023 대한민국 브랜드만족도 공인중개사 교육 1위 (한경비즈니스)
* KRI 한국기록원 2016, 2017, 2019년 공인중개사 최다 합격자 배출 공식 인증 (2025년 현재까지 업계 최고 기록) * 에듀윌 공인중개사 과목별 온라인 주간반 강사별 수강점유율 기준 (2024년 11월)
* 성공 DREAM 지원금 신청은 에듀윌 공인중개사 VVIP 프리미엄 성공패스 수강 후 2027년까지 공인중개사 최종 합격자에 한해 가능합니다. (상세 내용 홈페이지 유의사항 확인 필수)

에듀윌 공인중개사

1위 에듀윌만의
체계적인 합격 커리큘럼

합격자 수가 선택의 기준, 완벽한 합격 노하우
온라인 강의

① 전 과목 최신 교재 제공
② 업계 최강 교수진의 전 강의 수강 가능
③ 합격에 최적화 된 1:1 맞춤 학습 서비스

합격을 꿈꾼다면, 오늘은 용어부터! 필수용어집 신청

최고의 학습 환경과 빈틈 없는 학습 관리
직영학원

① 현장 강의와 온라인 강의를 한번에
② 시험일까지 온라인 강의 무제한 수강
③ 강의실, 자습실 등 프리미엄 호텔급 학원 시설

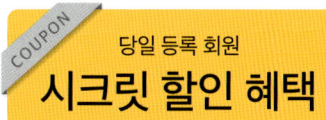

설명회 참석 당일 등록 시 특별 수강 할인권 제공

친구 추천 이벤트

" **친구 추천**하고 한 달 만에
920만원 받았어요 "

친구 1명 추천할 때마다 현금 10만원 제공
추천 참여 횟수 무제한 반복 가능

친구 추천 이벤트
바로가기

※ *a*o*h**** 회원의 2021년 2월 실제 리워드 금액 기준
※ 해당 이벤트는 예고 없이 변경되거나 종료될 수 있습니다.

자세한 내용이 궁금하다면 1600-6700
* 2023 대한민국 브랜드만족도 공인중개사 교육 1위 (한경비즈니스)

공인중개사 1위

합격자 수 1위 에듀윌
7만 건이 넘는 후기

고○희 합격생

부알못, 육아맘도 딱 1년 만에 합격했어요.

저는 부동산에 관심이 전혀 없는 '부알못'이었는데, 부동산에 관심이 많은 남편의 권유로 공부를 시작했습니다. 남편 지인들이 에듀윌을 통해 많이 합격했고, '합격자 수 1위'라는 광고가 좋아 에듀윌을 선택하게 되었습니다. 교수님들이 커리큘럼대로만 하면 된다고 해서 믿고 따라갔는데 정말 반복 학습이 되더라고요. 아이 둘을 키우다 보니 낮에는 시간을 낼 수 없어서 밤에만 공부하는 게 쉽지 않아 포기하고 싶을 때도 있었지만 '에듀윌 지식인'을 통해 합격하신 선배님들과 함께 공부하는 동기들의 위로가 큰 힘이 되었습니다.

이○용 합격생

군복무 중에 에듀윌 커리큘럼만 믿고 공부해 합격

에듀윌이 합격자가 많기도 하고, 교수님이 많아 제가 원하는 강의를 고를 수 있는 점이 좋았습니다. 또, 커리큘럼이 잘 짜여 있어서 잘 따라만 가면 공부를 잘 할 수 있을 것 같아 에듀윌을 선택했습니다. 에듀윌의 커리큘럼대로 꾸준히 따라갔던 게 저만의 합격 비결인 것 같습니다.

안○원 합격생

5개월 만에 동차 합격, 낸 돈 그대로 돌려받았죠!

저는 야쿠르트 프레시매니저를 하다 60세에 도전하여 합격했습니다. 심화 과정부터 시작하다 보니 기본이 부족했는데, 교수님들이 하라는 대로 기본 과정과 책을 더 보면서 정리하며 따라갔던 게 주효했던 것 같습니다. 합격 후 100만 원 가까이 되는 큰 돈을 환급받아 남편이 주택관리사 공부를 한다고 해서 뒷받침해 줄 생각입니다. 저는 소공(소속 공인중개사)으로 활동을 하고 싶은 포부가 있어 최대 규모의 에듀윌 동문회 활동도 기대가 됩니다.

다음 합격의 주인공은 당신입니다!

더 많은 합격 비법

* 본 합격수기는 실제 수강생의 솔직한 의견을 포함하고 있습니다. (이벤트 혜택을 제공받았음)
* 에듀윌 홈페이지 게시 건수 기준 (2025년 10월 기준)
* 2023 대한민국 브랜드만족도 공인중개사 교육 1위 (한경비즈니스)

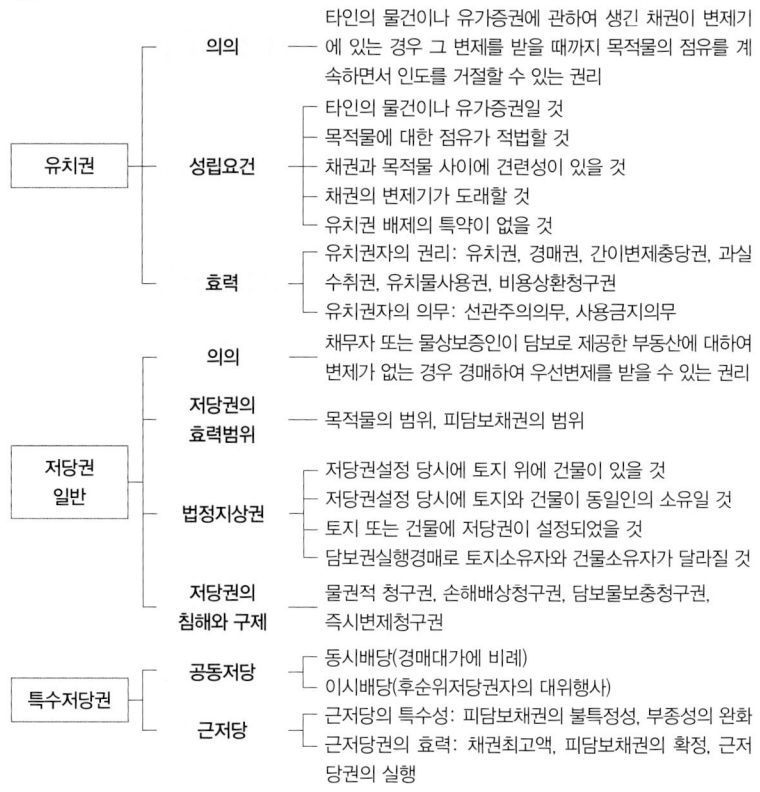
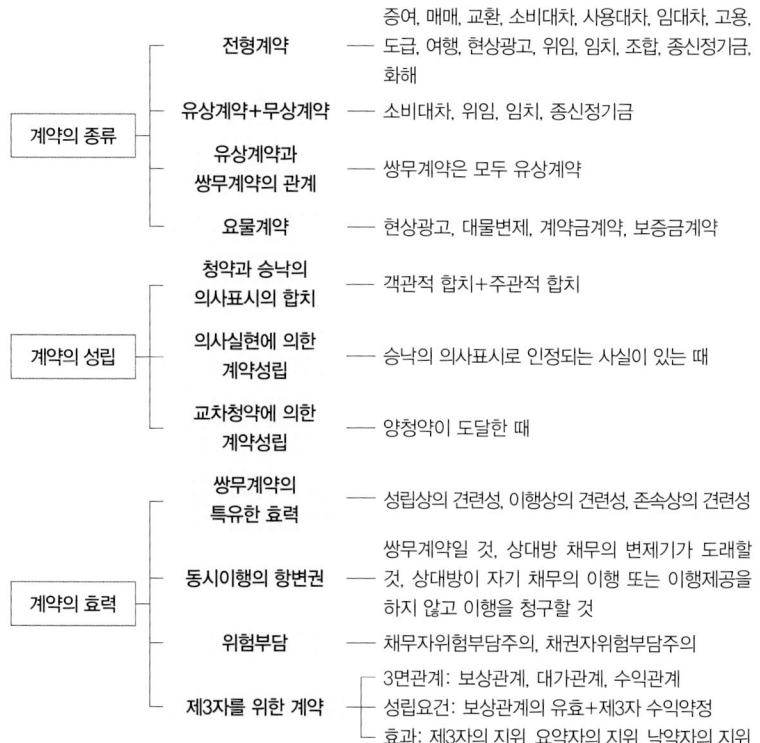
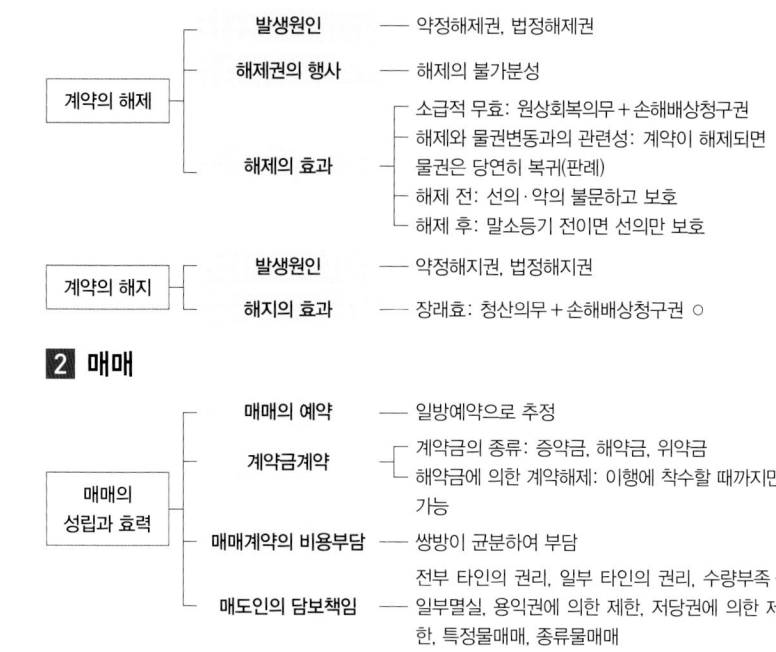
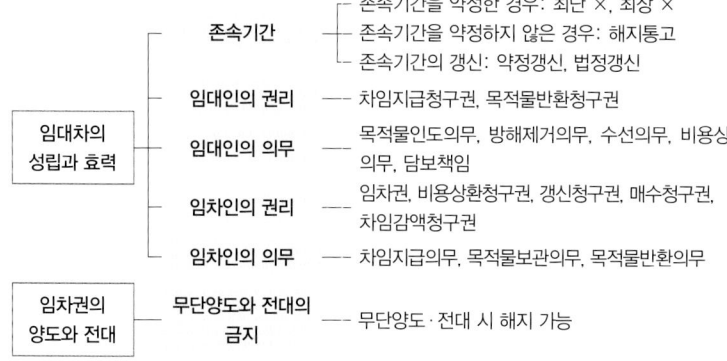
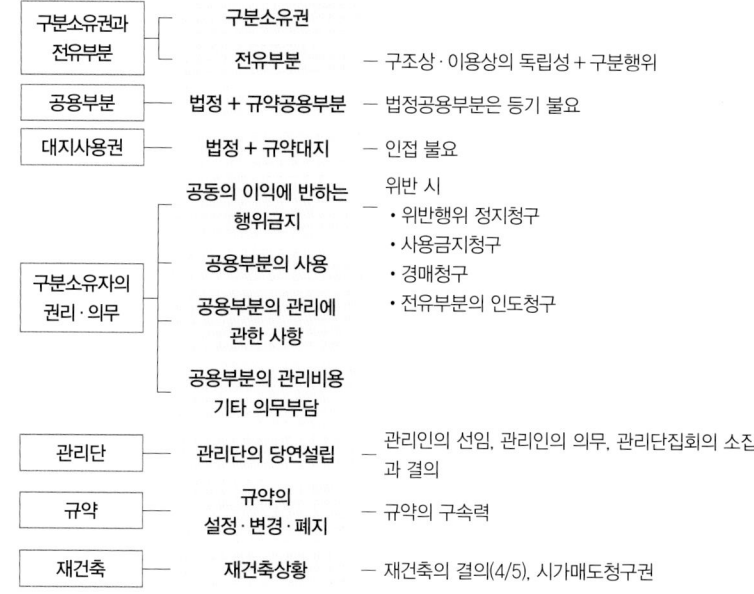
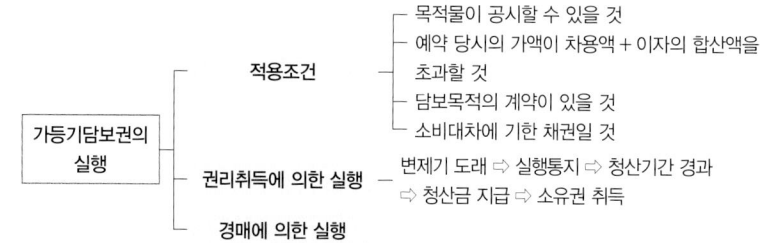
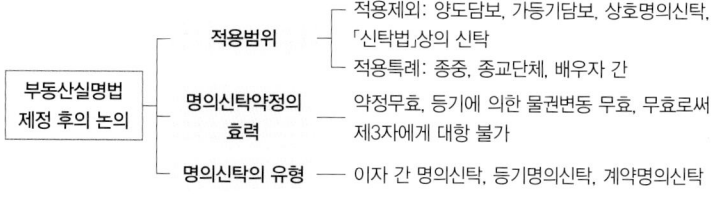

민법 및 민사특별법 필수개념+체계도

2026 에듀윌 공인중개사 심정욱 합격서와 함께 언제 어디서나 활용해보세요!

PART 1 | 민법총칙

1 권리의 변동

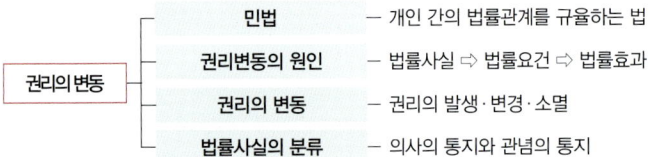

- 권리의 변동
  - 민법 — 개인 간의 법률관계를 규율하는 법
  - 권리변동의 원인 — 법률사실 ⇨ 법률요건 ⇨ 법률효과
  - 권리의 변동 — 권리의 발생·변경·소멸
  - 법률사실의 분류 — 의사의 통지와 관념의 통지

2 법률행위

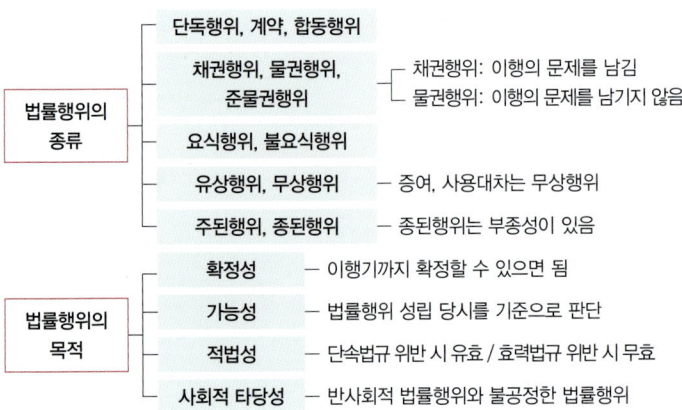

- 법률행위의 종류
  - 단독행위, 계약, 합동행위
  - 채권행위, 물권행위, 준물권행위
    - 채권행위: 이행의 문제를 남김
    - 물권행위: 이행의 문제를 남기지 않음
  - 요식행위, 불요식행위
  - 유상행위, 무상행위 — 증여, 사용대차는 무상행위
  - 주된행위, 종된행위 — 종된행위는 부종성이 있음
- 법률행위의 목적
  - 확정성 — 이행기까지 확정할 수 있으면 됨
  - 가능성 — 법률행위 성립 당시를 기준으로 판단
  - 적법성 — 단속법규 위반 시 유효 / 효력법규 위반 시 무효
  - 사회적 타당성 — 반사회적 법률행위와 불공정한 법률행위

3 의사표시

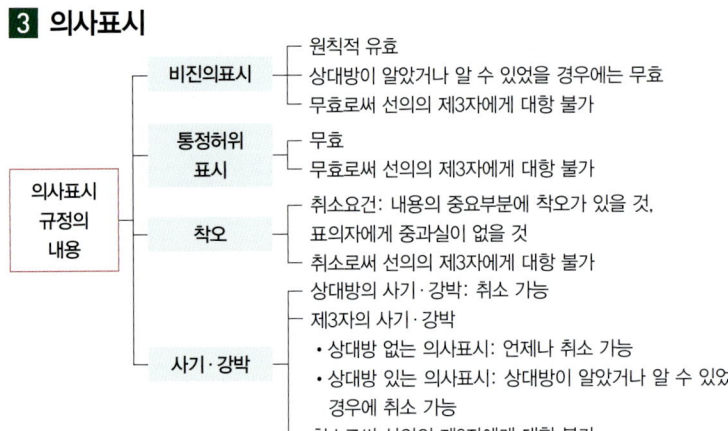

- 의사표시 규정의 내용
  - 비진의표시
    - 원칙적 유효
    - 상대방이 알았거나 알 수 있었을 경우에는 무효
    - 무효로써 선의의 제3자에 대항 불가
  - 통정허위표시
    - 무효
    - 무효로써 선의의 제3자에 대항 불가
  - 착오
    - 취소요건: 내용의 중요부분에 착오가 있을 것, 표의자에게 중과실이 없을 것
    - 취소로써 선의의 제3자에 대항 불가
  - 사기·강박
    - 상대방의 사기·강박: 취소 가능
    - 제3자의 사기·강박
      - 상대방 없는 의사표시: 언제나 취소 가능
      - 상대방 있는 의사표시: 상대방이 알았거나 알 수 있었을 경우에 취소 가능
    - 취소로써 선의의 제3자에 대항 불가

4 법률행위의 대리

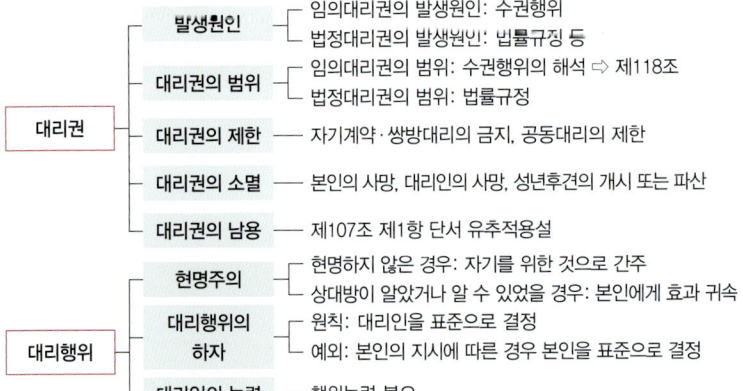

- 대리권
  - 발생원인
    - 임의대리권의 발생원인: 수권행위
    - 법정대리권의 발생원인: 법률규정 등
  - 대리권의 범위
    - 임의대리권의 범위: 수권행위의 해석 ⇨ 제118조
    - 법정대리권의 범위: 법률규정
  - 대리권의 제한 — 자기계약·쌍방대리의 금지, 공동대리의 제한
  - 대리권의 소멸 — 본인의 사망, 대리인의 사망, 성년후견의 개시 또는 파산
  - 대리권의 남용 — 제107조 제1항 단서 유추적용설
- 대리행위
  - 현명주의
    - 현명하지 않은 경우: 자기를 위한 것으로 간주
    - 상대방이 알았거나 알 수 있었을 경우: 본인에게 효과 귀속
  - 대리행위의 하자
    - 원칙: 대리인을 표준으로 결정
    - 예외: 본인의 지시에 따른 경우 본인을 표준으로 결정
  - 대리인의 능력 — 행위능력 불요

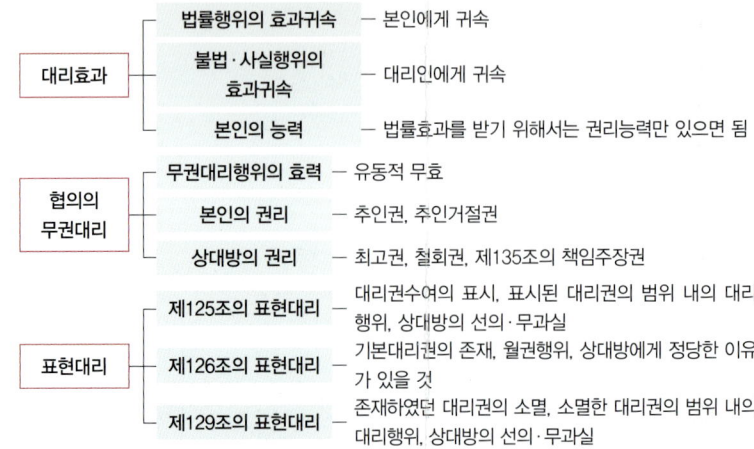

- 대리효과
  - 법률행위의 효과귀속 — 본인에게 귀속
  - 불법·사실행위의 효과귀속 — 대리인에게 귀속
  - 본인의 능력 — 법률효과를 받기 위해서는 권리능력만 있으면 됨
- 협의의 무권대리
  - 무권대리행위의 효력 — 유동적 무효
  - 본인의 권리 — 추인권, 추인거절권
  - 상대방의 권리 — 최고권, 철회권, 제135조의 책임주장권
- 표현대리
  - 제125조의 표현대리 — 대리권수여의 표시, 표시된 대리권의 범위 내의 대리행위, 상대방의 선의·무과실
  - 제126조의 표현대리 — 기본대리권의 존재, 월권행위, 상대방에게 정당한 이유가 있을 것
  - 제129조의 표현대리 — 존재하였던 대리권의 소멸, 소멸한 대리권의 범위 내의 대리행위, 상대방의 선의·무과실

5 무효와 취소

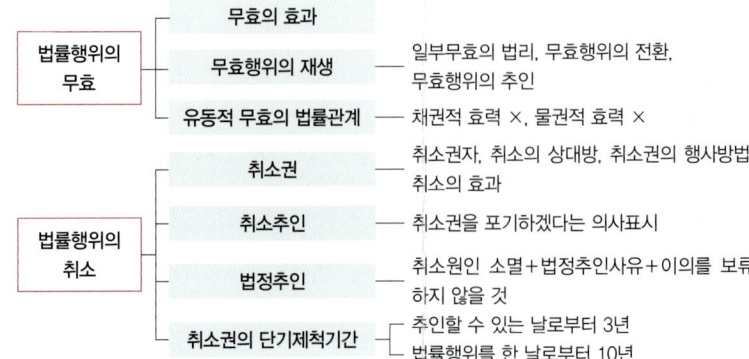

- 법률행위의 무효
  - 무효의 효과
  - 무효행위의 재생 — 일부무효의 법리, 무효행위의 전환, 무효행위의 추인
  - 유동적 무효의 법률관계 — 채권적 효력 ×, 물권적 효력 ×
- 법률행위의 취소
  - 취소권 — 취소권자, 취소의 상대방, 취소권의 행사방법, 취소의 효과
  - 취소추인 — 취소권을 포기하겠다는 의사표시
  - 법정추인 — 취소원인 소멸 + 법정추인사유 + 이의를 보류하지 않을 것
  - 취소권의 단기제척기간
    - 추인할 수 있는 날로부터 3년
    - 법률행위를 한 날로부터 10년

6 조건과 기한

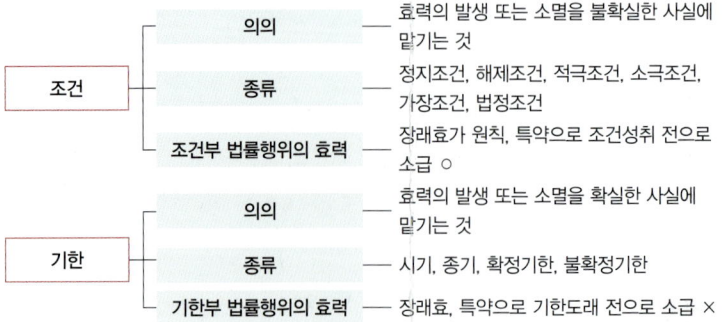

- 조건
  - 의의 — 효력의 발생 또는 소멸을 불확실한 사실에 맡기는 것
  - 종류 — 정지조건, 해제조건, 적극조건, 소극조건, 가장조건, 법정조건
  - 조건부 법률행위의 효력 — 장래효가 원칙, 특약으로 조건성취 전으로 소급 ○
- 기한
  - 의의 — 효력의 발생 또는 소멸을 확실한 사실에 맡기는 것
  - 종류 — 시기, 종기, 확정기한, 불확정기한
  - 기한부 법률행위의 효력 — 장래효, 특약으로 기한도래 전으로 소급 ×

PART 2 | 물권법

1 물권의 변동

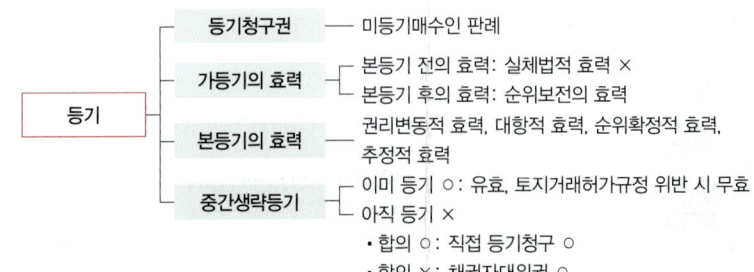

- 등기
  - 등기청구권 — 미등기매수인 판례
  - 가등기의 효력
    - 본등기 전의 효력: 실체법적 효력 ×
    - 본등기 후의 효력: 순위보전의 효력
  - 본등기의 효력 — 권리변동적 효력, 대항적 효력, 순위확정적 효력, 추정적 효력
  - 중간생략등기
    - 이미 등기 ○: 유효, 토지거래허가규정 위반 시 무효
    - 아직 등기 ×
      - 합의 ○: 직접 등기청구 ○
      - 합의 ×: 채권자대위권 ○

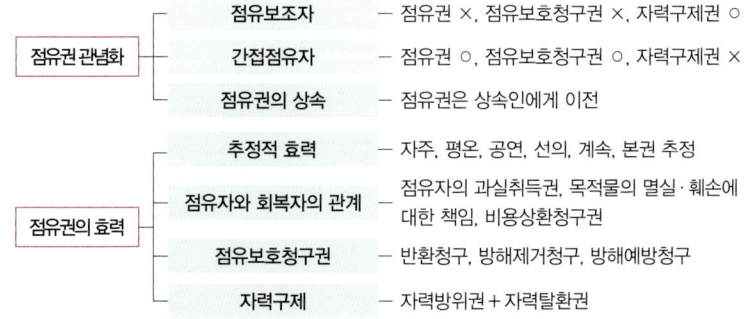

- 부동산물권변동
  - 법률행위 — 제186조에 의한 물권변동
  - 법률규정 — 제187조에 의한 물권변동: 상속, 공용징수, 판결, 경매 기타 법률규정에 의한 물권취득 시 등기 불요

2 점유권

- 점유권 관념화
  - 점유보조자 — 점유권 ×, 점유보호청구권 ×, 자력구제권 ○
  - 간접점유자 — 점유권 ○, 점유보호청구권 ○, 자력구제권 ×
  - 점유권의 상속 — 점유권은 상속인에게 이전
- 점유권의 효력
  - 추정적 효력 — 자주, 평온, 공연, 선의, 계속, 본권 추정
  - 점유자와 회복자의 관계 — 점유자의 과실취득권, 목적물의 멸실·훼손에 대한 책임, 비용상환청구권
  - 점유보호청구권 — 반환청구, 방해제거청구, 방해예방청구
  - 자력구제 — 자력방위권 + 자력탈환권

3 소유권

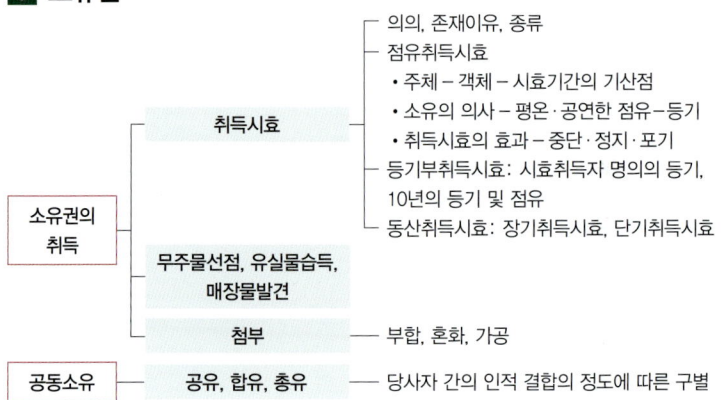

- 소유권의 취득
  - 취득시효
    - 의의, 존재이유, 종류
    - 점유취득시효
      - 주체 – 객체 – 시효기간의 기산점
      - 소유의 의사 – 평온·공연한 점유 – 등기
      - 취득시효의 효과 – 중단·정지·포기
    - 등기부취득시효: 시효취득자 명의의 등기, 10년의 등기 및 점유
    - 동산취득시효: 장기취득시효, 단기취득시효
  - 무주물선점, 유실물습득, 매장물발견
  - 첨부 — 부합, 혼화, 가공
- 공동소유
  - 공유, 합유, 총유 — 당사자 간의 인적 결합의 정도에 따른 구별

4 용익물권

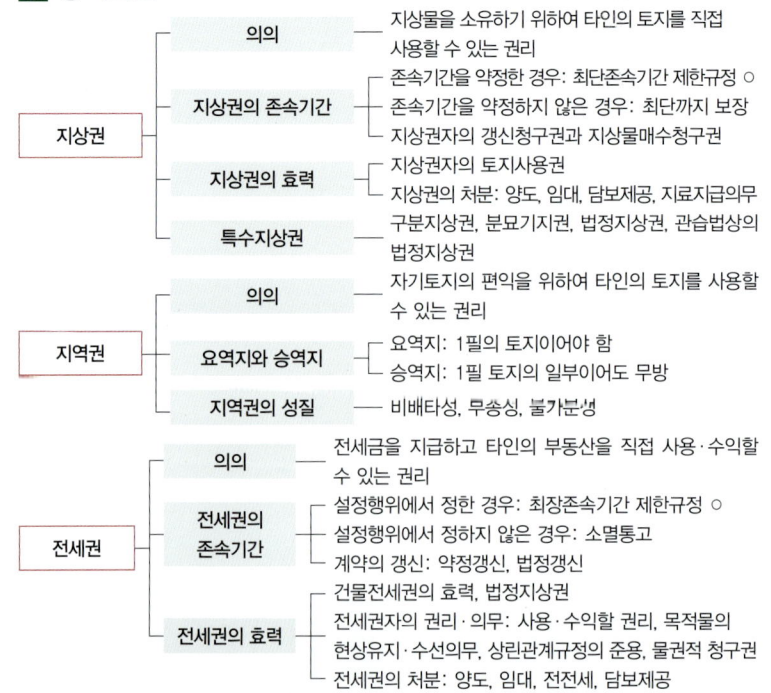

- 지상권
  - 의의 — 지상물을 소유하기 위하여 타인의 토지를 직접 사용할 수 있는 권리
  - 지상권의 존속기간
    - 존속기간을 약정한 경우: 최단존속기간 제한규정 ○
    - 존속기간을 약정하지 않은 경우: 최단까지 보장
    - 지상권자의 갱신청구권과 지상물매수청구권
  - 지상권의 효력
    - 지상권자의 토지사용권
    - 지상권의 처분: 양도, 임대, 담보제공, 지료지급의무
  - 특수지상권 — 구분지상권, 분묘기지권, 법정지상권, 관습법상의 법정지상권
- 지역권
  - 의의 — 자기토지의 편익을 위하여 타인의 토지를 사용할 수 있는 권리
  - 요역지와 승역지
    - 요역지: 1필의 토지이어야 함
    - 승역지: 1필 토지의 일부이어도 무방
  - 지역권의 성질 — 비배타성, 무송싱, 불가분성
- 전세권
  - 의의 — 전세금을 지급하고 타인의 부동산을 직접 사용·수익할 수 있는 권리
  - 전세권의 존속기간
    - 설정행위에서 정한 경우: 최장존속기간 제한규정 ○
    - 설정행위에서 정하지 않은 경우: 소멸통고
    - 계약의 갱신: 약정갱신, 법정갱신
  - 전세권의 효력
    - 건물전세권의 효력, 법정지상권
    - 전세권자의 권리·의무: 사용·수익할 권리, 목적물의 현상유지·수선의무, 상린관계규정의 준용, 물권적 청구권
    - 전세권의 처분: 양도, 임대, 전전세, 담보제공

에듀윌이 너를 지지할게

ENERGY

시작하는 방법은
말을 멈추고
즉시 행동하는 것이다.

– 월트 디즈니(Walt Disney)

합격할 때까지 책임지는 개정법령 원스톱 서비스!

법령 개정이 잦은 공인중개사 시험. 일일이 찾아보지 마세요!
에듀윌에서는 필요한 개정법령만을 빠르게! 한번에! 제공해 드립니다.

| 에듀윌 도서몰 접속 (book.eduwill.net) | ▶ | 우측 정오표 아이콘 클릭 | ▶ | 카테고리 공인중개사 설정 후 교재 검색 |

개정법령 확인하기

2026
에듀윌 공인중개사

심정욱 합격서

민법 및 민사특별법

에듀윌이 옳았다!

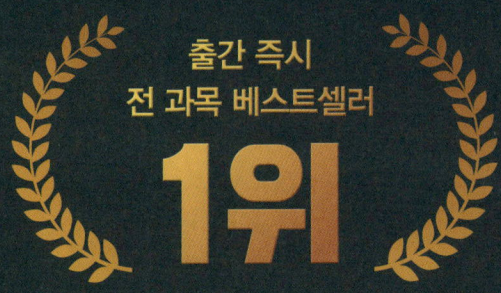

출간 즉시
전 과목 베스트셀러
1위

2025년, 더욱 사랑받은 합격서와 함께
더 많은 합격의 순간을 만들었습니다.

이영방 합격서   YES24 수험서 자격증 공인중개/주택관리 공인중개사 핵심요약 베스트셀러 1위 (2025년 7월 월별 베스트)
심정욱 합격서   YES24 수험서 자격증 공인중개/주택관리 공인중개사 기본서 베스트셀러 1위 (2025년 9월 월별 베스트)
임선정 합격서   YES24 수험서 자격증 공인중개/주택관리 공인중개사 문제집 베스트셀러 1위 (2024년 11월 월별 베스트)
오시훈 합격서   YES24 수험서 자격증 공인중개/주택관리 베스트셀러 1위 (2025년 1월 월별 베스트)
김민석 합격서   YES24 수험서 자격증 공인중개/주택관리 공인중개사 핵심요약 베스트셀러 1위 (2023년 12월 월별 베스트)
한영규 합격서   YES24 수험서 자격증 공인중개/주택관리 공인중개사 단기완성 베스트셀러 1위 (2024년 6월 월별 베스트)

수많은 후기로 증명된 합격교재

'믿고 따라갈 수 있는 심정욱 선생님!'

'합격서를 더 빨리 알았더라면 더 빨리 합격했을 것입니다.'

 쉽게 암기하고 오래 기억할 수 있는 고마운 책! 프린트물이나 노트 정리 필요 없이 쉽고 빠르게 이론 정리를 할 수 있었어요.

S*****9님 후기

 분량을 확 줄여주는 요약서! 합격서를 베이스로 단권화 했어요. 시험장에도 오직 합격서 하나만 들고 갔습니다.

k***6님 후기

2026에도 합격서가 정답이다.

"합격서로 합격하기!"

공인중개사 공부를 처음 시작하면 민법이 중요하다고 누구나 얘기합니다. 가장 많은 시간을 들여서 공부했는데, 막상 시험장에 가서는 60점을 넘기가 매우 어려운 게 현실입니다.

민법을 잘하려면 개념을 이해하고, 배운 내용을 정리해서 문제를 해결하는 능력을 키워야 합니다. 합격서는 오로지 이 세 가지 내용을 효율적으로 이루기 위해 만들었습니다. 더 이상 민법으로 고생하는 수험생이 한 분도 없기를 바라는 마음으로 만든 책입니다.

첫째, 공부해야 할 수많은 교재 중에서 시험에 꼭 필요한 내용들만 뽑아서 이론을 정리하였습니다.

둘째, 제가 이론 설명을 위해 준비한 모든 PPT를 더 이상 필기도, 정리도 필요 없을 만큼 완벽하게 정리했습니다. 오직 여러 번 반복해서 읽어만 보면 되게 만들었습니다.

셋째, 객관식 시험에는 분명 중요한 지문이 있기 때문에, 이를 '출제포인트'라는 코너에 모두 정리했습니다. 시험 전에 이것만 훑어보아도 충분히 좋은 결과를 얻을 것이라 생각합니다.

==여러분의 합격까지 제가 항상 함께 하겠습니다.==
==올해는 합격해!!! 모두 다 합격해!!! 동차로 합격해!!! 파이팅!!!==

심정욱 드림

약력
- 現 에듀윌 민법 및 민사특별법 전임 교수
- 前 EBS 민법 및 민사특별법 강사
- 前 주요 공인중개사학원 민법 및 민사특별법 강사

저서
에듀윌 공인중개사 민법 및 민사특별법 기초입문서,
기본서, 합격서, 단원별/회차별 기출문제집, 핵심요약집,
기출응용 예상문제집, 실전모의고사, 필살키,
합격패스 암기노트, 핵심체크 OX 등 집필

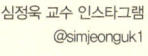
심정욱 교수 인스타그램
@simjeonguk1

합격생이 가장 많이 언급한 합격서 극찬포인트 TOP3

학습량 1/4 Down

얇지만 기출문제를 모두 분석!
빈출 포인트만을 선별하여 수록한
군살 없는 저지방 교재예요.

합격생 박*경님(30대)

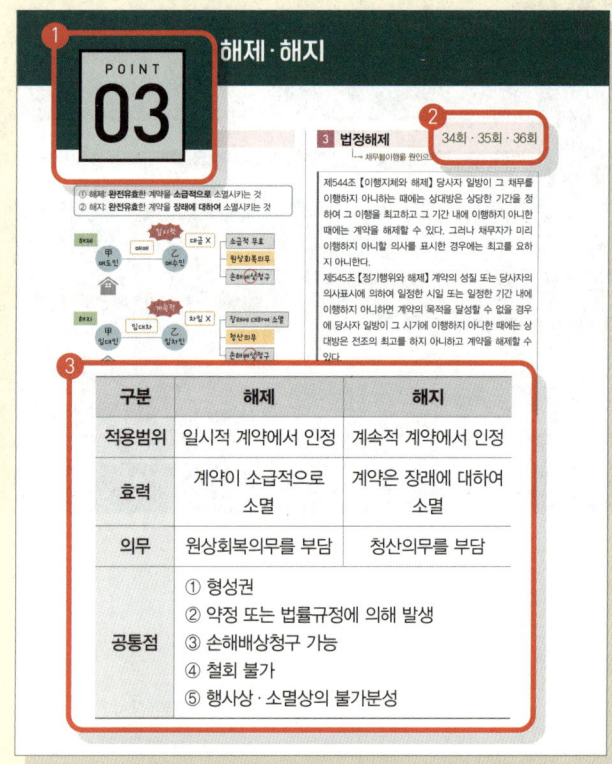

① 핵심포인트만 엄선하여 수록
② 최신 5개년 기출 회차 표기
③ 방대한 이론을 표로 압축하여 정리

TOP 2
현장감 100%

정욱쌤의 강의 노하우가 가득!
강의 중 설명하시는 내용이 다 들어
있어서 강의를 듣는 기분이었어요.

합격생 배*호님(40대)

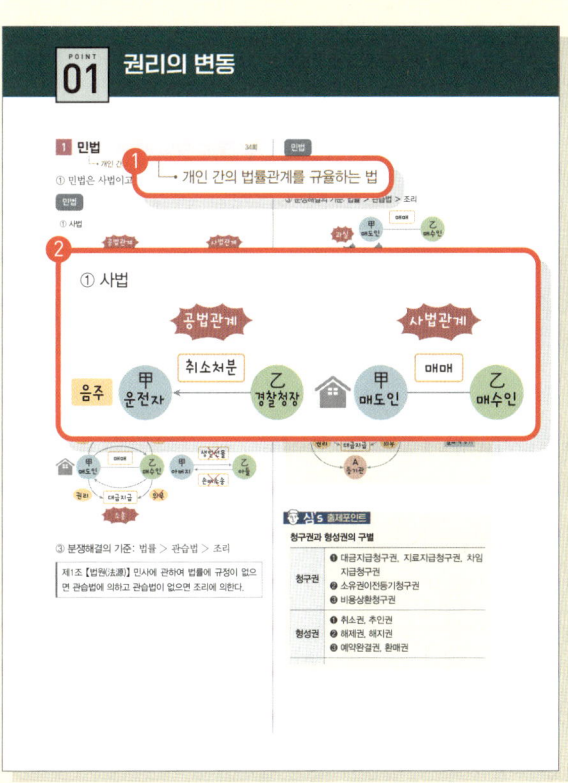

1. 강의식 첨삭으로 풍부한 보충설명
2. 정욱쌤의 수업 중 판서를 그대로 재현

TOP 3
스피드 ×2 Up

기출과 바로 연결되는 출제포인트
덕분에 시험장에서도 빠르게
문제를 풀 수 있었어요.

합격생 이*은님(50대)

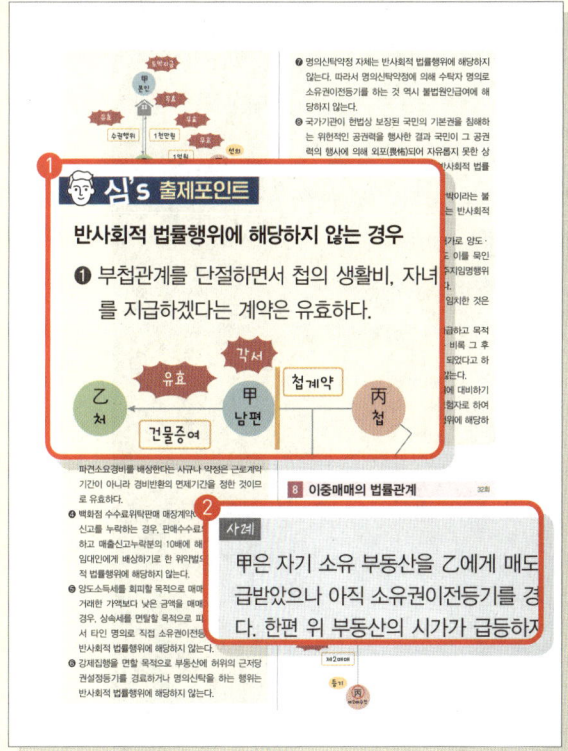

1. 문제의 핵심을 꿰뚫는 출제포인트 수록
2. 사례 학습 코너로 사례형 문제 완벽 대비

합격이론만
꾹 눌러담은
차례

PART 1 민법총칙

POINT 01	권리의 변동	10
POINT 02	법률행위	13
POINT 03	의사표시	21
POINT 04	법률행위의 대리	30
POINT 05	무효와 취소	42
POINT 06	조건과 기한	48

PART 2 물권법

POINT 01	물권의 의의	52
POINT 02	물권의 변동	56
POINT 03	점유권	64
POINT 04	소유권	71
POINT 05	용익물권	87
POINT 06	담보물권	99

PART 3 계약법

POINT 01	계약의 성립	116
POINT 02	계약의 효력	121
POINT 03	계약의 해제·해지	128
POINT 04	매매	133
POINT 05	교환	140
POINT 06	임대차	141

PART 4 민사특별법

POINT 01	주택임대차보호법	150
POINT 02	상가건물 임대차보호법	158
POINT 03	집합건물의 소유 및 관리에 관한 법률	164
POINT 04	가등기담보 등에 관한 법률	169
POINT 05	부동산 실권리자명의 등기에 관한 법률	172

PART 1 민법총칙

POINT 01 권리의 변동
POINT 02 법률행위
POINT 03 의사표시
POINT 04 법률행위의 대리
POINT 05 무효와 취소
POINT 06 조건과 기한

POINT 01 권리의 변동

1 민법
34회

↳ 개인 간의 법률관계를 규율하는 법

① 민법은 사법이고, 일반법이며, 실체법이다.

민법

① 사법

② 법률관계는 권리의무관계로 나타나며 강제성이 있다. 그러나 인간관계는 법 외적인 생활관계로서 강제성이 없다.

민법

① 사법

② 법률관계 ↔ 인간관계 (강제성 O / 강제성 X)

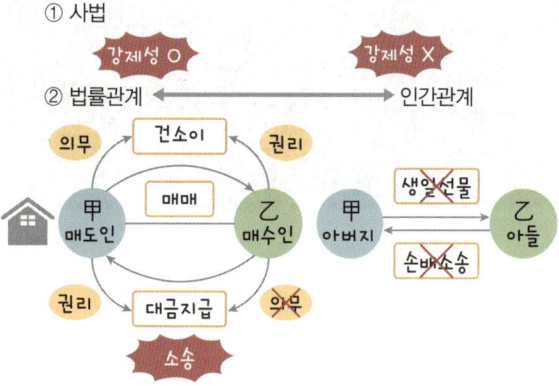

③ 분쟁해결의 기준: 법률 > 관습법 > 조리

> 제1조【법원(法源)】 민사에 관하여 법률에 규정이 없으면 관습법에 의하고 관습법이 없으면 조리에 의한다.

민법

① 사법
② 법률관계
③ 분쟁해결의 기준: 법률 > 관습법 > 조리

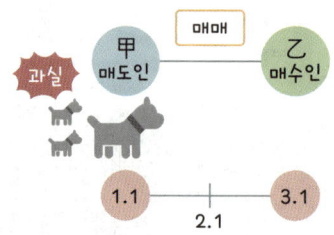

매매계약이 있은 후에도 **인도**하지 아니한 목적물로부터 생긴 과실은 **매도인**에게 속한다.

심's 출제포인트
등기신청과 등기청구

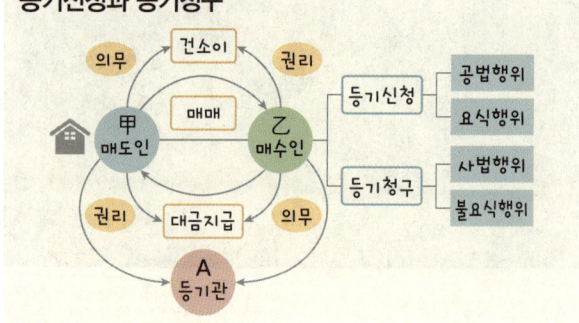

심's 출제포인트
청구권과 형성권의 구별

청구권	❶ 대금지급청구권, 지료지급청구권, 차임지급청구권 ❷ 소유권이전등기청구권 ❸ 비용상환청구권
형성권	❶ 취소권, 추인권 ❷ 해제권, 해지권 ❸ 예약완결권, 환매권

이름은 청구권 but 실질이 형성권	❶ 공유물분할청구권 ❷ 지상물매수청구권, 부속물매수청구권 ❸ 지상권소멸청구권, 전세권소멸청구권 ❹ 지료증감청구권, 전세금증감청구권, 차임증감청구권 ❺ 대금감액청구권, 차임감액청구권 ❻ 유치권소멸청구권 ㉠ 의무위반의 경우: 형성권(제324조 제3항) ㉡ 다른 담보제공의 경우: 청구권(제327조)

2 권리변동의 원인

① 법률요건을 이루는 개개의 사실을 '법률사실'이라 하고, 권리변동의 원인을 '법률요건'이라 하며, 권리변동의 결과를 '법률효과'라 한다.
② 법률사실이 모여 법률요건을 구성하고, 법률요건에 해당하면 반드시 법률효과가 발생한다.
③ 법률요건은 법률행위에 의한 법률요건(의사표시에 의하여 법률효과가 발생하는 경우)과 법률규정에 의한 법률요건(의사표시에 의하지 않고 법률효과가 발생하는 경우)으로 나눌 수 있다.

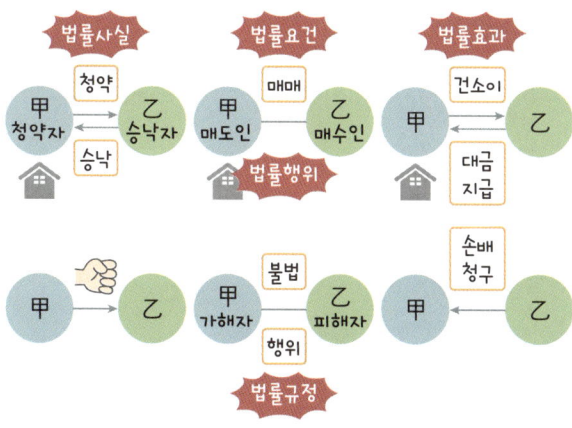

④ 법률행위에 의한 법률요건은 당사자가 의욕한 대로 법률효과가 발생하지만, 법률규정에 의한 법률요건은 당사자의 의사와는 무관하게 법률효과가 발생한다.
⑤ 법률행위에 의한 법률요건에는 단독행위·계약·합동행위가 있고, 법률규정에 의한 법률요건으로는 사무관리·부당이득·불법행위가 있다.

3 권리변동의 모습

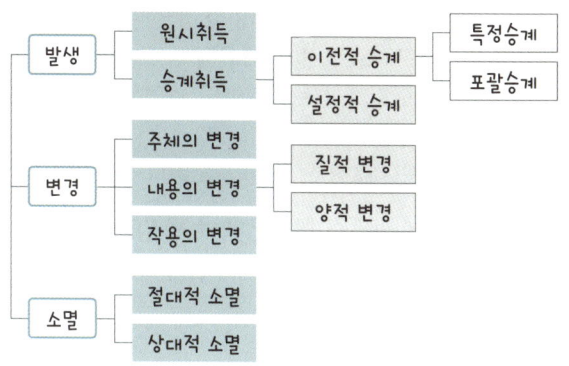

(1) 권리의 발생

원시취득	① 종전에 없던 권리가 처음으로 생기는 것: 신축건물의 소유권취득, 취득시효, 선의취득, 무주물선점·유실물습득·매장물발견, 첨부(부합·혼화·가공), 매매로 인한 채권취득 ② 전주(前主)의 권리에 존재하는 하자나 부담이 소멸한다.
승계취득	① 이전적 승계: 전주(前主)가 가지고 있던 권리를 그대로 취득하는 것 ㉠ 특정승계: 매매·증여·교환에 의한 소유권취득 ㉡ 포괄승계: 상속·포괄유증·회사합병에 의한 소유권취득 ② 설정적 승계: 지상권·전세권·저당권과 같은 제한물권의 설정

(2) 권리의 변경

주체의 변경	이전적 승계를 권리주체의 변경이라는 관점에서 본 것
내용의 변경	① 질적 변경: 목적물반환청구권이 이행불능으로 손해배상청구권으로 변하는 것, 물상대위, 대물변제 ② 양적 변경: 제한물권의 설정이나 소멸로 인한 소유권의 증감, 첨부
작용의 변경	① 저당권의 순위승진 ② 등기된 임차권이 대항력을 갖춘 경우

(3) 권리의 소멸

절대적 소멸	① 목적물의 멸실로 인한 소유권의 소멸 ② 포락으로 인한 소유권의 소멸: 포락 후 토지가 성토화되어도 소멸된 소유권은 부활 × ③ 변제로 인한 채권의 소멸
상대적 소멸	① 이전적 승계를 전주(前主)의 입장에서 본 것 ② 이전적 승계=주체의 변경=상대적 소멸

심's 출제포인트

매매로 인한 소유권의 취득은 승계취득이지만, 매매로 인한 채권의 취득은 원시취득이다.

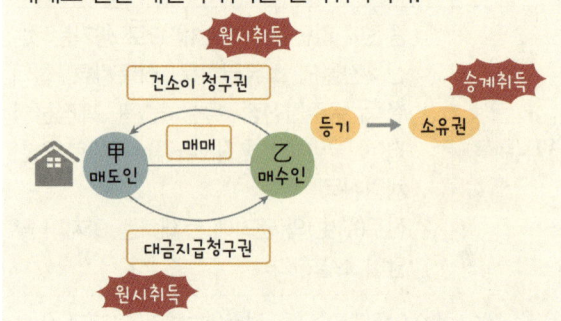

4 법률사실의 분류

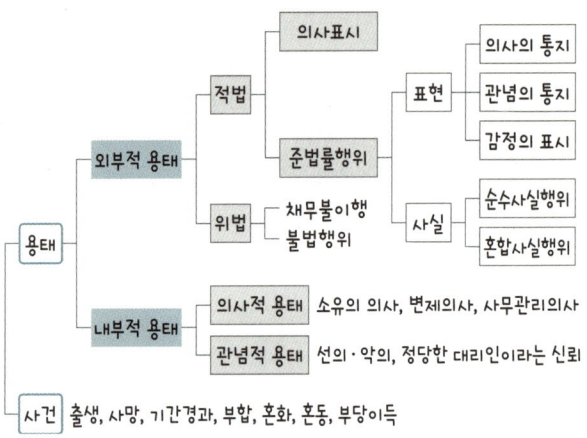

① 의사의 통지: 최고, 거절, 청약의 유인
② 관념의 통지: 각종의 통지, 채권양도의 통지·승낙, 대리권수여의 표시
③ 감정의 표시: 용서
④ 순수사실행위: 매장물발견, 주소설정, 가공, 「특허법」상의 발명
⑤ 혼합사실행위: 사무관리, 부부 간의 동거, 무주물선점, 물건의 인도

POINT 02 법률행위

1 법률행위

의사표시를 필수불가결의 요소로 하는 법률요건

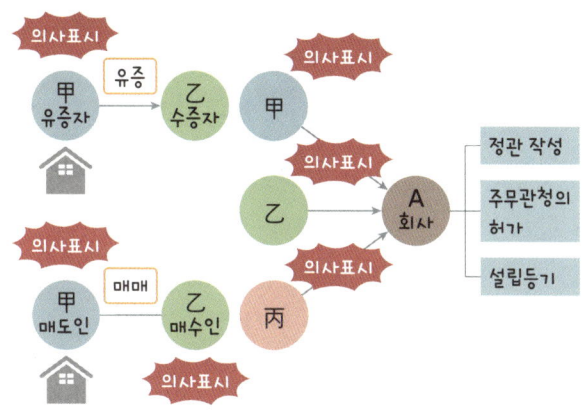

① 의사표시 없는 법률행위란 있을 수 없다.
② 법률행위는 의사표시로만 이루어져 있는 것은 아니고, 의사표시 외에 다른 법률사실을 필요로 하는 경우도 있다.
③ 의사표시만으로 법률행위가 성립하는 경우도 있다.
④ 법률행위는 당사자가 의욕한대로 법률효과가 발생한다.

2 법률행위의 종류 32회·33회

(1) 단독행위·계약·합동행위

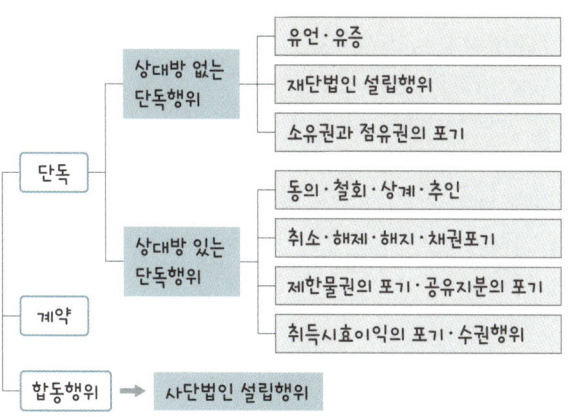

(2) 채권행위·물권행위·준물권행위

① 채권행위: 법적인 의무를 부담하기로 하는 **약속**
② 물권행위: 사용가치 또는 교환가치를 **이전**하기로 하는 합의

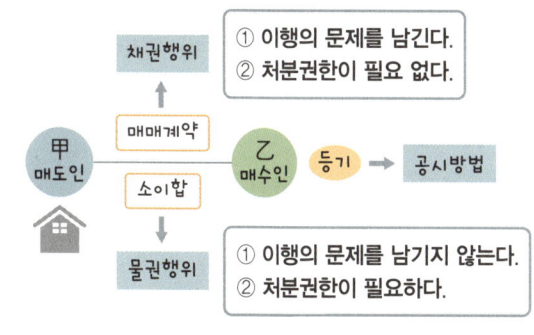

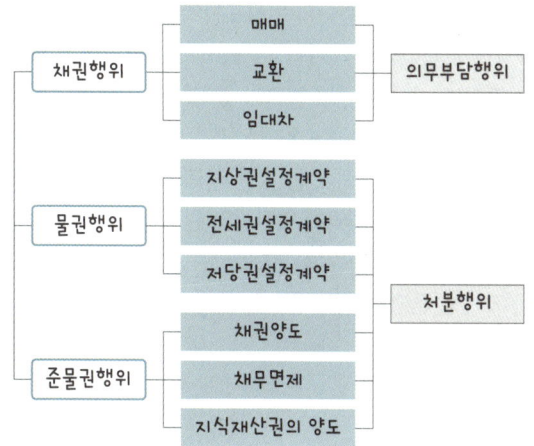

(3) 요식행위·종된행위

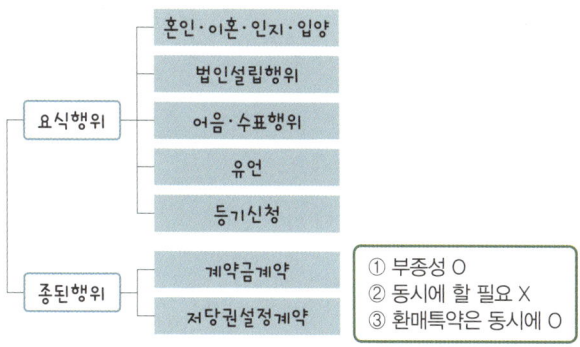

🧑 심's 출제포인트

단독행위 vs 계약

❶ 유증은 단독행위이고, 증여는 계약이다.
❷ 해제·계약해제·약정해제·법정해제는 단독행위이고, 해제계약·합의해제는 계약이다.

3 법률행위의 요건

→ 당사자가 의욕한대로 법률효과가 발생하기 위한 요건

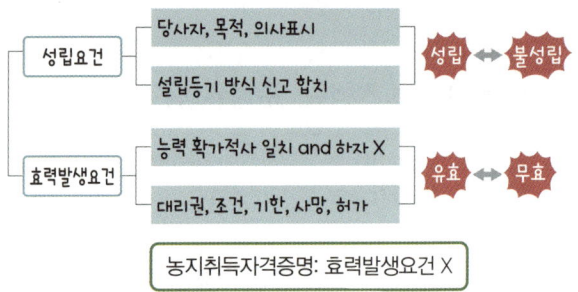

심's 출제포인트

특별성립요건과 특별효력발생요건

❶ **특별성립요건**: 법인설립행위에 있어서의 설립등기, 유언에 있어서의 일정한 방식, 형성적 신분행위(혼인, 이혼, 인지, 입양 등)에 있어서의 신고, 계약에 있어서의 청약과 승낙의 의사표시의 합치

❷ **특별효력발생요건**: 대리에 있어서의 대리권의 존재, 조건부·기한부 법률행위에 있어서의 조건의 성취와 기한의 도래, 유언에 있어서의 유언자의 사망, 「부동산 거래신고 등에 관한 법률」상의 토지거래허가구역 내의 토지거래계약에 있어서의 관할관청의 허가

❸ 「농지법」상 농지취득자격증명은 농지취득의 원인이 되는 법률행위의 효력발생요건이 아니다.

4 법률행위의 목적의 확정성

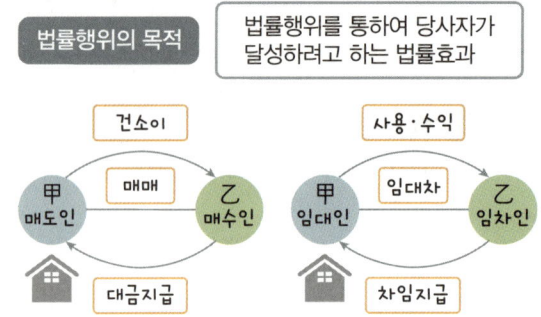

① 법률행위가 유효하기 위해서는 법률행위의 목적을 확정할 수 있어야 한다.
② 甲이 자기 소유의 X건물을 乙에게 3억원에 매도하기로 합의하였다. ⇨ 확정 ○
③ 甲이 乙에게 부동산을 하나 사주기로 하였다.
   ⇨ 확정 ✕
④ 법률행위의 목적은 법률행위 성립 당시에는 확정될 필요는 없고, 이행기까지 확정할 수 있으면 된다.
⑤ 법률행위의 목적을 확정할 수 없는 경우 그 법률행위는 무효이다.

5 법률행위의 목적의 가능성

① 법률행위의 목적이 불능인지의 여부는 법률행위 성립 당시를 기준으로 판단한다.

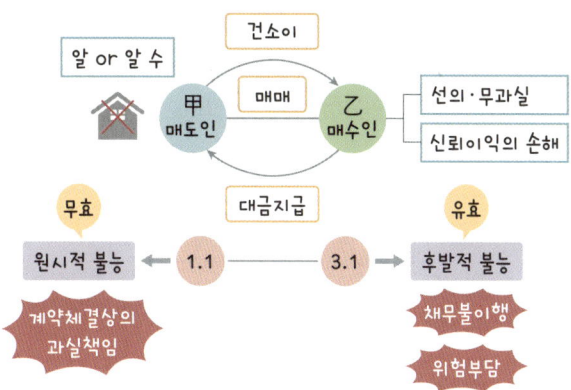

② 원시적 불능(원시적·객관적·전부 불능)을 목적으로 한 법률행위는 무효이나, 계약체결상의 과실책임이 문제될 수 있다.
③ 후발적 불능의 경우 해당 법률행위는 유효하다. 다만, 채무자의 귀책사유로 후발적 불능이 된 경우에는 채무불이행의 문제로 다루어지고, 채무자의 귀책사유 없이 후발적 불능이 된 경우에는 위험부담의 문제로 다루어진다.

6 법률행위의 목적의 적법성 32회

① **적법성**: 법률행위의 목적이 강행법규에 위반되지 않아야 한다.
② **단속법규**: 행정목적을 달성하기 위하여 일정한 행위를 금지하는 규정 ⇨ 단속법규를 위반한 경우 위반행위를 단속하여 처벌하는 데 그치고 개인들 사이의 거래계약은 유효하게 내버려 둔다.

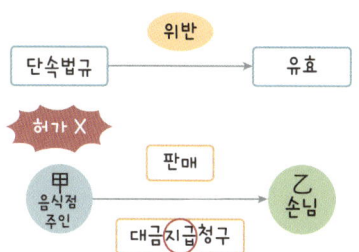

③ **효력법규**: 행정목적의 달성뿐만 아니라 사법상의 행위도 무력화시키기 위해서 일정한 행위를 금지하는 규정 ⇨ 효력법규를 위반한 경우 위반행위를 단속하여 처벌하는 데 그치지 않고 개인들 사이의 계약도 무효로 만든다.

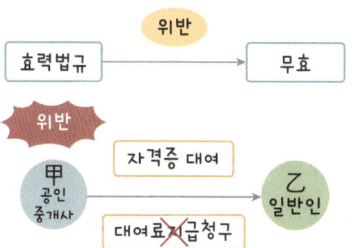

심's 출제포인트

단속법규인지 효력법규인지 문제되는 것들

단속법규	❶ 무허가·무신고·무검사 영업을 금지하는 규정 ❷ 중간생략등기를 금지하는 「부동산등기 특별조치법」 관련 규정 ❸ 투자일임매매를 제한하는 「자본시장과 금융투자업에 관한 법률」 관련 규정 ❹ 「주택법」상의 전매금지규정 ❺ 개업공인중개사가 중개의뢰인과 직접 거래하는 행위를 금지하는 「공인중개사법」 관련 규정
효력법규	❶ 의료인이나 의료법인 등이 아닌 자가 의료기관을 개설하여 운영하는 것을 금지하는 「의료법」 관련 규정 ❷ 투기를 방지하기 위하여 중간생략등기를 금지하는 「부동산 거래신고 등에 관한 법률」상의 토지거래허가규정 ❸ 증권회사 또는 그 임·직원의 부당권유행위(투자수익보장약정 또는 투자손실보전약정)를 금지하는 「자본시장과 금융투자업에 관한 법률」 관련 규정 ❹ 임대의무기간 경과 전에 임대주택의 매각을 금지하는 「민간임대주택에 관한 특별법」 관련 규정 ❺ 부동산중개보수의 상한을 제한하는 규정

심's 출제포인트

무자격자가 우연한 기회에 한 중개행위의 효력

❶ 공인중개사 자격이 없는 자가 우연한 기회에 단 1회 타인 간의 거래를 중개하고 수수료를 지급받은 행위는 유효하다.
❷ 다만, 중개수수료 약정이 부당하게 과다한 경우에는 상당하다고 인정되는 범위 내로 감액된 보수액만을 청구할 수 있다.

7 법률행위의 목적의 사회적 타당성

33회·34회·35회·36회

> 제103조 【반사회질서의 법률행위】 선량한 풍속 기타 사회질서에 위반한 사항을 내용으로 하는 법률행위는 무효로 한다.
>
> 제746조 【불법원인급여】 불법의 원인으로 인하여 재산을 급여하거나 노무를 제공한 때에는 그 이익의 반환을 청구하지 못한다. 그러나 그 불법원인이 수익자에게만 있는 때에는 그러하지 아니하다.

사회적 타당성 — 반사회적 법률행위와 불공정한 법률행위

제103조: 선량한 풍속 기타 사회질서에 위반한 사항을 내용으로 하는 법률행위는 무효로 한다.

제746조 본문: 불법의 원인으로 인하여 재산을 급여하거나 노무를 제공한 때에는 그 이익의 반환을 청구하지 못한다.

단서: 그러나 그 불법원인이 수익자에게만 있는 때에는 그러하지 아니하다.

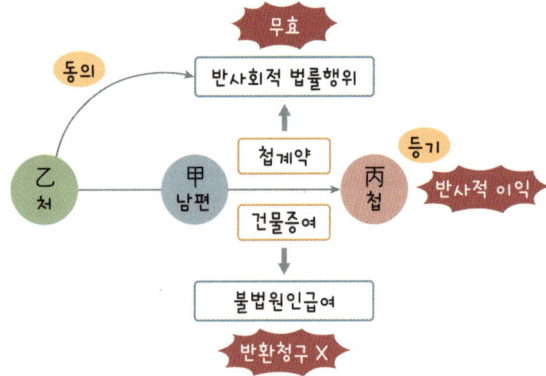

① 반사회적 법률행위: 선량한 풍속 기타 사회질서에 위반한 사항을 내용으로 하는 법률행위(사회질서가 상위개념, 선량한 풍속은 사회질서의 예시)
② 반사회적 법률행위에 해당하는지 여부는 법률행위의 성립 당시를 기준으로 판단하여야 한다.
③ 성립요건: 법률행위의 내용이 사회질서에 반하여야 하고(객관적 요건), 법률행위를 할 당시에 사회질서에 반한다는 사정을 인식하여야 한다(주관적 요건).
④ 반사회적 법률행위의 무효는 절대적 무효이므로 무효로써 선의의 제3자에게도 대항할 수 있다.

⑤ **불법원인급여**: 반사회적 법률행위를 원인으로 재산을 급여하거나 노무를 제공하는 것
⑥ **반사적 이익**: 불법원인급여를 한 자의 반환청구가 인정되지 않아 상대방이 급여물의 소유권을 취득하는 것
⑦ 법률행위의 일부분만이 반사회적 법률행위에 해당하는 경우에는 일부무효의 법리가 적용된다.
⑧ 반사회적 법률행위에 대해서는 무효행위의 전환·추인규정이 적용되지 않는다.

심's 출제포인트

반사회적 법률행위에 해당하는 경우

❶ 밀수자금에 사용될 줄 알면서 금원을 대출해 주기로 한 약정은 무효이다(동기가 표시되거나 상대방에게 알려진 경우 무효로 됨).
❷ 당사자 일방이 상대방에게 공무원의 직무에 관한 사항에 관하여 특별한 청탁을 하게 하고, 이에 대한 대가로 금전을 지급할 것을 내용으로 하는 약정은 무효이다.
❸ 사용자가 노조간부에게 조합원들의 임금인상요구를 무마하여 주는 대가로 금원을 지급하기로 하는 약정은 무효이다.
❹ 수사기관에서 참고인으로 자신이 잘 알지 못하는 내용에 대하여 허위의 진술을 하고 그 대가로 일정한 급부를 받기로 하는 약정은 무효이다.
❺ 보험계약자가 다수의 보험계약을 통하여 보험금을 부정취득할 목적으로 보험계약을 체결하는 경우는 무효이다.
❻ 「변호사법」을 위반하여 변호사가 아닌 자가 승소를 조건으로 그 대가로 소송당사자로부터 소송물의 일부를 양도받기로 한 약정은 무효이다.
❼ 형사사건에 관하여 체결된 성공보수약정은 반사회적 법률행위이므로 무효이다.
　→ 민사사건에서 체결된 적정한 수준의 성공보수약정은 유효하다.
❽ 첩계약은 처의 동의가 있어도 무효이며, 부첩계약을 맺으면서 처의 사망 또는 이혼이 있을 경우, 첩과 혼인신고를 하여 입적하게 한다는 부수적 약정도 무효이다.
❾ 일생동안 혼인하지 않겠다는 계약이나 어떠한 일이 있어도 이혼하지 않겠다는 의사표시는 무효이다.
❿ 사찰이 그 존립에 필요불가결한 재산인 임야를 증여하는 행위는 무효이다.
⓫ 금전소비대차계약의 당사자 사이의 경제력 차이로 인하여 이율이 사회통념상 허용되는 한도를 초과하여 현저하게 고율로 정해진 경우, 그 초과부분의 이자약정은 무효이다. 그리고 무효인 부분의 이자약정을 원인으로 차주가 대주에게 임의로 이자를 지급한 경우, 차주는 그 이자의 반환을 청구할 수 있다.
⓬ 소송사건에서 증언의 대가로 금전을 지급하기로 약정한 경우, 그것이 통상적으로 용인될 수 있는 수준(여비, 일실손해 등)을 초과하는 경우에는 무효이다.
⓭ 부첩관계의 종료를 해제조건으로 하는 증여계약은 조건뿐만 아니라 증여계약 자체가 무효이다.
⓮ 제2매수인이 매도인의 배임행위에 적극가담한 이중매매는 무효이다.
⓯ 제3자가 피상속인으로부터 토지를 전전매수하였다는 사실을 알면서도 그 사정을 모르는 상속인을 기망하여 결과적으로 토지를 이중매도하게 한 경우, 그 매수인과 상속인 사이의 토지매매계약은 반사회적 법률행위에 해당한다.

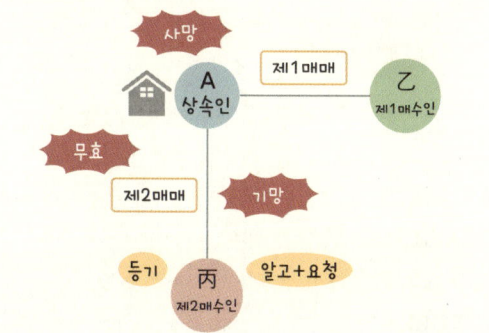

⓰ 도박자금에 제공할 목적으로 금전대차를 한 때에는 그 대차계약은 반사회적 법률행위로 무효이다(동기가 표시된 사안).
⓱ 도박채무를 변제하기 위해 채무자로부터 부동산의 처분을 위임받은 채권자가 그 부동산을 제3자에게 매도한 경우, 도박채무부담행위와 그 변제약정 및 변제약정의 이행행위(부동산처분대금으로 도박채무의 변제에 충당)는 무효이나, 부동산처분에 관한 대리권을 도박채권자에게 수여한 행위는 유효하다. 따라서 도박채권자로부터 부동산을 매수한 제3자는 유효하게 소유권을 취득할 수 있다.

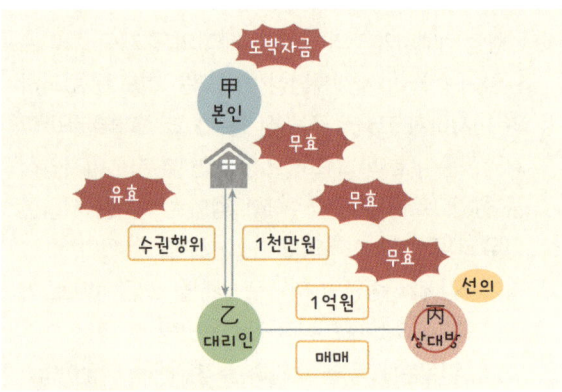

심's 출제포인트

반사회적 법률행위에 해당하지 않는 경우

❶ 부첩관계를 단절하면서 첩의 생활비, 자녀의 양육비를 지급하겠다는 계약은 유효하다.

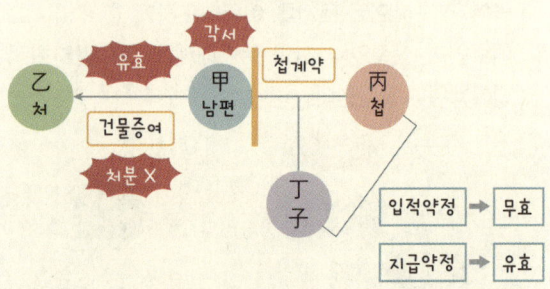

❷ 부정행위를 용서받는 대가로 손해배상을 함과 아울러 가정에 충실하겠다는 서약의 취지에서 처에게 부동산을 양도하되, 부부관계가 유지되는 동안에 처가 임의로 처분할 수 없다는 제한을 붙인 약정은 유효하다.

❸ 해외연수 후 일정기간 회사에 근무하지 않으면 해외파견소요경비를 배상한다는 사규나 약정은 근로계약기간이 아니라 경비반환의 면제기간을 정한 것이므로 유효하다.

❹ 백화점 수수료위탁판매 매장계약에서 임차인이 매출신고를 누락하는 경우, 판매수수료의 100배에 해당하고 매출신고누락분의 10배에 해당하는 벌칙금을 임대인에게 배상하기로 한 위약벌의 약정은 반사회적 법률행위에 해당하지 않는다.

❺ 양도소득세를 회피할 목적으로 매매계약서에 실제로 거래한 가액보다 낮은 금액을 매매대금으로 기재한 경우, 상속세를 년탈할 목직으로 피상속인외 명의에서 타인 명의로 직접 소유권이전등기를 한 경우는 반사회적 법률행위에 해당하지 않는다.

❻ 강제집행을 면할 목적으로 부동산에 허위의 근저당권설정등기를 경료하거나 명의신탁을 하는 행위는 반사회적 법률행위에 해당하지 않는다.

❼ 명의신탁약정 자체는 반사회적 법률행위에 해당하지 않는다. 따라서 명의신탁약정에 의해 수탁자 명의로 소유권이전등기를 하는 것 역시 불법원인급여에 해당하지 않는다.

❽ 국가기관이 헌법상 보장된 국민의 기본권을 침해하는 위헌적인 공권력을 행사한 결과 국민이 그 공권력의 행사에 의해 외포(畏怖)되어 자유롭지 못한 상태에서 의사표시를 하였더라도 이는 반사회적 법률행위에 해당하지 않는다.

❾ 단지 법률행위의 성립과정에 있어서 강박이라는 불법적인 방법이 사용된 데 불과한 경우는 반사회적 법률행위에 해당하지 않는다.

❿ 전통사찰의 주지직을 거액의 금품을 대가로 양도·양수하기로 하는 약정이 있음을 알고도 이를 묵인 또는 방조한 상태에서 한 종교법인의 주지임명행위는 반사회적 법률행위에 해당하지 않는다.

⓫ 비자금을 소극적으로 은닉하기 위하여 임치한 것은 반사회적 법률행위에 해당하지 않는다.

⓬ 매매계약체결 당시에 정당한 대가를 지급하고 목적물을 매수하는 계약을 체결한 경우에는 비록 그 후 목적물이 범죄행위로 취득된 것을 알게 되었다고 하더라도 반사회적 법률행위에 해당하지 않는다.

⓭ 산모가 우연한 사고로 인한 태아의 상해에 대비하기 위해 자신을 보험수익자로, 태아를 피보험자로 하여 체결한 상해보험계약은 반사회적 법률행위에 해당하지 않는다.

8 이중매매의 법률관계 32회

사례

甲은 자기 소유 부동산을 乙에게 매도하여 중도금을 지급받았으나 아직 소유권이전등기를 경료해 주지는 않았다. 한편 위 부동산의 시가가 급등하자 丙은 甲을 부추겨 자신에게 매도할 것을 요청하여 甲으로부터 소유권이전등기를 경료받았다.

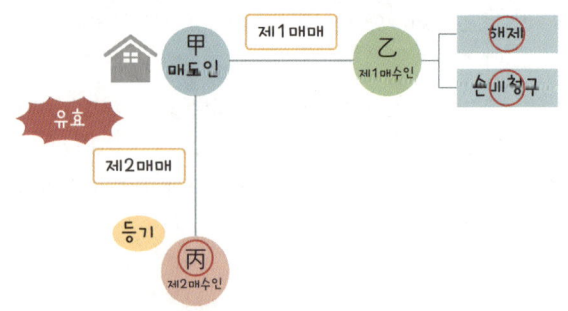

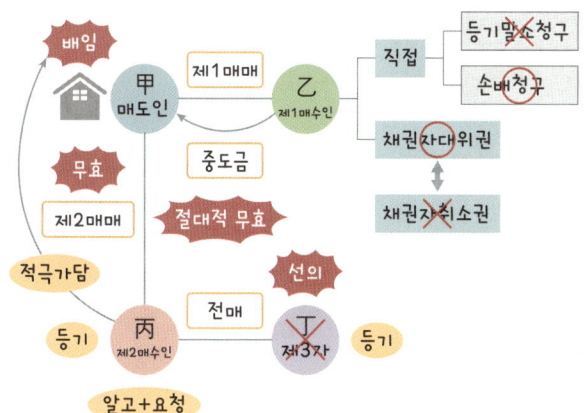

유효성 인정	이중매매는 계약자유의 원칙상 원칙적으로 유효하다.
무효인 경우	제2매수인이 매도인의 배임행위에 적극가담한 경우에는 반사회적 법률행위에 해당하므로 무효가 된다.
적극 가담의 정도	제2매수인이 매도사실을 아는 것만으로는 부족하고 매도사실을 알고 적극적으로 매도를 요청하거나 유도하여 계약에 이르는 정도가 되어야 한다.
제3자의 소유권 취득 여부	이중매매가 반사회적 법률행위에 해당되어 무효가 되는 경우 위 부동산을 제2매수인으로부터 다시 취득한 제3자는 설사 선의이더라도 부동산의 소유권을 취득하지 못한다.
제1매수인의 소유권 회복방법	제1매수인은 제2매수인에 대해 직접 그 명의의 소유권이전등기의 말소를 청구할 수는 없고, 매도인을 대위(代位)하여 제2매수인에 대해 그 명의의 소유권이전등기의 말소를 청구할 수 있다(채권자취소권 행사는 불가).
적극 가담론의 유추적용	부동산이중매매의 법리는 이중으로 부동산 임대차계약을 체결한 경우에도 그대로 적용된다.

9 불공정한 법률행위 34회·36회

제104조【불공정한 법률행위】당사자의 궁박, 경솔 또는 무경험으로 인하여 현저하게 공정을 잃은 법률행위는 무효로 한다.

제746조【불법원인급여】불법의 원인으로 인하여 재산을 급여하거나 노무를 제공한 때에는 그 이익의 반환을 청구하지 못한다. 그러나 그 불법원인이 수익자에게만 있는 때에는 그러하지 아니하다.

불공정한 법률행위

① 급부와 반대급부 사이에 **현저한 불균형**이 있을 것
② 피해자에게 **궁박, 경솔 또는 무경험**한 사정이 있을 것
③ 폭리자에게 **이용의사(악의)**가 있을 것

불공정한 법률행위를 판단하는 시점: **법률행위 성립 당시**

제746조	본문	불법의 원인으로 인하여 재산을 급여하거나 노무를 제공한 때에는 그 이익의 반환을 청구하지 못한다.
	단서	그러나 그 불법원인이 수익자에게만 있는 때에는 그러하지 아니하다.

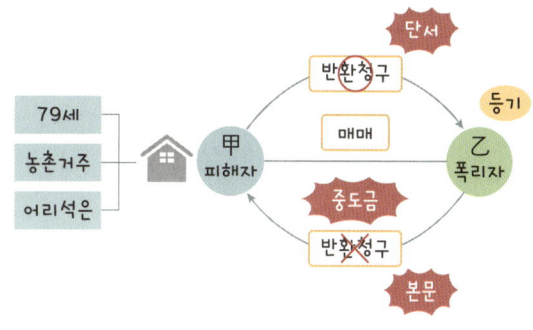

① 궁박·경솔·무경험은 모두 구비하여야 하는 것은 아니고, 세 가지 중 어느 하나만 갖추면 충분하다.

궁박	㉠ 경제적 궁박 + 정신적 궁박 ㉡ 일시적 궁박 + 계속적 궁박
무경험	일반적인 생활경험의 부족 (특정거래 영역에 있어서의 경험부족이 아님)

② 대리인을 통해 법률행위를 한 경우, 궁박은 본인을 기준으로 판단하고, 경솔·무경험은 대리인을 기준으로 판단한다.

③ 급부와 반대급부 사이의 현저한 불균형을 입증하였다 하여 피해자의 궁박, 경솔 또는 무경험한 사실이 존재하는 것으로 추정되지는 않는다.
④ 불공정한 법률행위의 무효는 절대적 무효이므로 무효로써 선의의 제3자에게도 대항할 수 있다.
⑤ 법률행위의 일부분만이 불공정한 법률행위에 해당하는 경우에는 일부무효의 법리가 적용된다.
⑥ 불공정한 법률행위에 대해 무효행위의 전환규정이 적용된다(판례). 매매계약이 약정된 매매대금의 과다로 말미암아 불공정한 법률행위에 해당하여 무효인 경우에도 무효행위의 전환에 관한 제138조가 적용될 수 있다.
⑦ 불공정한 법률행위에 대해 무효행위의 추인규정은 적용되지 않는다.

심's 출제포인트

제104조(불공정한 법률행위)의 적용 여부
❶ 유상행위와 단독행위 및 합동행위에는 제104조가 적용된다.
❷ 무상행위(부담 없는 증여나 기부행위)와 경매에는 제104조가 적용되지 않는다.

10 오표시무해의 원칙 35회
↳ 잘못된 표시는 해가 되지 않는다.

사례
甲은 X토지(969-39)와 Y토지(969-36)를 소유하고 있다. 甲과 乙은 X토지를 매매계약의 목적물로 하기로 합의하였으나, 지번에 관하여 착오를 일으켜 계약서에는 매매목적물을 Y토지로 잘못 표시하였다. 이 경우 매매계약은 어느 토지에 관하여 성립하는가?

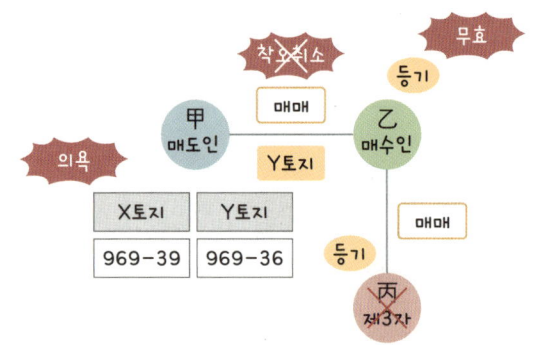

① 위 사안과 밀접한 관련이 있는 것은 오표시무해의 원칙이다.
② 위 사안의 경우 오표시무해의 원칙에 의해 매매계약은 X토지에 관해 성립한다.
③ 甲 또는 乙은 착오를 이유로 매매계약을 취소할 수 없다.
④ 乙 앞으로 경료된 Y토지에 대한 소유권이전등기는 무효이다.
⑤ 위 사안의 경우 X토지에 관해서는 등기이전이 없었고 Y토지에 관해서는 매매계약이 없으므로, X토지와 Y토지 모두 물권변동이 일어나지 않는다.

POINT 03 의사표시

1 의사표시 35회
법률관계에 해당하는 말이나 행동

사례
甲이 자기 소유의 건물에 대해 乙에게 청약의 의사표시를 하는 경우
- 甲은 그 건물을 팔고 다른 곳으로 이사를 가기 위해서
  ➡ 동기에 해당
- 먼저 그 건물을 1억원에 팔기로 마음 먹고
  ➡ 효과의사에 해당
- 이를 乙에게 알리려는 생각을 가지고
  ➡ 표시의사에 해당
- 乙에게 문서나 구두로 1억원에 팔겠다고 하였다.
  ➡ 표시행위에 해당

의사표시의 성립과정

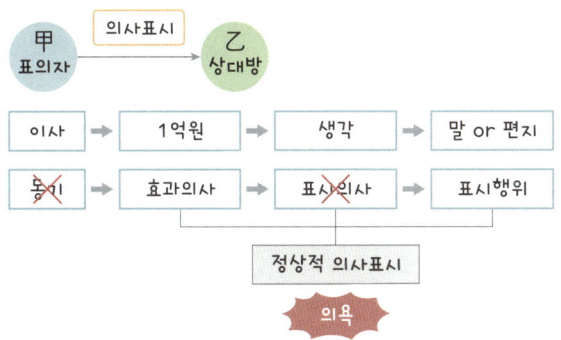

① 동기는 의사표시의 내용이 아니고, 표시의사도 의사표시의 내용이 아니다.
② 의사와 표시가 일치하고 의사결정과정에 하자가 없는 경우를 '정상적 의사표시'라 하고, 이 경우에는 당사자가 의욕한대로 법률효과가 발생한다.

제111조【의사표시의 효력발생시기】 ① 상대방이 있는 의사표시는 상대방에게 도달한 때에 그 효력이 생긴다. ② 의사표시자가 그 통지를 발송한 후 사망하거나 제한능력자가 되어도 의사표시의 효력에 영향을 미치지 아니한다.

제112조【제한능력자에 대한 의사표시의 효력】 의사표시의 상대방이 의사표시를 받은 때에 제한능력자인 경우에는 의사표시자는 그 의사표시로써 대항할 수 없다. 다만, 그 상대방의 법정대리인이 의사표시가 도달한 사실을 안 후에는 그러하지 아니하다.

① 상대방 있는 의사표시: 도달주의
② 상대방 없는 의사표시: 표백주의

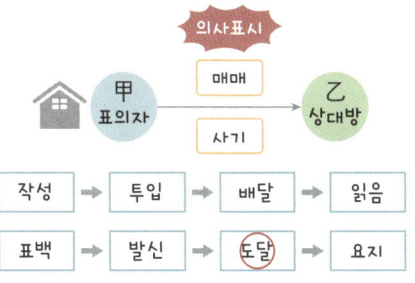

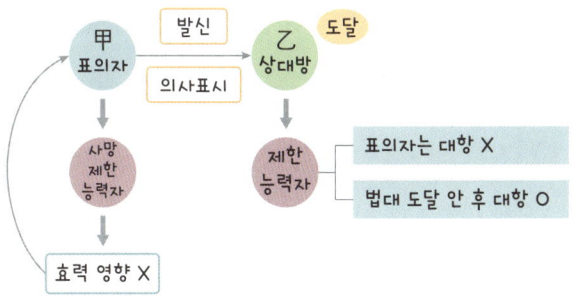

도달의 의미	① 사회통념상 의사표시의 내용을 알 수 있는 객관적인 상태에 이른 것 ② 상대방이 현실적으로 수령하거나 의사표시의 내용을 알았을 것까지는 필요 없음
도달 ○	① 상대방이 내용을 확인하지 않은 상태에서 의사표시의 수령을 거절하는 경우 ② 우편물이 내용증명우편이나 등기취급의 방법으로 발송되고 반송되지 않은 경우 (수취인이 주민등록지에 실제로 거주하여야 함) ③ 동거 중인 가족, 대리인, 피용인이 수령하였으나 본인에게 전달하지 않은 경우

도달 X	① 매도인이 소유권유보의 의사표시를 상품송부서에 잘 알아볼 수 없게 기재한 경우 ② 우편물이 보통우편의 방법으로 발송된 경우 ③ 채권양도의 통지서를 가정부가 수령한 직후 한집에 사는 채권양도인이 우편물을 바로 회수한 경우 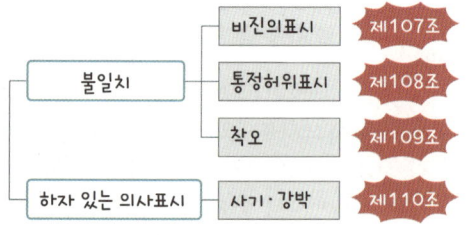
발신주의	① 제한능력자의 상대방의 확답촉구에 대한 제한능력자 측의 확답 ② 사원총회의 소집통지 ③ 무권대리에 있어서 상대방의 최고에 대한 본인의 확답 ④ 채무인수에 있어서 채무자 또는 인수인의 최고에 대한 채권자의 확답 ⑤ 격지자 간의 계약성립에 있어서 승낙의 통지

③ 의사와 표시가 불일치하거나 의사결정과정에 하자가 있는 경우를 '비정상적 의사표시'라 하고, 이 경우는 당사자가 의욕한대로는 법률효과가 발생하지 않는다. 비정상적 의사표시가 이루어진 경우 이를 처리하기 위하여 제107조 내지 제110조 규정을 두고 있다.

심's 출제포인트

비정상적 의사표시에 관한 규정의 적용범위
❶ 공법행위·소송행위: 적용 ✕
❷ 가족법상의 행위: 적용 ✕(가족법에 특별규정이 있으므로)

2 비진의표시

→ 의사와 표시가 불일치하는 것을 표의자가 아는 경우

비진의표시 제107조

비유알알무선

① 의사표시는 표의자가 진의 아님을 알고 한 것이라도 그 효력이 있다. 그러나 상대방이 표의자의 진의 아님을 알았거나 이를 알 수 있었을 경우에는 무효로 한다.
② 전항의 의사표시의 무효는 선의의 제3자에게 대항하지 못한다.

① **사립대학교 조교수사건**: 물의를 일으킨 사립대학교 조교수가 사직원이 수리되지 않을 것이라고 믿고 사태수습의 방안으로 사직원을 제출한 경우, 그 의사표시는 원칙적으로 유효하다.

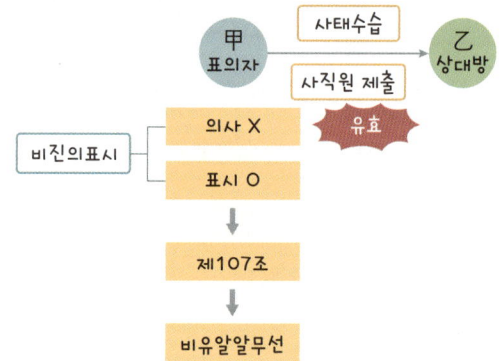

② **재입사사건**: 근로자가 회사의 경영방침에 따라 사직원을 제출하고 회사가 이를 받아들여 퇴직처리를 하였다가 즉시 재입사하는 형식을 취한 경우, 그 근로자의 의사표시는 무효이다(근로자가 사용자의 지시에 따라 사직서를 제출한 경우도 동일).

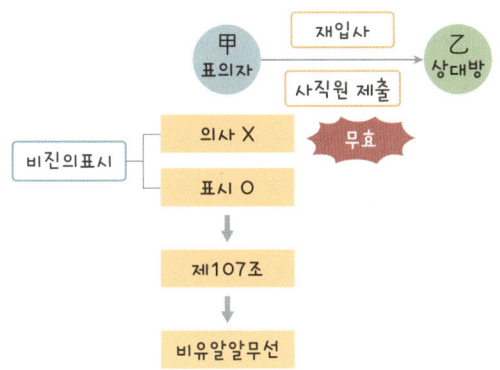

③ 공무원이 사직원을 제출한 사건: 공무원이 사직원을 제출하여 의원면직처분을 한 경우는 항상 유효하다.

심's 출제포인트

❶ 진의(眞意): 특정한 내용의 의사표시를 하고자 하는 표의자의 생각(표의자가 진정으로 마음속에서 바라는 사항이 아님)
❷ 비록 재산을 강제로 빼앗긴다는 것이 표의자의 본심으로 잠재되어 있었다 하더라도, 표의자가 강박에 의하여서나마 증여하기로 하고 그에 따른 증여의 의사표시를 한 경우는 비진의표시에 해당하지 않는다.
❸ 근로자의 자유로운 의사에 의하여 중간퇴직의 의사를 표시하는 것은 비진의표시에 해당하지 않는다.
❹ 학교법인이 「사립학교법」상의 제한규정때문에 교직원의 명의를 빌려서 금원을 차용한 경우 그 교직원의 의사표시는 비진의표시에 해당하지 않는다.

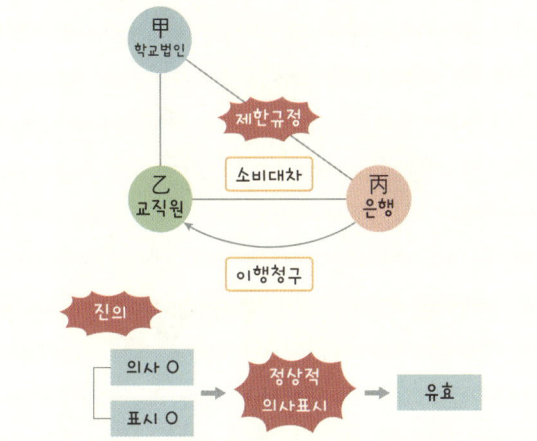

❺ 법률상 또는 사실상의 장애로 자기 명의로 대출받을 수 없는 자를 위하여 대출금채무자로서의 명의를 빌려준 자의 의사표시는 비진의표시가 아니다.

3 통정허위표시 <small>32회·33회·34회·35회·36회</small>

→ 의사와 표시가 불일치하는 것을 표의자도 알고 상대방도 알면서 외관창출에 대하여 합의(양해)가 있는 경우

① 상대방과 통정한 허위의 의사표시는 무효로 한다.
② 전항의 의사표시의 무효는 선의의 제3자에게 대항하지 못한다.

① 통정(通情): 상대방이 표의자의 진의 아님을 아는 것만으로는 부족하고, 외관창출에 대해 표의자와 상대방 사이에 합의나 양해가 있어야 한다.
② 가장매매사례: 甲이 자신의 채권자의 강제집행을 회피하기 위하여 친구인 乙과 짜고 자기 소유의 건물을 乙 앞으로 소유권이전등기를 경료해 준 경우

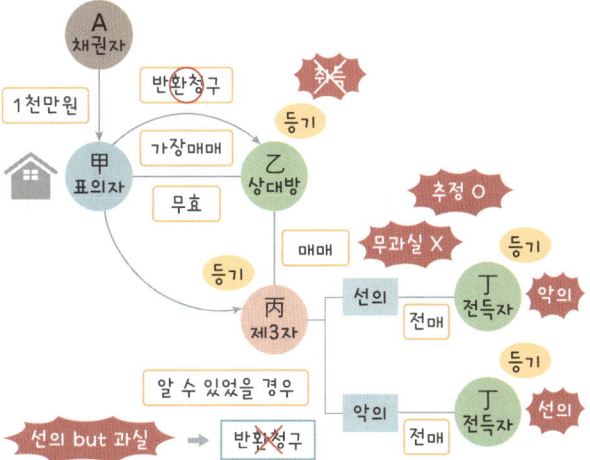

③ 통정허위표시는 무효이므로 상대방은 급여물의 소유권을 취득할 수 없다.
④ 허위표시에 기하여 상대방에게 급부한 것은 불법원인급여가 아니므로 표의자는 무효를 주장하여 자신이 상대방에게 급부한 것의 반환을 청구할 수 있다.
⑤ 제3자로서 보호받기 위해서는 선의이면 충분하고, 무과실까지 요구되지는 않는다. 따라서 제3자는 선의이기만 하면 설사 과실(過失)이 있더라도 보호된다.

⑥ 제3자의 선의는 추정되므로 무효를 주장하는 자가 제3자의 악의를 입증하여야 한다.
⑦ 제3자가 선의인 경우 제3자로부터 권리를 취득한 전득자(轉得者)는 악의일지라도 유효하게 권리를 취득한다(엄폐물의 법칙).
⑧ 제3자가 악의이더라도 제3자로부터 권리를 취득한 전득자가 선의이면 유효하게 권리를 취득한다(전득자도 제108조 제2항의 제3자에 포함 ○).

심's 출제포인트

❶ 甲이 乙의 명의를 빌려 丙은행과 소비대차계약을 체결한 경우: 甲이 乙을 형식상의 주채무자로 내세웠고 丙은행도 이를 양해한 경우에는 통정허위표시에 해당하고, 乙이 직접 은행을 방문하여 금전소비대차약정서에 주채무자로서 서명날인한 경우에는 통정허위표시에 해당하지 않는다.

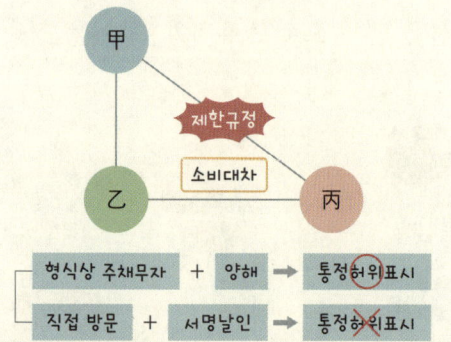

❷ 가장행위와 은닉행위의 결합사례: 당사자가 통정하여 증여를 매매로 가장한 경우, 매매는 가장행위로서 무효이지만 증여는 은닉행위로서 유효하다.

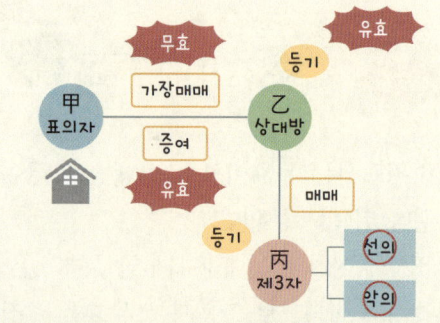

❸ 무효의 주장 가능 여부: 통정허위표시의 무효는 선의의 제3자에게 대항할 수 없다. 따라서 제3자가 선의인 경우 허위표시의 당사자뿐만 아니라 그 누구도 허위표시의 무효를 주장할 수 없다(선의의 제3자 스스로 무효를 주장하는 것은 무방).

❹ 채권자취소권의 행사 가능 여부: 통정허위표시로서 무효인 법률행위라도 채권자취소권의 대상이 될 수 있다.

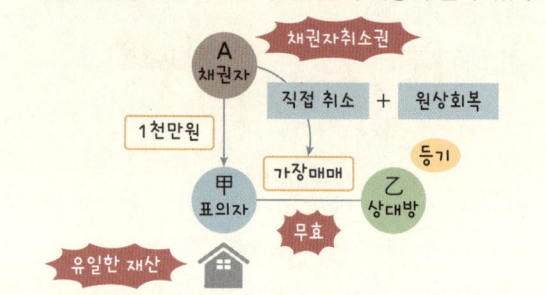

심's 출제포인트

제108조 제2항의 제3자

❶ 제3자의 의의: 당사자 및 그 포괄승계인을 제외하고 허위표시를 기초로 법률상 새로운 실질적 이해관계를 맺은 자
❷ 제3자에 해당하는 자
　㉠ 가장매매의 매수인으로부터 목적부동산의 소유권을 취득한 자

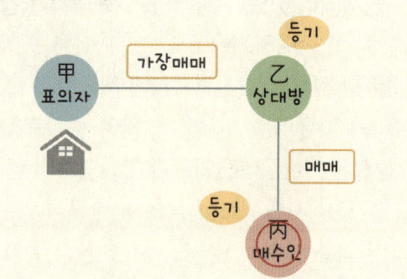

　㉡ 가장매매의 매수인으로부터 매매계약에 기한 소유권이전등기청구권을 보전하기 위하여 가등기를 경료한 자

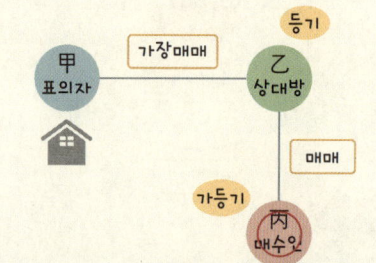

　㉢ 가장매매의 매수인으로부터 저당권을 설정받은 자

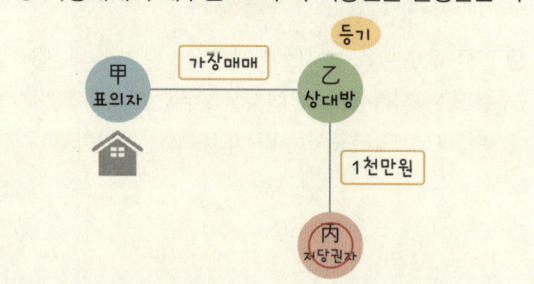

② 가장저당권설정행위에 기한 저당권의 실행에 의해 목적부동산을 경락받은 자

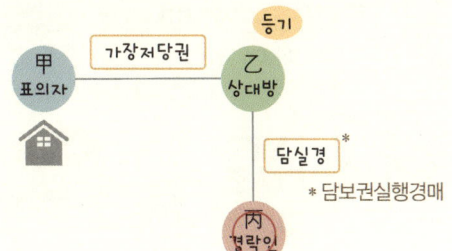

⑩ 가장전세권에 대하여 저당권을 취득한 자

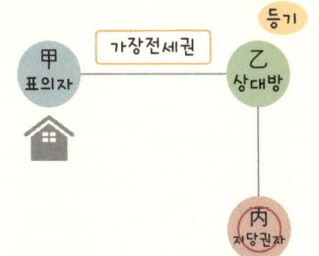

⑭ 가장소비대차에 기한 채권을 가압류한 자

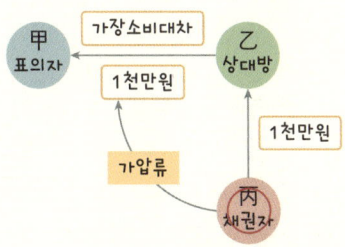

⊘ 파산자가 상대방과 통정한 허위의 의사표시에 의해 성립된 가장채권을 보유하고 있다가 파산선고가 된 경우의 파산관재인(파산채권자 모두가 악의로 되지 않는 한 선의의 제3자에 해당함)

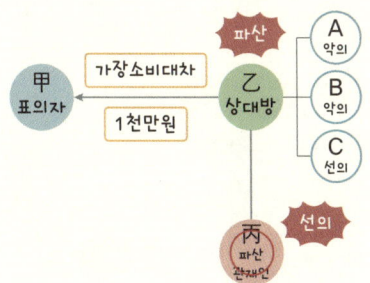

◎ 가장채무를 보증하고 그 보증채무를 이행한 보증인

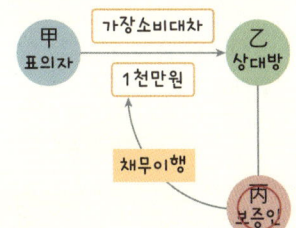

❸ 제3자에 해당하지 않는 자

㉠ 당사자의 상속인

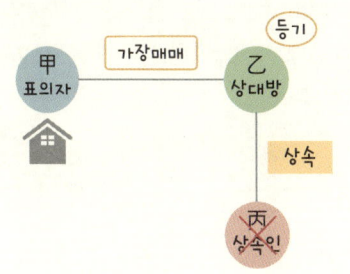

㉡ 가장소비대차계약을 체결한 대주로부터 그 계약을 인수한 자

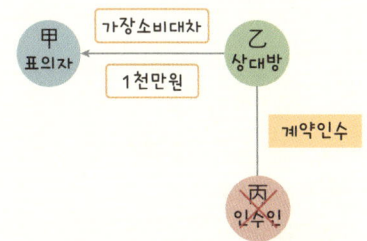

㉢ 채권의 가장양도에 있어서의 채무자

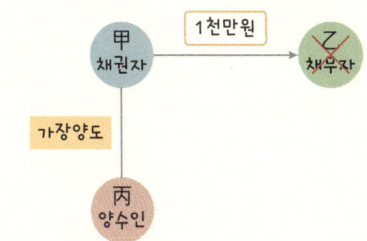

㉣ 대리인이 상대방과 허위표시를 한 경우의 본인

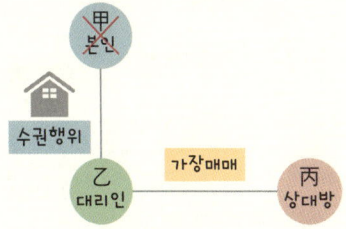

㉤ 가장의 '제3자를 위한 계약'에 있어서의 제3자(수익자)

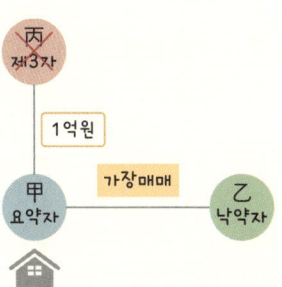

ⓗ 甲이 乙로부터 금전을 차용하고 그 담보로 자기 소유의 부동산에 가등기를 하기로 약정한 후, 채권자들의 강제집행을 회피하기 위하여 위 부동산을 丙에게 가장양도한 경우에 丙으로부터 가등기를 경료받은 乙

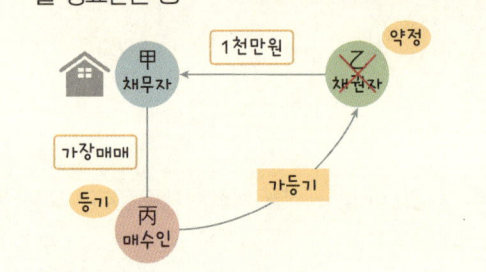

4 착오로 인한 의사표시   35회·36회
↳ 의사와 표시가 불일치하는 것을 표의자가 모르는 경우

① 의사표시는 법률행위의 내용의 중요부분에 착오가 있는 때에는 취소할 수 있다. 그러나 그 착오가 표의자의 중대한 과실로 인한 때에는 취소하지 못한다.
② 전항의 의사표시의 취소는 선의의 제3자에게 대항하지 못한다.

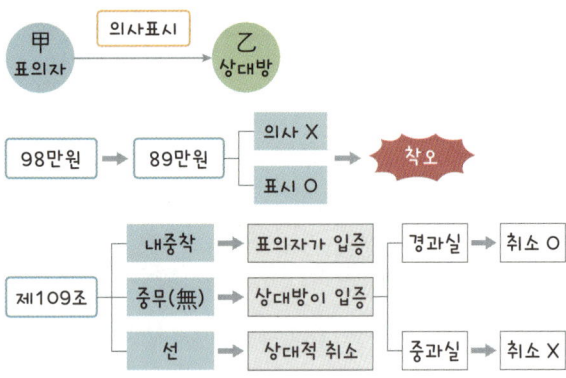

① **중요부분**: 표의자의 입장에서도 착오를 알았더라면 의사표시를 하지 않았으리라고 인정되어야 하고, 동시에 일반인이 표의자의 입장에 섰을 때 착오를 알았더라면 의사표시를 하지 않았으리라고 인정되어야 한다(주관적·객관적 표준). 법률행위 내용의 중요부분에 착오가 있다는 점은 표의자가 입증하여야 한다.

② 중요부분에 해당하는지 문제되는 경우

중요부분 ○

㉠ 사람의 동일성에 관한 착오: 위임, 고용, 증여, 임대차, 보증계약, 근저당권설정계약에서는 중요부분의 착오에 해당한다.
㉡ 목적물의 동일성에 관한 착오

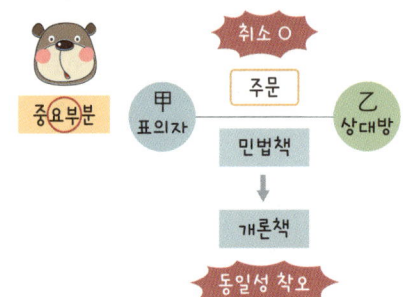

㉢ 토지의 현황·경계에 관한 착오
  ⓐ 매매목적물 1,800평을 경작 가능한 농지로 알고 매수하였으나 그중 1,355평이 하천부지인 경우
  ⓑ 답 1,389평 전부 경작할 수 있는 농지인 줄 알고 매수하였는데 그중 약 600평이 하천을 이루고 있는 경우
  ⓒ 주위토지통행권자가 인접대지 위의 담장이 그 대지의 경계선과 일치하는 것으로 잘못 알고 이 담장을 기준으로 통로폭을 정하여 주위토지소유자의 담장설치에 합의한 경우
㉣ 법률행위의 성질에 관한 착오: 임대차를 사용대차로 안 경우
㉤ 부동산매매에 있어서 양도소득세가 부과되지 않을 것이라는 매수인의 설명을 믿고 한 매도인의 착오

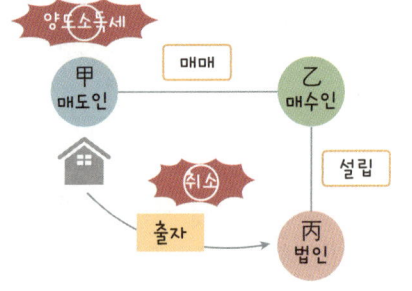

중요부분 ✕

㉠ 목적물의 소유권·성질·상태·시가·수량에 관한 착오

ⓒ 토지의 지적부족이나 매매목적물에 관한 지분의 근소한 부족에 관한 착오
ⓒ 공(空)리스에 있어서 리스물건의 존재 여부에 대한 보증인의 착오

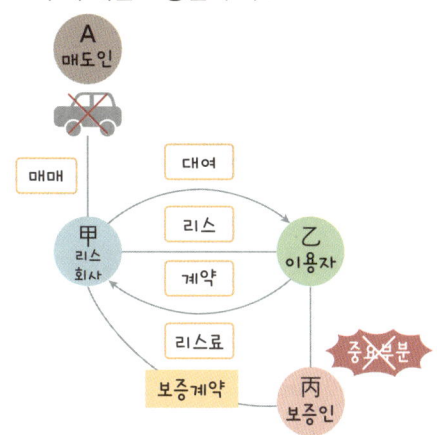

ⓔ 착오로 인하여 표의자가 경제적 불이익을 입지 아니한 경우

③ **중과실(重過失)**: 표의자의 직업, 행위의 종류, 목적 등에 비추어 보통 요구되는 주의를 현저하게 결여하는 것을 말하며 상대방이 표의자에게 중대한 과실이 있음을 입증하여야 한다.

④ **중과실인지 문제되는 경우**
ⓘ 공장을 경영하는 자가 공장이 협소하여 새로운 공장을 설립할 목적으로 토지를 매수함에 있어 토지상에 공장을 건축할 수 있는지 여부를 관할관청에 알아보지 아니한 것은 중대한 과실에 해당한다.

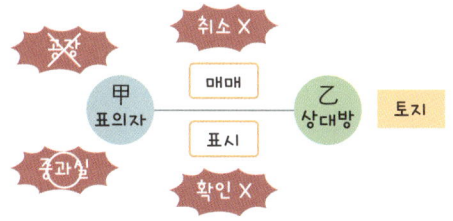

ⓛ 공인중개사를 통하지 않고 개인적으로 토지거래를 하는 경우 매매목적물의 동일성에 착오가 있더라도 토지대장을 확인하지 않은 것은 중대한 과실에 해당한다.
ⓒ 부동산중개업자가 다른 점포를 매매목적물로 잘못 소개하여 매수인이 매매목적물에 관하여 착오를 일으킨 경우는 중대한 과실에 해당하지 않는다.
ⓔ 고려청자로 알고 매수한 도자기가 진품이 아닌 것으로 밝혀진 경우, 매수인이 자신의 골동품 식별 능력을 과신한 나머지 전문적 감정인의 감정을 거치지 않은 것은 중대한 과실에 해당하지 않는다.
ⓜ 재건축조합이 재건축아파트 설계용역계약을 체결함에 있어서 상대방의 건축사자격 유무를 조사하지 않은 것은 중대한 과실에 해당하지 않는다.

⑤ **중과실이 있더라도 취소할 수 있는 경우**: 상대방이 표의자의 착오를 알면서 이를 이용한 경우에는 표의자에게 중과실이 있더라도 표의자는 의사표시를 취소할 수 있다.

심's 출제포인트

동기의 착오

❶ **의의**: 의사표시에는 착오가 없고 의사표시를 하게 된 동기에만 착오가 있는 경우

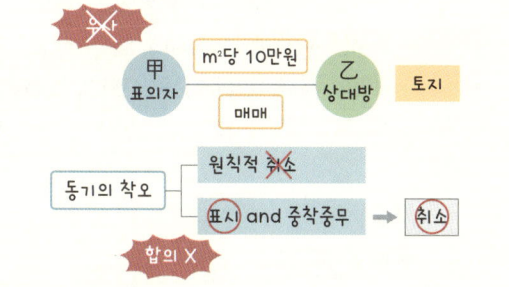

❷ **취소요건**: 동기는 의사표시의 '내용'이 아니므로 원칙적으로 동기의 착오를 이유로 해서 의사표시를 취소할 수 없다. 다만, 동기가 표시되고 제109조의 요건을 갖추는 경우에는 취소할 수 있다(동기를 의사표시의 내용으로 삼기로 하는 합의까지는 필요 없음).

❸ **상대방으로부터 유발된 동기의 착오**: 동기가 표시되었는지 여부를 불문하고 제109조의 요건을 갖추는 경우에는 취소할 수 있다.
ⓘ 귀속재산이 아닌데 공무원이 귀속재산이라고 하여 토지를 국가에 증여한 경우
ⓛ 공무원의 법령오해에 터잡아 토지를 국가에 증여한 경우
ⓒ 매매대상에 포함되었다는 시공무원의 말을 믿고 매매계약을 체결한 경우

심's 출제포인트

❶ 착오에 관한 제109조 규정은 임의규정이다. 따라서 착오가 있더라도 법률행위를 취소할 수 없도록 하는 당사자 사이의 특약은 유효하다.
❷ 상대방이 착오자의 진의(眞意)에 동의한 경우에는 표의자는 자신의 의사표시를 취소할 수 없다.
❸ 표의자의 착오에 경과실이 있는 경우 표의자는 착오를 이유로 자신의 의사표시를 취소할 수 있다. 이때 상대방은 표의자에게 불법행위에 기한 손해배상을 청구할 수 없다.

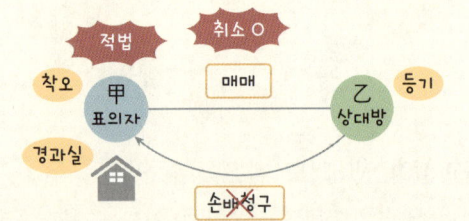

❹ 담보책임과 착오가 경합하는 경우: 매매계약 내용의 중요부분에 착오가 있는 경우, 매수인은 매도인의 하자담보책임이 성립하는지와 상관없이 착오를 이유로 매매계약을 취소할 수 있다.
❺ 착오와 사기가 경합하는 경우: 착오가 타인의 기망행위에 의해 발생한 경우 표의자는 각각 그 요건을 입증하여 주장할 수 있다.
❻ 서명날인의 착오: 제3자의 기망행위에 의하여 신원보증서류에 서명날인한다는 착각에 빠진 상태로 연대보증의 서면에 서명날인한 경우는 제110조 제2항에 정한 사기에 의한 의사표시의 법리가 적용되지 않는다.

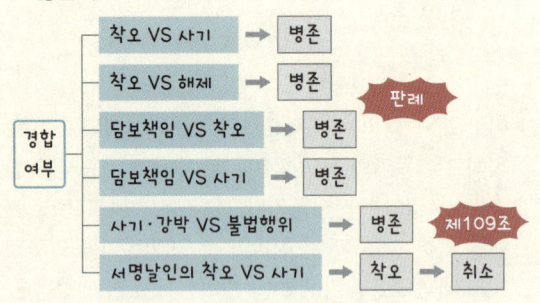

❼ 해제와 착오가 경합하는 경우: 매도인이 매매계약을 적법하게 해제한 후라도 매수인은 손해배상책임을 지거나 매매계약에 따른 계약금의 반환을 받을 수 없는 불이익을 면하기 위하여 착오를 이유로 매매계약을 취소할 수 있다.

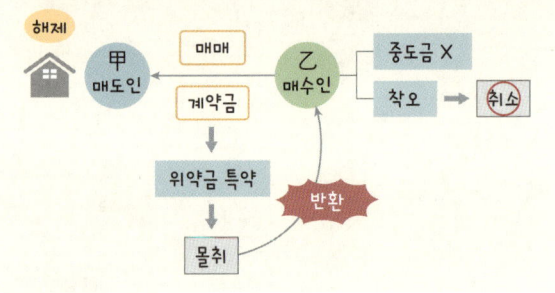

5 사기·강박에 의한 의사표시 35회
→ 의사와 표시가 일치하나 의사결정과정에 하자가 있는 경우

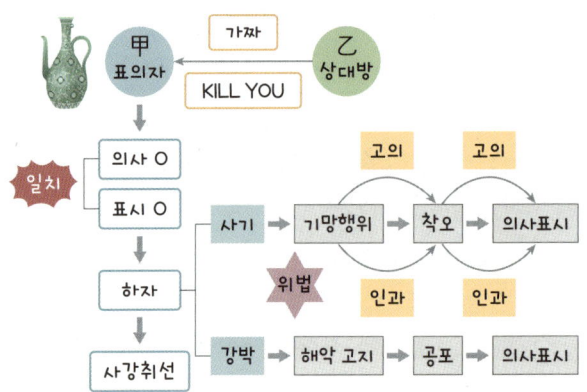

사기·강박 제110조

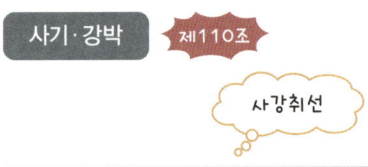

① 사기나 강박에 의한 의사표시는 **취소**할 수 있다.
② 상대방 **있는** 의사표시에 관하여 제3자가 사기나 강박을 행한 경우에는 상대방이 그 사실을 **알았거나 알 수 있었을 경우**에 한하여 그 의사표시를 취소할 수 있다.
③ 전2항의 의사표시의 취소는 **선의**의 제3자에게 **대항하지 못한다**.

① 사기(詐欺)에 의한 의사표시: 기망행위 ⇨ 착오 ⇨ 의사표시
  ㉠ 사기자에게 고의가 있을 것: 2단계 고의
  ㉡ 기망행위가 있을 것
  ㉢ 기망행위가 위법할 것

ⓔ 인과관계가 있을 것: 2단계 인과관계(표의자의 주관적인 것이라도 무방함)

② 강박(强迫)에 의한 의사표시: 해악고지 ⇨ 공포심 유발 ⇨ 의사표시

㉠ 강박자에게 고의가 있을 것: 2단계 고의
㉡ 강박행위가 있을 것: 강박은 의사결정의 자유를 제한하는 정도를 말하므로, 강박의 정도가 극심하여 표의자의 의사결정의 자유가 박탈(剝奪)된 상태에서 이루어진 의사표시는 무효이다.
㉢ 강박행위가 위법할 것: 강박행위의 목적이 정당하지 않거나 목적은 정당하더라도 수단이 부당한 경우에는 강박행위의 위법성이 인정된다.
㉣ 인과관계가 있을 것: 2단계 인과관계(표의자의 주관적인 것이라도 무방함)

심's 출제포인트

제3자의 사기 · 강박의 경우

❶ 상대방 없는 의사표시의 경우: 상대방 없는 의사표시에 있어서 제3자가 표의자에게 사기 · 강박을 한 경우에는 표의자는 언제나 그 의사표시를 취소할 수 있다.

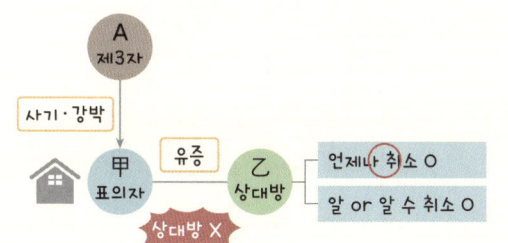

❷ 상대방 있는 의사표시의 경우: 상대방 있는 의사표시에 있어서 제3자가 표의자에게 사기 · 강박을 한 경우에는 표의자는 상대방이 그 사실을 알았거나 알 수 있었을 경우에만 그 의사표시를 취소할 수 있다(제110조 제2항).

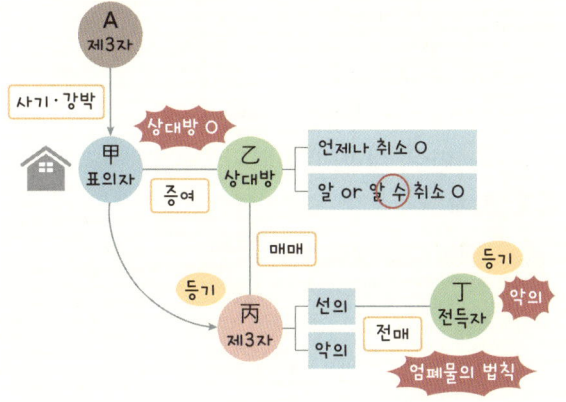

③ 상대방의 대리인 등 상대방과 동일시할 수 있는 자는 제3자의 사기 · 강박에서 말하는 제3자에 해당하지 않는다.

심's 출제포인트

❶ 아파트분양자가 아파트단지 인근에 공동묘지가 조성되어 있다는 사실을 분양계약자에게 고지하지 않은 것은 기망행위에 해당한다.
❷ 임차권 양도에 관한 임대인의 동의 여부를 설명하지 않은 것은 기망행위에 해당한다.
❸ 교환계약의 당사자가 교환목적물의 시가를 묵비하거나 허위로 시가보다 높은 가액을 시가라고 고지한 것은 기망행위에 해당하지 않는다.
❹ 상가를 분양하면서 운영방법 및 수익보장에 대하여 다소의 과장허위광고를 한 경우는 기망행위의 위법성이 인정되지 않는다.
❺ 판매가격을 실제보다 높게 표시하고 할인판매를 가장한 대형백화점의 변칙세일행위는 기망행위의 위법성이 인정된다.
❻ 매매목적물에 하자가 있음에도 불구하고 매도인이 이를 속이고 매매계약을 체결한 경우 매수인(피기망자)은 담보책임과 사기를 선택적으로 주장할 수 있다.
❼ 사기 · 강박행위가 동시에 불법행위에 해당하는 경우에는 표의자는 사기 · 강박을 이유로 법률행위를 취소하여 부당이득반환청구를 하거나 불법행위를 이유로 손해배상을 청구할 수 있다(선택적 행사는 가능하나 중첩적 행사는 불가).
❽ 제3자에 의한 사기행위로 계약을 체결한 경우, 표의자는 그 계약을 취소하지 않고도 제3자에 대하여 불법행위를 이유로 손해배상을 청구할 수 있다.

POINT 04 법률행위의 대리

1 대리(代理)의 의의

① 대리: 대리인(代理人)이 본인(本人)의 이름으로 법률행위를 하거나 의사표시를 수령함으로써 법률효과가 모두 직접 본인에게 귀속하도록 하는 제도

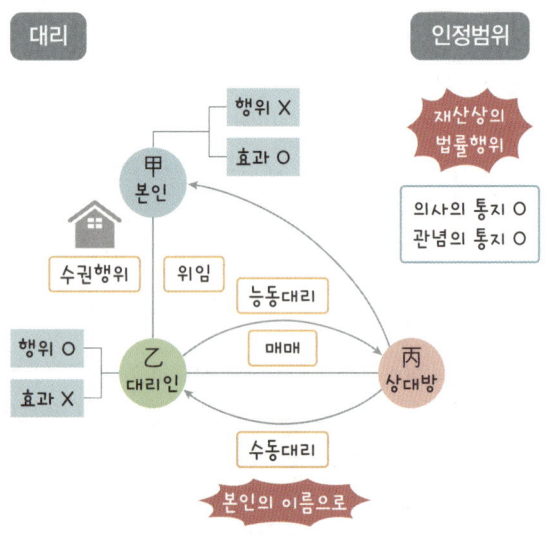

② 대리에 있어서는 법률행위의 당사자와 법률효과의 당사자가 분리된다.
③ 임의대리·법정대리: 본인의 수권행위에 의해 대리권이 발생하는 경우를 '임의대리'라 하고, 법률규정 등에 의해 대리권이 발생하는 경우를 '법정대리'라 한다.
④ 능동대리·수동대리: 대리인이 상대방에 대하여 의사표시를 하는 경우를 '능동대리'라 하고, 상대방이 한 의사표시를 대리인이 받는 경우를 '수동대리'라 한다. 민법은 원칙적으로 능동대리를 기준으로 규정하고 있고, 수동대리에 대해서는 능동대리에 관한 규정을 부분적으로 준용하고 있다.
⑤ 유권대리·무권대리: 대리인에게 정당한 대리권이 있는 경우를 '유권대리'라 하고, 대리인에게 정당한 대리권이 없는 경우를 '무권대리'라 한다.

심's 출제포인트

대리가 인정되는 범위

❶ 대리는 재산상의 법률행위에 대해서만 인정된다.
❷ 가족법상의 법률행위(혼인, 유언 등)는 원칙적으로 대리가 인정되지 않는다.
❸ 준법률행위(사실행위 포함)는 원칙적으로 대리가 인정되지 않는다.
❹ 의사의 통지와 관념의 통지에 대해서는 대리가 인정된다(채권양도의 통지는 대리 ○).

2 대리의 3면관계

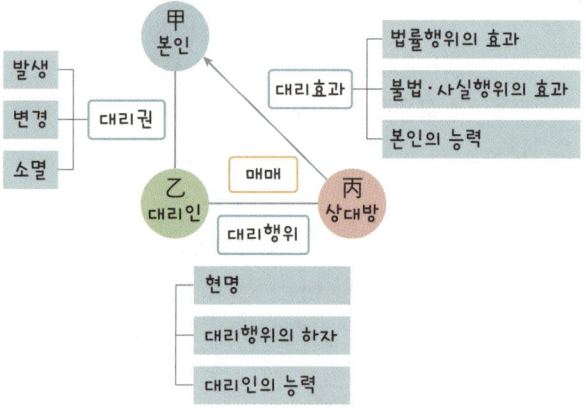

① 본인과 대리인 사이의 관계를 '대리권관계'라 하고, 대리인과 상대방 사이의 관계를 '대리행위관계'라 하며, 본인과 상대방 사이의 관계를 '대리효과관계'라 한다.
② 대리인이 한 법률행위의 효과가 본인에게 귀속하기 위한 요건
   ㉠ 대리인에게 대리권이 존재할 것
   ㉡ 대리인이 대리권의 범위 내에서 대리행위를 할 것
   ㉢ 대리인이 본인을 위한 것임을 표시할 것

3 대리권의 발생

① 임의대리권의 발생원인: 본인의 수권행위
② 대리권은 권한에 해당하며, 수권행위는 상대방 있는 단독행위에 해당한다. 따라서 수권행위가 성립하기 위해서 대리인이 될 자의 승낙은 필요 없다.
③ 수권행위는 불요식행위이다(서면+구두/명시적+묵시적).
④ 법정대리권의 발생원인: 법률규정 등

4 대리권의 범위

① 법정대리권의 범위는 법률규정에 의해 정해진다.
② 임의대리권의 범위는 일단 수권행위의 해석에 의해 정해진다.

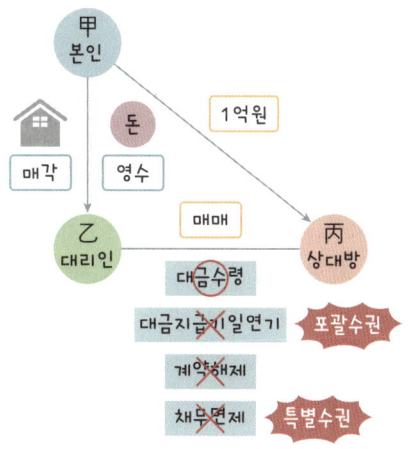

③ 건물매각에 관한 대리권에는 대금수령에 관한 권한이 포함된다.
④ 매매계약의 체결과 이행에 관하여 포괄적으로 대리권을 수여받은 대리인은 약정된 대금지급기일을 연기하여 줄 권한을 가진다.
⑤ 대여금의 영수권한에는 대여금채무의 면제에 관한 권한은 포함되지 않으므로, 대여금채무를 면제하기 위해서는 본인의 특별수권이 필요하다.
⑥ 매매계약체결의 대리권에는 계약해제에 관한 권한은 포함되지 않는다.
⑦ 수권행위의 해석에 의해서도 임의대리권의 범위가 불분명한 경우에는 제118조가 보충적으로 적용된다.

수권행위의 해석에 대한 보충규정 제118조

권한을 정하지 아니한 대리인은 다음의 행위만을 할 수 있다.
① **보존행위**
② 대리의 목적인 물건이나 권리의 성질이 변하지 아니하는 범위에서 그 **이용** 또는 **개량**하는 행위

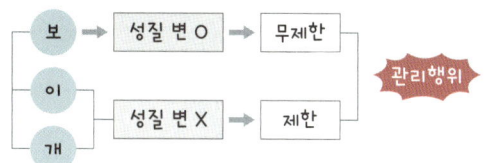

⑧ 권한을 정하지 아니한 대리인은 보존행위 및 일정한 범위 내의 이용·개량행위만 할 수 있다(관리행위만 할 수 있고 처분행위는 할 수 없음).

심's 출제포인트

권한을 정하지 아니한 대리인이 할 수 있는 행위

보존행위	❶ 가옥의 수선: ○ ❷ 부패하기 쉬운 물건의 매각: ○ ❸ 미등기부동산의 등기: ○ ❹ 시효중단을 위한 소제기: ○ ❺ 기한이 도래한 채권의 추심: ○ ❻ 기한이 도래한 채무의 변제: ○
이용행위	❶ 물건을 임대하는 것: ○ ❷ 금전을 이자부로 대여하는 것: ○
개량행위	❶ 가옥에 부가시설을 설치하는 것: ○ ❷ 무이자소비대차를 이자부로 전환하는 것: ○ ❸ 은행예금을 주식으로 전환하는 것: ✕ ❹ 은행예금을 보다 높은 금리로 개인에게 빌려주는 것: ✕ ❺ 농지를 대지로 용도변경하는 것: ✕

5 대리권의 제한

(1) 자기계약·쌍방대리의 금지

① 대리인이 본인을 위하여 자기와 법률행위를 하는 것을 '자기계약'이라 하고, 대리인이 동일한 법률행위에 관하여 당사자 쌍방을 대리하는 것을 '쌍방대리'라 한다.

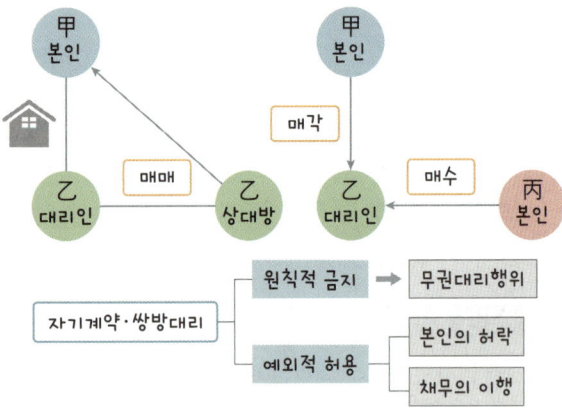

② 자기계약과 쌍방대리는 본인의 이익을 해할 가능성이 있기 때문에 원칙적으로 금지된다.

③ **자기계약과 쌍방대리가 허용되는 경우**: 본인의 허락이 있는 경우와 채무 예 등기신청
→ 부득이한 사유는 허용되는 경우가 아님

④ 자기계약·쌍방대리 금지규정에 위반한 대리행위는 무권대리행위로 된다.

⑤ 부동산 입찰절차에서 동일한 물건에 관하여 이해관계가 다른 2인 이상의 대리인이 된 경우 그 대리인이 한 입찰행위는 무효이다.

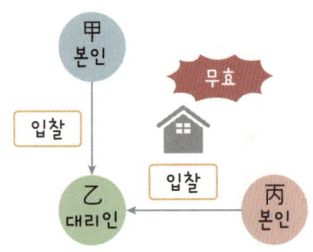

(2) 공동대리의 제한

① 대리인이 수인인 경우에는 각자가 본인을 대리하는 것이 원칙이다. 그러나 법률이나 수권행위에서 공동으로 대리하게 한 경우에는 공동으로 대리하여야 한다.

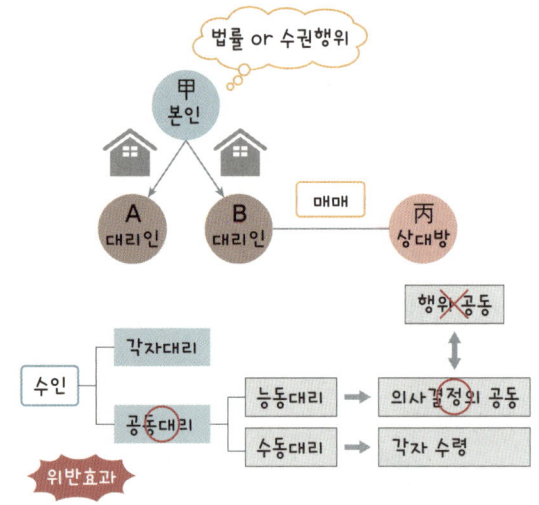

② 공동대리에 있어서의 공동은 '의사결정의 공동'을 의미한다. 따라서 의사결정에 관하여 전원이 일치하면 되고, 표시행위는 일부의 대리인이 하더라도 법률효과가 본인에게 귀속한다.

③ 공동대리의 제한이 있더라도 수동대리의 경우에는 대리인 각자가 단독으로 의사표시를 수령하면 된다.

④ 공동대리 제한규정에 위반한 대리행위는 무권대리행위로 된다.

6 대리권의 소멸

① 임의대리권과 법정대리권에 공통된 소멸원인

> 제127조【대리권의 소멸사유】대리권은 다음 각 호의 어느 하나에 해당하는 사유가 있으면 소멸된다.
> 1. 본인의 사망
> 2. 대리인의 사망, 성년후견의 개시 또는 파산

② 임의대리권에 특유한 소멸원인: 원인된 법률관계의 종료, 수권행위의 철회, 수권행위의 취소

심's 출제포인트

대리권의 남용

❶ '대리권의 남용'이란 대리인이 대리권의 범위 내에서 대리행위를 하였지만 그것이 자기나 제3자의 사리(私利)를 도모하기 위한 것인 경우를 말한다.

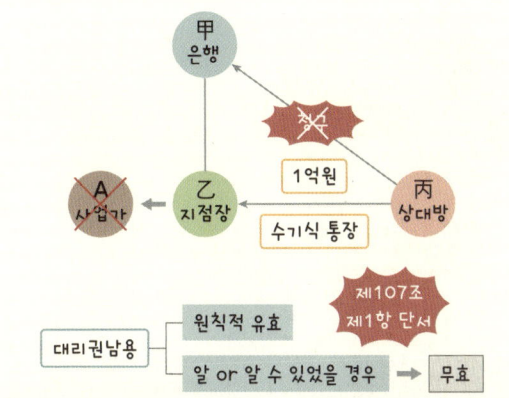

❷ 대리권이 남용되었더라도 대리인에게 대리의사가 있으므로 대리행위는 원칙적으로 유효하다.
❸ 상대방이 대리인의 대리권남용사실을 알았거나 알 수 있었을 경우에는 그 대리행위는 무효이다(판례는 제107조 제1항 단서를 유추적용함).

7 현명주의

> 제114조【대리행위의 효력】① 대리인이 그 권한 내에서 본인을 위한 것임을 표시한 의사표시는 직접 본인에게 대하여 효력이 생긴다.
> ② 전항의 규정은 대리인에게 대한 제3자의 의사표시에 준용한다.
> 제115조【본인을 위한 것임을 표시하지 아니한 행위】대리인이 본인을 위한 것임을 표시하지 아니한 때에는 그 의사표시는 자기를 위한 것으로 본다. 그러나 상대방이 대리인으로서 한 것임을 알았거나 알 수 있었을 때에는 전조 제1항의 규정을 준용한다.

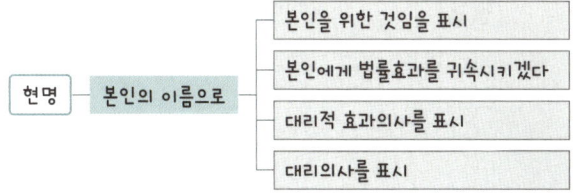

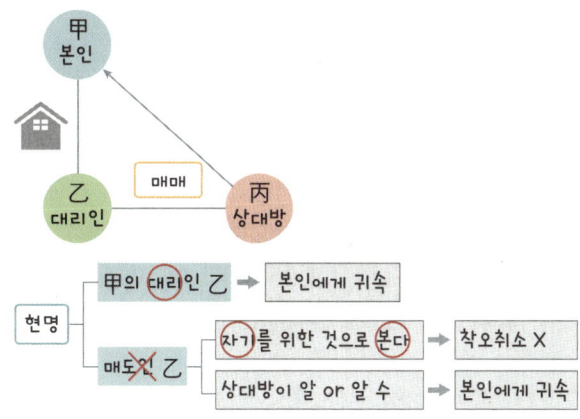

① '현명(顯名)'이란 대리인이 상대방에게 자신이 본인의 대리인임을 밝히는 것을 말한다.
② 현명의 방식에는 특별한 제한이 없는데, 보통 '甲의 대리인 乙'로 표시하면 현명이 있는 것으로 볼 수 있고, 대리인이 본인의 명의로 법률행위를 하였더라도 대리인에게 대리의사가 있는 것으로 인정되는 한 유효한 대리행위가 된다.
③ 매매위임장을 제시하고 매매계약을 체결한 경우는 매매계약서에 대리관계의 표시가 없더라도 이는 소유자를 대리하여 매매행위를 하는 것으로 보아야 한다.

심's 출제포인트

무권한자의 처분행위의 효력

❶ 무권한자의 처분행위: 타인의 물건 또는 권리를 자기의 이름으로 처분하는 것
❷ 무권한자의 처분행위는 원칙적으로 무효이나, 본인은 이에 대해 추인을 함으로써 법률효과를 받을 수 있다. 추인의 근거에 대해 판례는 무권대리의 추인규정을 적용한다.

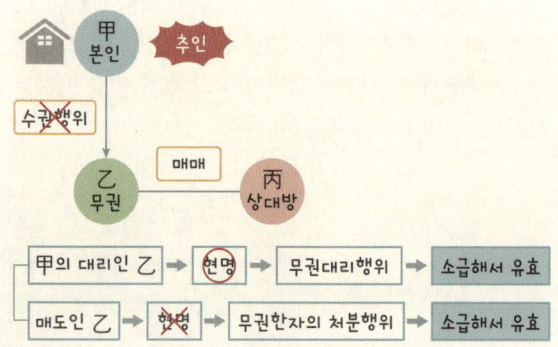

8 대리행위의 하자

> **제116조【대리행위의 하자】** ① 의사표시의 효력이 의사의 흠결, 사기, 강박 또는 어느 사정을 알았거나 과실로 알지 못한 것으로 인하여 영향을 받을 경우에 그 사실의 유무는 대리인을 표준하여 결정한다.
> ② 특정한 법률행위를 위임한 경우에 대리인이 본인의 지시에 좇아 그 행위를 한 때에는 본인은 자기가 안 사정 또는 과실로 인하여 알지 못한 사정에 관하여 대리인의 부지를 주장하지 못한다.

(1) 대리행위의 하자 유무의 판단기준이 되는 자

① 원칙: 대리의 경우 법률행위를 하는 자는 대리인이므로 대리행위의 하자의 유무는 원칙적으로 대리인을 표준으로 결정한다(대리행위의 하자로 인한 효과는 모두 직접 본인에게 귀속함).
② 예외: 대리인이 본인의 지시에 좇아 법률행위를 한 경우에는 대리행위의 하자 유무는 본인을 표준으로 결정한다.

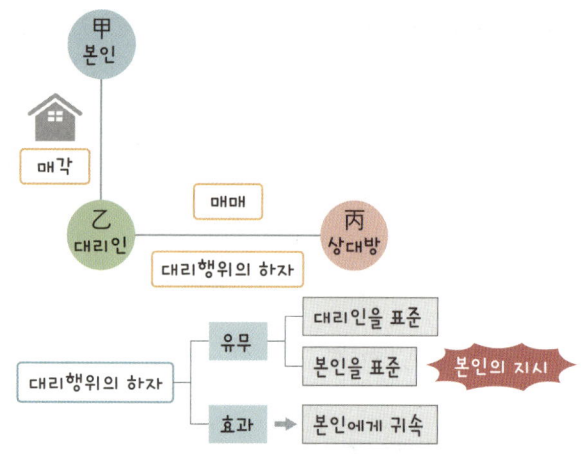

(2) 사기·강박과 대리행위의 하자

① 상대방이 대리인에게 사기·강박을 한 경우: 본인은 사기·강박을 당하지 않았더라도 대리행위를 취소할 수 있다.

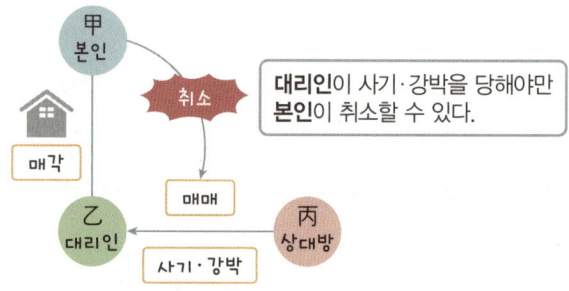

② 대리인이 상대방에게 사기·강박을 한 경우: 상대방은 언제나(본인의 선의·악의 불문) 자신의 의사표시를 취소할 수 있고, 언제나(본인의 선의·악의 불문) 본인에게 대항할 수 있다.

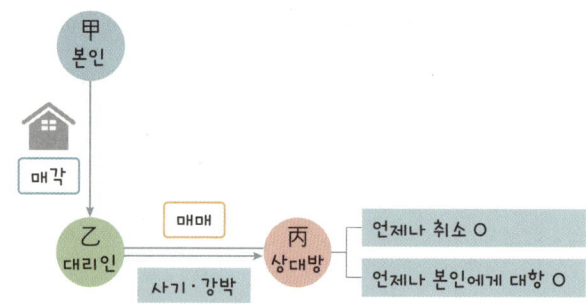

심's 출제포인트

이중매매와 대리행위의 하자

❶ 대리인이 부동산을 이중으로 매수한 경우 그 매매계약이 반사회적 법률행위인지 여부의 판단기준이 되는 자는 대리인이다.
❷ 대리인이 본인을 대리하여 매매계약을 체결할 때 매도인의 배임행위에 적극가담하였다면, 설사 본인이 그 사실을 몰랐더라도 그 매매계약은 반사회적 법률행위로서 무효이다.

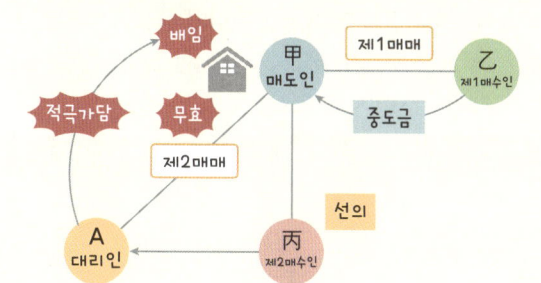

9 대리인의 능력

제117조【대리인의 행위능력】 대리인은 행위능력자임을 요하지 아니한다.

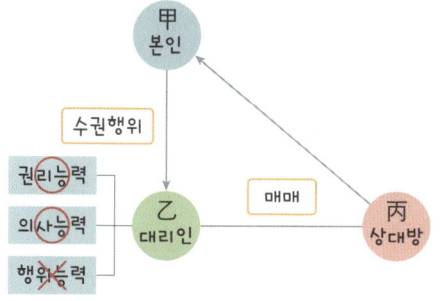

① 대리인은 법률행위를 하는 자이므로 권리능력과 의사능력은 있어야 한다.
② 대리인은 법률행위만 할 뿐 법률효과를 받는 자가 아니므로 행위능력은 필요 없다. 따라서 본인은 대리인이 제한능력자임을 이유로 대리행위를 취소할 수 없다.

10 대리효과

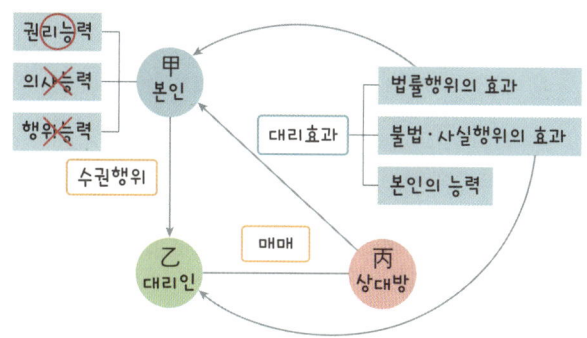

① 대리인이 한 법률행위의 효과는 모두 직접 본인에게 귀속한다. 따라서 적법한 대리인에 의하여 계약이 체결되었는데 상대방이 계약상의 채무불이행을 이유로 계약을 해제한 경우, 해제로 인한 원상회복의무는 '본인'과 상대방이 부담한다.
② 불법행위와 사실행위에 대해서는 대리가 인정되지 않으므로 그 효과는 대리인 자신에게 귀속한다.
③ 대리인이 한 법률행위의 효과를 받기 위해서는 본인은 권리능력만 있으면 된다.
→ 본인이 수권행위를 하기 위한 능력과 대리인이 한 법률행위의 효과를 받기 위한 능력은 별개임

11 복대리 32회·33회·34회·36회

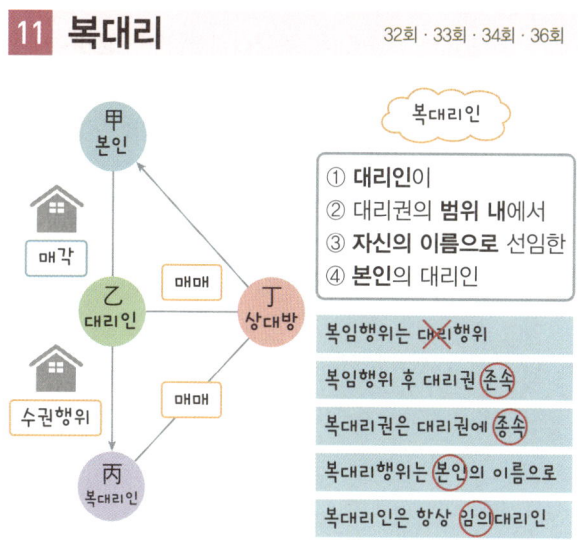

① 복대리인은 대리인이 대리권의 범위 내에서 자신의 이름으로 선임한 본인의 대리인이다.
② 본인의 수권행위에 의하여 대리권을 수여받은 자는 복대리인이 아니다.

③ 복대리인은 대리인이 자신의 이름으로 선임하는 자이므로 복대리인 선임행위는 대리행위가 아니다.
④ 복대리인의 선임 후에도 대리인의 대리권은 그대로 존속한다(복대리인 선임행위는 대리권의 양도가 아님).
⑤ 복대리권은 대리권에 종속한다. 따라서 복대리권은 대리권을 초과할 수 없고, 대리권이 소멸하면 복대리권도 같이 소멸한다.
⑥ 복대리인이 한 법률행위의 효과는 모두 직접 본인에게 귀속하여야 하므로 복대리인은 대리인의 대리인이 아니라 본인의 대리인이다.
⑦ 복대리인은 본인의 대리인이므로 복대리인이 대리행위를 할 때에는 본인의 이름으로 하여야 한다.
⑧ 복대리인은 항상 임의대리인이다. 따라서 복대리인도 본인의 승낙이 있거나 부득이한 사유가 있는 때에는 복임행위를 할 수 있다.

심's 출제포인트

대리인의 복임행위와 그 책임

> 제120조【임의대리인의 복임권】대리권이 법률행위에 의하여 부여된 경우에는 대리인은 본인의 승낙이 있거나 부득이한 사유 있는 때가 아니면 복대리인을 선임하지 못한다.
> 제121조【임의대리인의 복대리인선임의 책임】① 전조의 규정에 의하여 대리인이 복대리인을 선임한 때에는 본인에게 대하여 그 선임감독에 관한 책임이 있다.
> ② 대리인이 본인의 지명에 의하여 복대리인을 선임한 경우에는 그 부적임 또는 불성실함을 알고 본인에게 대한 통지나 그 해임을 태만한 때가 아니면 책임이 없다.
> 제122조【법정대리인의 복임권과 그 책임】법정대리인은 그 책임으로 복대리인을 선임할 수 있다. 그러나 부득이한 사유로 인한 때에는 전조 제1항에 정한 책임만이 있다.

임의대리인의 복임행위와 책임
- ① **승낙** 또는 **부득이한 사유**가 있는 경우에 복임행위 O
- ② 원칙적으로 선임·감독상의 과실책임
- ③ **본인의 지명**에 의한 경우 통지해태책임으로 경감

법정대리인의 복임행위와 책임
- ① **언제나** 복임행위 O
- ② 원칙적으로 무과실책임
- ③ **부득이한 사유**로 인한 경우 선임·감독상의 책임으로 경감

❶ 매매계약체결과 같이 법률행위의 성질상 대리인 자신에 의한 처리가 필요하지 아니한 경우에는 본인이 복대리 금지의사를 명시하지 않았다면 복대리인의 선임에 관하여 묵시적인 승낙이 있는 것으로 볼 수 있다.

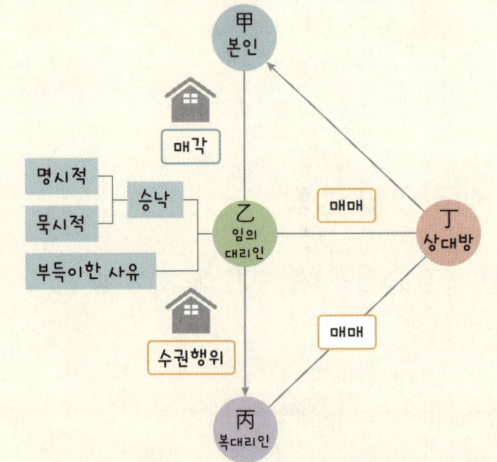

❷ 아파트 분양업무는 분양을 위임받은 수임인의 능력에 따라 분양사업의 성공 여부가 결정되는 사무이므로, 이는 본인의 명시적인 승낙이 없으면 복대리인을 선임할 수 없다.
❸ 본인의 지명에 의해 복대리인을 선임한 경우에 복대리인의 부적임 또는 불성실한 사실이 있는 경우 임의대리인은 본인의 동의 없이도 복대리인을 해임할 수 있다.

12 무권대리
↳ 대리권 없이 이루어진 대리행위

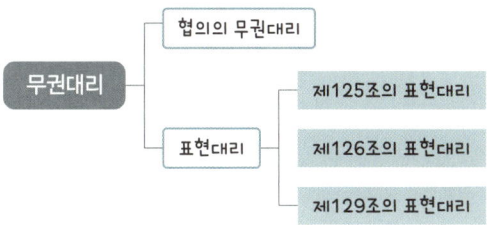

① '무권대리'란 대리권 없이 이루어진 대리행위를 말한다. 무권대리의 경우에도 대리인이 대리행위를 할 때에는 현명하여야 한다.
② 무권대리행위의 효력은 유동적 무효(불확정적 무효, 원칙적 무효)이다.

13 계약의 무권대리 32회·33회·34회·35회·36회

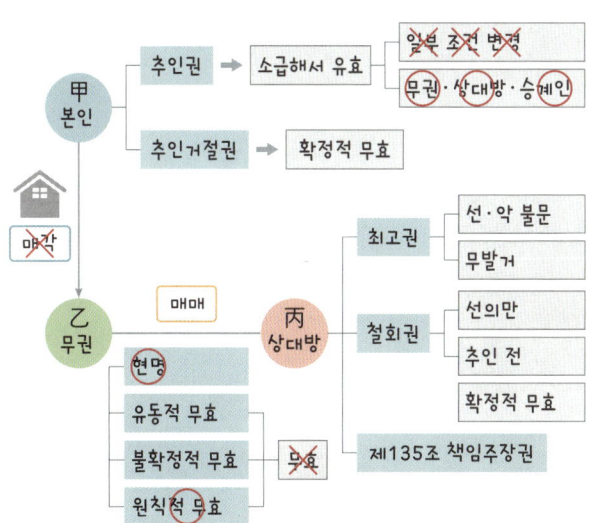

(1) 본인의 추인권

① 추인: 본인이 무권대리행위가 있음을 알고 그 행위의 효과를 받겠다는 의사표시를 하는 것(추인은 상대방 있는 단독행위임)
② 본인이 추인을 한 경우 무권대리행위는 계약 시에 소급해서 유효로 된다(추인의 소급효는 제3자의 권리를 해할 수 없음).
③ 추인의 방법: 서면＋구두/명시적＋묵시적/재판상＋재판 외
④ 일부에 대한 추인이나, 조건을 붙이거나, 변경을 가한 추인은 상대방의 동의가 없는 한 추인으로서 효력이 없다.
⑤ 추인의 상대방: 무권대리인＋상대방＋상대방의 승계인
⑥ 무권대리인에 대한 추인도 추인으로서의 효력이 있으나, 선의의 상대방에게는 대항할 수 없다(상대방은 먼저 철회 ○).

심's 출제포인트

묵시적 추인의 인정 여부

❶ 본인이 무권대리행위를 알고 상대방으로부터 매매대금을 수령한 것은 무권대리행위를 묵시적으로 추인한 것으로 볼 수 있다.
❷ 상대방 명의의 영수증을 받은 본인이 무권대리인이 체결한 임대차계약상의 차임을 지급한 것은 임대차계약을 추인한 것으로 볼 수 있다.
❸ 본인이 자신의 장남이 서류를 위조하여 매도한 부동산을 상대방에게 인도하고 10여 년간 아무런 이의를 제기하지 않았다면 장남의 무권대리행위를 묵시적으로 추인한 것으로 볼 수 있다(이의 제기 없이 장기간 방치한 것은 추인이 아님).
❹ 무권대리인이 차용한 금원의 변제기일에 채권자가 본인에게 그 변제를 독촉하자 본인이 변제기간의 유예를 요청한 것은 무권대리행위를 묵시적으로 추인한 것으로 볼 수 있다.
❺ 모(母)가 자(子)의 부동산에 가등기 및 소유권이전등기를 하고 금원을 차용한 데 대하여 자(子)가 차용금을 갚아주겠다고 하면서 등기말소를 요청하였다는 사실만으로는 묵시적 추인으로 볼 수 없다.

(2) 본인의 추인거절권

① 추인거절: 본인이 무권대리행위가 있음을 알고 그 행위의 효과를 받지 않겠다는 의사를 통지하는 것(추인거절은 의사의 통지임)
② 본인이 추인을 거절한 경우 무권대리행위는 확정적으로 무효가 된다. 따라서 본인은 추인을 거절한 후 다시 추인할 수 없고, 상대방도 최고권 및 철회권을 행사할 수 없다.
③ 무권대리인이 본인을 단독상속한 후 추인거절권을 행사하여 상대방에게 소유권이전등기의 말소를 청구하거나 부당이득반환을 청구하는 것은 신의성실의 원칙에 반하므로 허용되지 않는다.

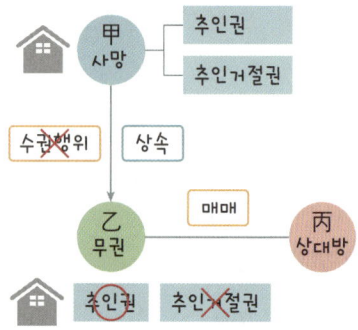

(3) 상대방의 최고권

① 최고: 무권대리인의 상대방이 본인에게 추인 여부에 대한 확답을 촉구하는 것(최고는 의사의 통지임)
② 상대방은 선의·악의를 불문하고 본인에게 최고권을 행사할 수 있다.
③ 상대방이 상당한 기간을 정하여 본인에게 추인 여부의 확답을 최고하였으나, 본인이 그 기간 내에 확답을 발하지 아니한 때에는 추인을 거절한 것으로 본다.

(4) 상대방의 철회권

제134조【상대방의 철회권】대리권 없는 자가 한 계약은 본인의 추인이 있을 때까지 상대방은 본인이나 그 대리인에 대하여 이를 철회할 수 있다. 그러나 계약 당시에 상대방이 대리권 없음을 안 때에는 그러하지 아니하다.

① 철회: 대리행위의 효력이 발생하기 전에 상대방이 그 효력발생을 저지하는 것
② 철회는 선의의 상대방만 할 수 있고, 악의의 상대방은 할 수 없다. 또한 상대방이 유효한 철회를 한 경우 대리인에게 대리권이 없음을 알았다는 점에 대한 주장·입증책임은 철회의 효과를 다투는 본인에게 있다.
③ 철회는 본인의 추인 전까지 할 수 있으며, 본인이나 무권대리인 모두에게 할 수 있다.
④ 상대방이 철회권을 행사하면 계약은 확정적으로 무효로 된다.

(5) 제135조 책임주장권

제135조【상대방에 대한 무권대리인의 책임】① 다른 자의 대리인으로서 계약을 맺은 자가 그 대리권을 증명하지 못하고 또 본인의 추인을 받지 못한 경우에는 그는 상대방의 선택에 따라 계약을 이행할 책임 또는 손해를 배상할 책임이 있다.
② 대리인으로서 계약을 맺은 자에게 대리권이 없다는 사실을 상대방이 알았거나 알 수 있었을 때 또는 대리인으로서 계약을 맺은 사람이 제한능력자일 때에는 제1항을 적용하지 아니한다.

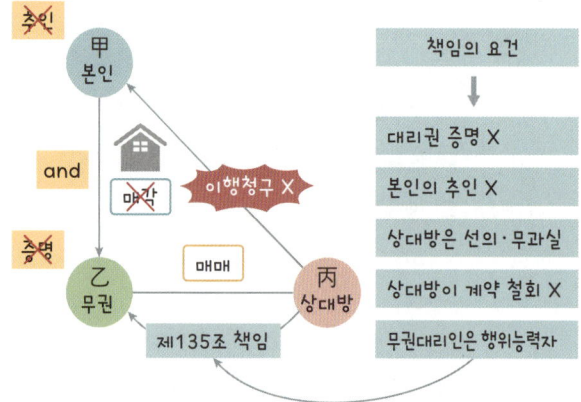

① 무권대리인의 상대방에 대한 책임은 무과실책임이다.
② 무권대리행위가 무권대리인의 과실 없이 제3자의 기망으로 야기되었더라도 무권대리인은 상대방에 대해 책임을 진다.

14 표현대리

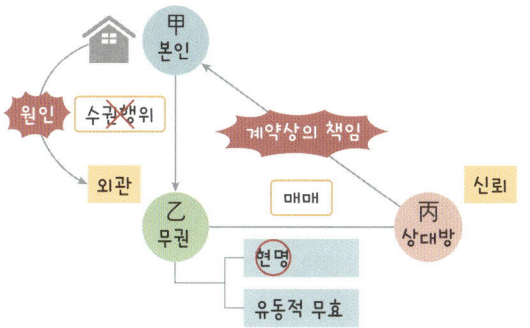

① **표현대리(表見代理)**: 대리인에게 대리권이 존재하는 것 같은 외관이 있고, 그 외관 존재에 대해 본인이 어느 정도 원인을 제공하여 상대방이 대리인에게 정당한 대리권이 있는 것으로 신뢰한 경우 본인이 무권대리행위에 대해 책임을 지는 제도
② 표현대리는 상대방을 보호하는 데 취지가 있으므로 상대방만 표현대리를 주장할 수 있고 본인이나 무권대리인은 표현대리를 주장할 수 없다. 그리고 이때의 상대방은 해당 표현대리행위의 직접 상대방만을 말하고, 상대방으로부터 전득한 자는 포함되지 않는다.
③ 표현대리도 무권대리이므로 대리인이 대리행위를 할 때 반드시 현명을 하여야 한다. 따라서 대리인이 현명을 하지 않은 경우에는 표현대리가 성립할 수 없다(대리인이 사술을 써서 대리행위의 표시를 하지 아니하고 단지 본인의 성명을 모용한 경우는 표현대리가 성립하지 않음).
④ 표현대리도 무권대리이므로 대리인의 대리행위는 유동적 무효이다. 따라서 대리행위가 강행법규에 위반되어 확정적 무효인 경우에는 표현대리의 법리가 적용되지 않는다.
⑤ 표현대리가 성립된다고 하여 무권대리의 성질이 유권대리로 전환되는 것은 아니고, 유권대리에 관한 주장 속에 무권대리에 속하는 표현대리의 주장이 포함되어 있다고 볼 수도 없다.
⑥ 표현대리가 성립하는 경우 본인은 표현대리행위에 기하여 전적인 책임을 져야 하므로, 상대방에게 과실이 있다고 하더라도 과실상계의 법리를 유추 적용하여 본인의 책임을 감경할 수는 없다.

15 제125조의 표현대리
— 대리권수여의 표시에 의한 표현대리, 표시대리

> 제125조【대리권수여의 표시에 의한 표현대리】제3자에 대하여 타인에게 대리권을 수여함을 표시한 자는 그 대리권의 범위 내에서 행한 그 타인과 그 제3자 간의 법률행위에 대하여 책임이 있다. 그러나 제3자가 대리권 없음을 알았거나 알 수 있었을 때에는 그러하지 아니하다.

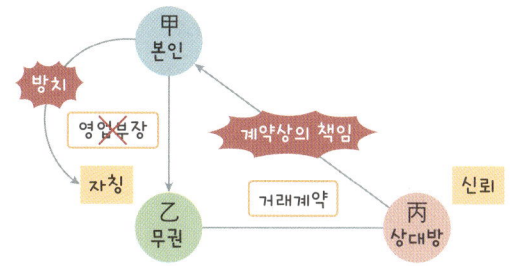

① **대리권수여의 표시가 있을 것**: 실제로 대리권을 수여한 사실이 없음에도 불구하고 본인이 상대방에 대해 대리인에게 대리권을 수여하였다고 표시한 경우(관념의 통지에 해당) ⇨ 반드시 대리권 또는 대리인이라는 말을 사용하여야 하는 것이 아니라 사회통념상 대리권의 존재를 추단할 수 있는 직함이나 명칭 등의 사용을 승낙·묵인한 경우에도 대리권수여의 표시에 해당한다.
② **표시된 대리권의 범위 내에서 대리행위를 할 것**: 표시된 대리권의 범위를 넘는 대리행위를 한 경우는 제126조의 표현대리가 성립한다.
③ 상대방은 선의·무과실일 것

16 제126조의 표현대리
↳ 권한을 넘은 표현대리, 월권대리

제126조【권한을 넘은 표현대리】대리인이 그 권한 외의 법률행위를 한 경우에 제3자가 그 권한이 있다고 믿을 만한 정당한 이유가 있는 때에는 본인은 그 행위에 대하여 책임이 있다.

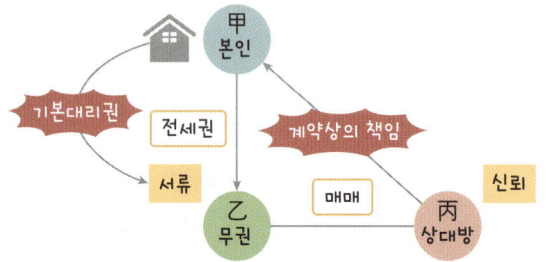

① 기본대리권이 있을 것: 임의대리권, 법정대리권, 제125조와 제129조의 표현대리권, 부부 간의 일상가사대리권, 사자권, 복대리권, 사인의 공법행위를 할 권한 모두 기본대리권에 해당한다.
② 월권행위가 있을 것: 월권행위는 기본대리권과 동종·유사할 필요는 없고, 전혀 다른 이종행위라도 무방하다.
→ 등기신청권을 수여받은 자가 그 부동산을 대물변제로 제공한 경우에도 제126조의 표현대리가 성립할 수 있음
③ 상대방에게 정당한 이유가 있을 것: '정당한 이유'란 대리권 부존재에 대한 상대방의 선의·무과실을 말하고, 정당한 이유가 있는지의 여부는 대리행위 당시에 존재하는 제반사정으로 판단하며, 상대방이 자신에게 정당한 이유가 있음을 입증하여야 한다.

17 제129조의 표현대리
↳ 대리권 소멸 후의 표현대리, 멸권대리

제129조【대리권 소멸 후의 표현대리】대리권의 소멸은 선의의 제3자에게 대항하지 못한다. 그러나 제3자가 과실로 인하여 그 사실을 알지 못한 때에는 그러하지 아니하다.

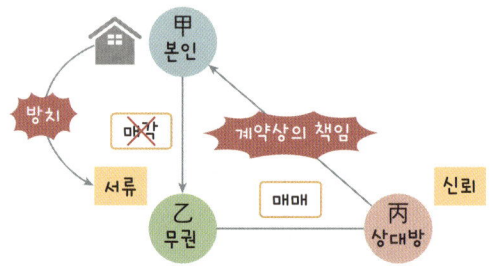

① 존재하였던 대리권이 소멸할 것: 처음부터 대리권이 없는 경우에는 제129조의 대리권 소멸 후의 표현대리가 성립하지 않는다. 또한 대리인이 대리권 소멸 후 직접 상대방과 사이에 대리행위를 하는 경우는 물론 대리인이 대리권 소멸 후 복대리인을 선임하여 복대리인으로 하여금 상대방과 사이에 대리행위를 하도록 한 경우에도 제129조의 표현대리가 성립할 수 있다.

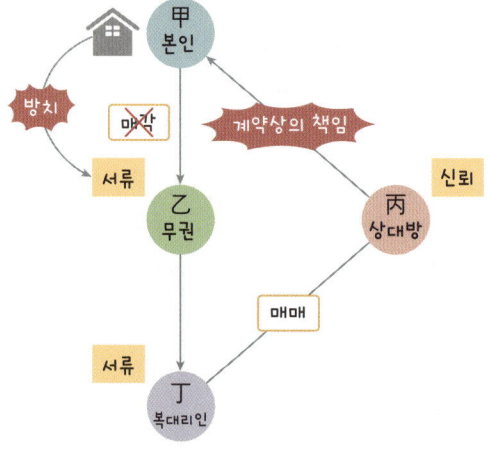

② 소멸한 대리권의 범위 내에서 대리행위를 할 것: 소멸한 대리권의 범위를 넘는 대리행위를 한 경우에는 제126조의 표현대리가 성립한다.
③ 상대방은 선의·무과실일 것

심's 출제포인트

표현대리의 요건과 입증책임

제125조의 표현대리	제126조의 표현대리	제129조의 표현대리	입증책임
❶ 대리권 수여의 표시가 있을 것 ❷ 표시된 대리권의 범위 내에서 대리행위를 할 것	❶ 기본대리권이 있을 것 ❷ 월권행위(권한을 넘는 행위)가 있을 것	❶ 존재하였던 대리권이 소멸할 것 ❷ 소멸한 대리권의 범위 내에서 대리행위를 할 것	상대방이 입증
❸ 상대방이 선의·무과실일 것	❸ 상대방에게 정당한 이유(선의·무과실)가 있을 것	❸ 상대방이 선의·무과실일 것	❶ 다수설: 모두 본인이 입증 ❷ 판례: 제126조에서는 상대방이 입증

POINT 05 무효와 취소

1 무효와 취소의 차이점

무효
① **처음부터** 아무런 효력이 생기지 않는 것
② **누구든지** 주장 O
③ 주장기간에 **제한 X**

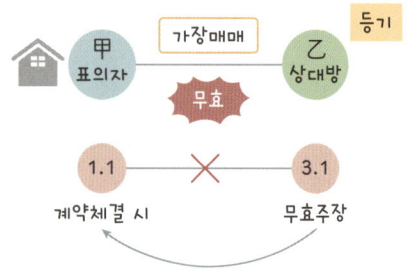

취소
① **일응 유효**한 법률행위를 소급적으로 소멸시키는 것
② **취소권자**만 주장 O
③ 주장기간에 **제한 O**

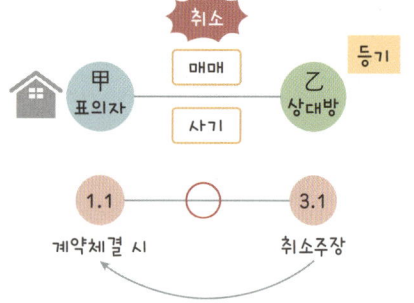

구분	무효	취소
의의	처음부터 아무런 효력이 생기지 않는 것	일응 유효한 법률행위를 소급적으로 소멸시키는 것
주장권자	누구든지 주장할 수 있음	취소권자만 주장할 수 있음
주장기간	제한이 없음	단기제척기간이 있음(3년, 10년)
기본적 효과	절대적 무효가 원칙	상대적 취소가 원칙
각각의 사유	① 권리능력의 흠결 ② 의사무능력 ③ 법률행위의 목적을 확정할 수 없는 경우 ④ 원시적·객관적·전부불능 ⑤ 강행규정(효력법규) 위반 ⑥ 반사회적 법률행위 ⑦ 불공정한 법률행위 ⑧ 상대방이 표의자의 진의 아님을 알았거나 알 수 있었을 경우 ⑨ 통정허위표시 ⑩ 불법조건부 법률행위 ⑪ 기성조건이 해제조건인 법률행위 ⑫ 불능조건이 정지조건인 법률행위	① 제한능력 ② 착오 ③ 사기·강박

2 무효의 의의

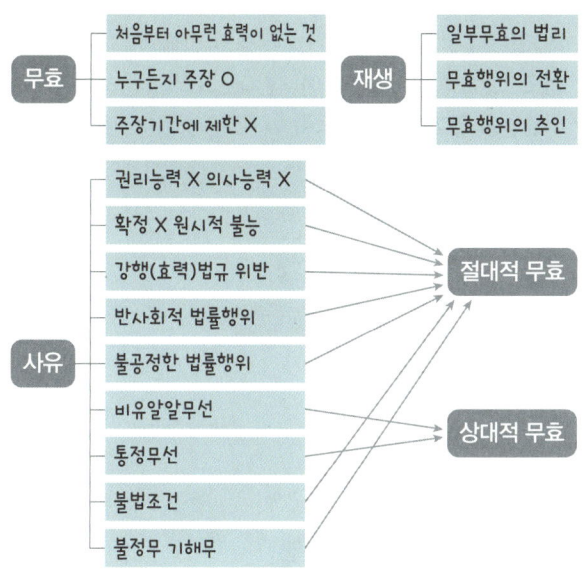

① 무효의 종류

절대적 무효	무효로써 선의의 제3자에게도 대항할 수 있는 경우
상대적 무효	무효로써 선의의 제3자에게 대항할 수 없는 경우
확정적 무효	처음부터 법률행위의 효력이 전혀 발생하지 않는 경우
불확정적 무효 (유동적 무효)	법률행위의 효력이 유효로 될 것인지 무효로 될 것인지 확정되지 않은 경우

② 법률행위가 무효로 되는 경우 급여자는 상대방에게 자신이 급부한 것의 반환을 청구할 수 있다(이를 '부당이득반환'이라 함). 그러나 불법원인급여에 해당하는 경우에는 급여물의 반환을 청구하지 못한다(소유권에 기한 반환청구도 허용되지 않음). 다만, 불법의 원인이 수익자에게만 있는 때에는 다시 반환청구를 할 수 있다.

③ 무효인 법률행위에 따른 법률효과를 침해하는 것처럼 보이는 위법행위나 채무불이행이 있더라도 법률효과의 침해에 따른 손해는 없는 것이므로 손해배상을 청구하는 것은 허용되지 않는다.

3 일부무효의 법리

제137조【법률행위의 일부무효】법률행위의 일부분이 무효인 때에는 그 전부를 무효로 한다. 그러나 그 무효부분이 없더라도 법률행위를 하였을 것이라고 인정될 때에는 나머지 부분은 무효가 되지 아니한다.

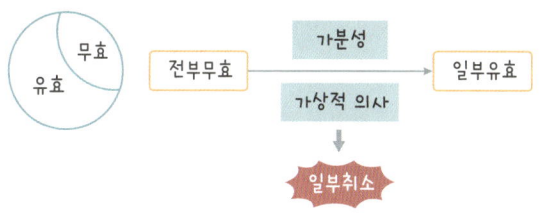

① 법률행위의 일부분이 무효인 때에는 전부무효가 원칙이다. 그러나 가분성과 가상적 의사가 있으면 나머지 부분은 유효로 될 수 있다.
② 법률행위의 일부분에 취소사유가 있는 경우에도 그 법률행위가 가분적이고 나머지 부분만이라도 이를 유지하려는 당사자의 가상적 의사가 인정되는 경우에는 그 일부만을 취소할 수 있다.

4 무효행위의 전환

제138조【무효행위의 전환】무효인 법률행위가 다른 법률행위의 요건을 구비하고 당사자가 그 무효를 알았더라면 다른 법률행위를 하는 것을 의욕하였으리라고 인정될 때에는 다른 법률행위로서 효력을 가진다.

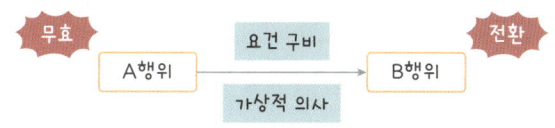

① 법률행위가 성립하지 않은 경우에는 무효행위의 전환의 문제가 발생할 여지가 없다.
② 타인의 자(子)를 자기의 자(子)로 출생신고한 경우 입양의 요건을 갖추는 한 입양으로서의 효력이 있다.

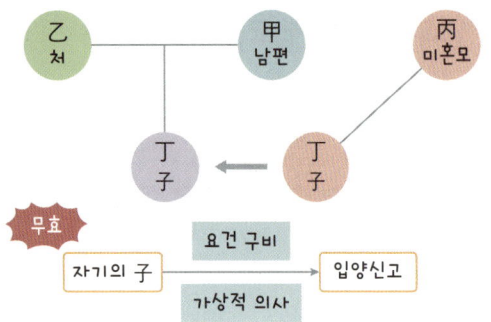

③ 혼인 외의 출생자를 혼인 중의 출생자로 출생신고를 한 경우 인지의 요건을 갖추는 한 인지로서의 효력이 있다.

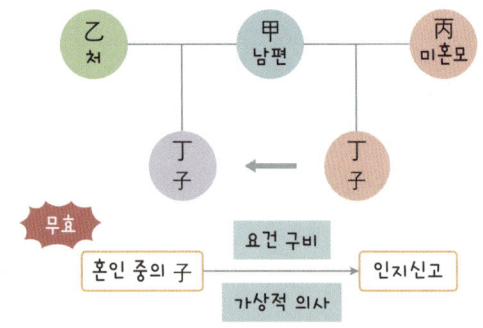

④ 전환에 있어서의 요식성 여부
  ㉠ 불요식행위를 불요식행위로 전환할 수 있다.
  ㉡ 불요식행위를 요식행위로 전환할 수는 없다.
  ㉢ 요식행위를 불요식행위로 전환할 수 있다.
  ㉣ 요식행위를 요식행위로 전환하는 것은 예외적으로만 할 수 있다.

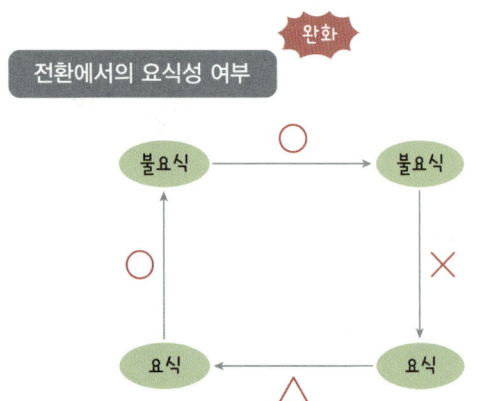

5 무효행위의 추인 · 32회 · 34회

> 제139조【무효행위의 추인】무효인 법률행위는 추인하여도 그 효력이 생기지 아니한다. 그러나 당사자가 그 무효임을 알고 추인한 때에는 새로운 법률행위로 본다.

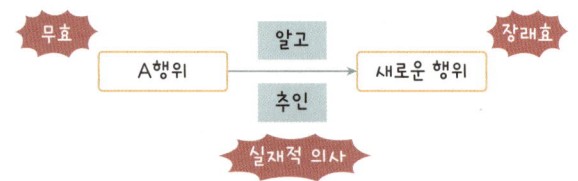

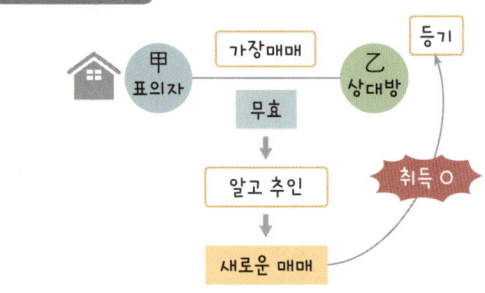

① 무효행위의 추인은 무효원인이 소멸한 후에 하여야 한다. 따라서 통정허위표시에 해당하는 행위에 대해서는 무효행위의 추인이 인정되지만, 반사회적 법률행위와 불공정한 법률행위 및 강행법규 위반으로 무효인 법률행위에 대해서는 무효행위의 추인이 인정되지 않는다.

② 무효행위의 추인은 장래효이다(추인한 때로부터 새로운 법률행위로 봄). 따라서 무효인 가등기를 유효한 등기로 전용키로 한 약정은 그 때부터 유효하게 되고, 소급하여 유효한 등기로 전환될 수는 없다.

③ 무효인 채권양도계약에 대해 양도대상이 된 채권의 채무자가 승낙한 때에는 다른 약정이 없는 한 양도의 효과는 승낙 시부터 발생한다.

④ 무효행위의 추인에 관한 제139조 규정은 임의규정이므로 당사자의 약정에 의해 소급적으로 추인하는 것은 허용된다.

⑤ 취소할 수 있는 법률행위를 취소한 후 다시 무효행위의 추인규정에 의하여 그 법률행위를 유효하게 할 수 있다.

6 토지거래허가구역 내의 토지거래계약
33회·34회

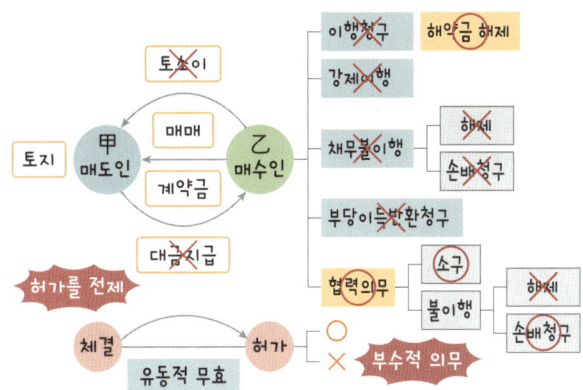

① 토지거래허가를 전제로 체결한 거래계약만 유동적 무효이며, 관할관청의 허가를 받으면 계약 시에 소급해서 유효로 되므로 허가 후에 새로 거래계약을 체결할 필요가 없다.

② 확정적 무효로 되는 경우
  ㉠ 처음부터 허가를 배제하거나 잠탈을 기도한 경우
  ㉡ 적법한 절차를 거쳐 이루어진 신청에 대하여 관할관청의 불허가처분이 확정된 경우
  ㉢ 당사자 쌍방이 허가신청협력의무 거절의사를 명백히 표시한 경우
  ㉣ 허가 전의 토지거래계약이 정지조건부 계약인 경우 그 조건이 토지거래허가를 받기 전에 이미 불성취로 확정된 경우

③ 유동적 무효인 상태에서는 계약상의 채무에 대한 이행청구(소유권이전등기청구 또는 매매대금지급청구), 강제이행, 채무불이행으로 인한 계약해제 및 손해배상청구, 계약금에 대한 부당이득반환청구 모두 인정되지 않는다. 다만, 해약금에 의한 계약해제는 인정된다.

④ 유동적 무효인 상태에서도 계약당사자 사이에 허가신청에 협력할 의무는 인정된다. 이러한 협력의무는 소구(訴求)할 수 있고, 당사자의 일방이 협력의무를 위반한 경우에는 손해배상도 청구할 수 있다. 그러나 협력의무 위반을 이유로 계약해제는 할 수 없다.

심's 출제포인트

❶ 토지거래허가구역 내의 토지에 관하여 매매계약이 체결된 후 매도인이 매수인에게 채무불이행을 이유로 계약해제 통지를 하자 매수인이 계약금 상당액을 청구금액으로 하여 토지를 가압류한 경우, 토지매매계약은 확정적으로 무효가 된다.

❷ 토지거래허가를 전제로 거래계약을 체결한 후 허가구역 지정이 해제되거나 허가구역 지정기간 만료 후 재지정이 없는 경우에는 그 토지거래계약은 확정적으로 유효로 된다.

❸ 처음부터 허가를 배제하거나 잠탈하는 내용의 계약이 체결된 후 허가구역 지정이 해제되거나 허가구역 지정기간 만료 후 재지정이 없는 경우에는 여전히 확정적 무효이다.

❹ 매도인의 토지거래허가신청절차 협력의무와 매수인의 대금지급의무는 동시이행관계가 아니다. 따라서 매도인은 매수인이 매매대금을 지급할 때까지 토지거래허가신청절차에 대한 협력의무의 이행을 거절할 수 없다.

7 취소의 의의

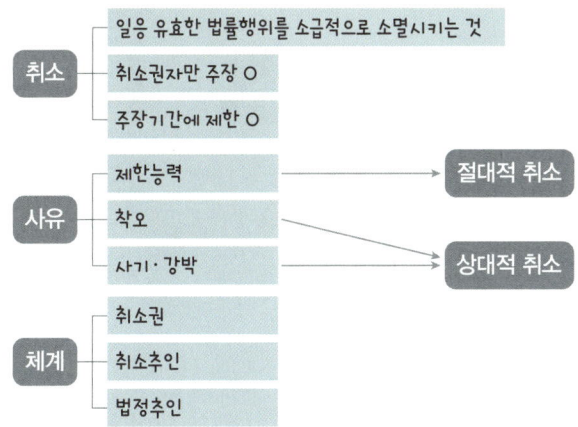

① 절대적 취소: 취소로써 선의의 제3자에게도 대항할 수 있는 경우

② 상대적 취소: 취소로써 선의의 제3자에게 대항할 수 없는 경우
③ 당사자 쌍방이 각각 법률행위를 취소하는 의사표시를 하였으나 취소사유 자체가 없는 경우에는 법률행위의 효력이 상실되지 않는다.

8 취소권 33회·35회·36회

제140조 【법률행위의 취소권자】 취소할 수 있는 법률행위는 제한능력자, 착오로 인하거나 사기·강박에 의하여 의사표시를 한 자, 그의 대리인 또는 승계인만이 취소할 수 있다.
제141조 【취소의 효과】 취소된 법률행위는 처음부터 무효인 것으로 본다. 다만, 제한능력자는 그 행위로 인하여 받은 이익이 현존하는 한도에서 상환(償還)할 책임이 있다.
제142조 【취소의 상대방】 취소할 수 있는 법률행위의 상대방이 확정한 경우에는 그 취소는 그 상대방에 대한 의사표시로 하여야 한다.
제146조 【취소권의 소멸】 취소권은 추인할 수 있는 날로부터 3년 내에 법률행위를 한 날로부터 10년 내에 행사하여야 한다.

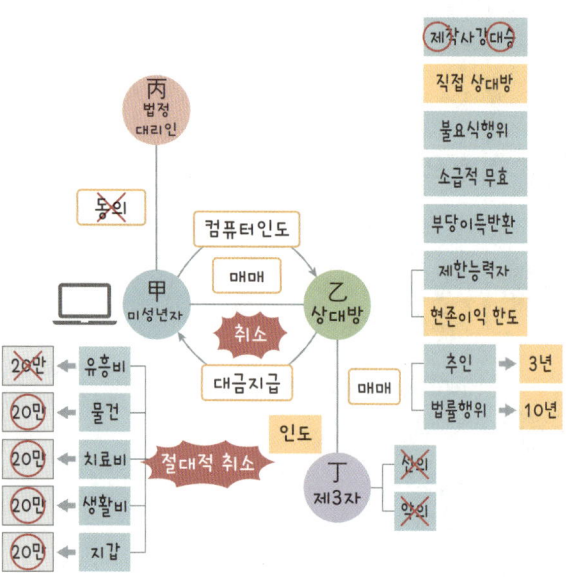

① 제한능력자도 법정대리인의 동의 없이 자신이 단독으로 취소할 수 있다.

② 법정대리인은 당연히 취소할 수 있지만, 임의대리인은 본인으로부터 취소에 관한 특별수권이 있어야 취소할 수 있다.
③ 포괄승계인은 당연히 취소할 수 있지만, 특정승계인은 취소할 수 있는 행위에 의해 취득한 권리의 승계가 있는 경우에만 취소할 수 있다.
④ 취소의 상대방이 확정된 경우에는 해당 취소할 수 있는 법률행위의 '직접 상대방'이 취소의 상대방이다.
⑤ 취소는 불요식행위이다(서면+구두/명시적+묵시적/재판상+재판 외).
⑥ 취소한 법률행위는 소급적으로 무효로 된다. 따라서 취소된 법률행위에 기해 상대방으로부터 받은 급부는 부당이득으로 반환하여야 한다.
⑦ 제한능력자는 선의·악의를 불문하고 취소할 수 있는 행위로 인하여 얻은 이익이 현존하는 한도에서만 반환하면 된다.
⑧ '현존이익'이란 소비하고 남은 잔존이익이나 그 변형물을 말한다. 예를 들어 매매대금을 유흥비로 탕진한 경우는 현존이익이 없으나, 치료비·생활비·물건구입에 지출한 경우에는 현존이익이 있다.
⑨ 금전의 경우에는 이익이 현존하는 것으로 추정되므로 제한능력자 측에서 현존이익이 없음을 입증하여야 한다.
⑩ 취소권은 추인할 수 있는 날부터 3년 내에, 법률행위를 한 날부터 10년 내에 행사하여야 한다(이를 '제척기간'이라 함). 취소권은 재판상 재판 외에서 모두 행사할 수 있지만, 두 기간 중 어느 하나의 기간이 만료하면 취소권은 소멸한다.

추인할 수 있는 날 = 취소의 원인이 소멸된 때
㉠ 제한능력자 ⇨ 능력자가 된 때
㉡ 착오 ⇨ 착오상태에서 벗어난 때
㉢ 사기 ⇨ 사기사실을 안 때
㉣ 강박 ⇨ 강박상태에서 벗어난 때

9 취소할 수 있는 법률행위의 추인

취소추인
① **취소의 원인이 소멸**될 것
② 추인권자는 **취소권자**에 한할 것
③ 취소할 수 있는 행위임을 **알고** 추인할 것

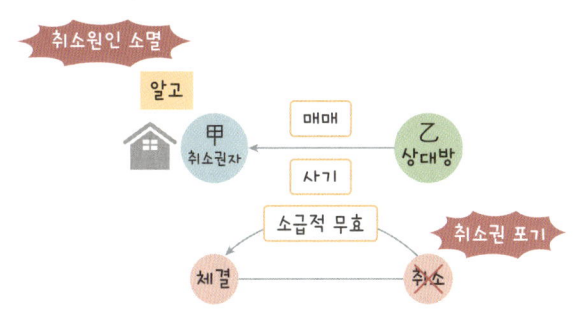

① 취소할 수 있는 법률행위의 추인: 취소의 원인이 소멸된 후에 취소권자가 더 이상 취소권을 행사하지 않겠다는 의사표시
② 취소의 원인이 소멸되기 전에 한 추인은 원칙적으로 효력이 없다. 다만, 법정대리인은 취소의 원인이 소멸되기 전이라도 추인할 수 있다.

10 법정추인   32회·35회

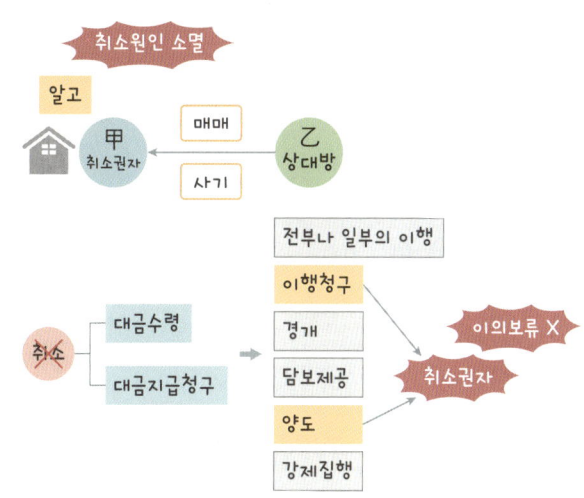

① 법정추인: 법이 정한 사유에 해당하기만 하면 취소권을 포기한 것으로 간주하는 제도
② 사유

㉠ 전부나 일부의 이행: 취소권자가 채무의 전부나 일부를 이행하거나 상대방의 이행을 수령한 경우이다.
㉡ 이행의 청구: 취소권자가 상대방에게 이행을 청구한 경우만 법정추인에 해당한다.
㉢ 경개: 취소권자가 채권자로서 경개계약을 하든 채무자로서 경개계약을 하든 모두 법정추인에 해당한다.
㉣ 담보의 제공: 취소권자가 채무자로서 담보를 제공한 경우이든 채권자로서 담보를 제공받은 경우이든 모두 법정추인에 해당한다. ┌ 양도에는 제한물권의 설정도 포함 ○
㉤ 취소할 수 있는 행위로 취득한 권리의 전부나 일부의 양도: 취소권자가 양도한 경우만 법정추인에 해당한다. 다만, 취소를 해서 생긴 부당이득반환청구권을 양도하는 것은 법정추인에 해당하지 않는다.
㉥ 강제집행: 취소권자가 채권자로서 강제집행을 한 경우이든 채무자로서 강제집행을 받은 경우이든 모두 법정추인에 해당한다.

③ 취소권자가 위의 행위를 할 때 해당 법률행위가 취소할 수 있는 행위임을 알 필요는 없으나, 위의 행위를 하면서 아무런 이의를 보류하지 않아야 취소권 포기의 효과가 생긴다.

POINT 06 조건과 기한

1 조건의 의의

32회

① 조건: 법률행위로서 성립은 하였고, 효력의 발생 또는 소멸을 장래의 불확실한 사실에 맡기는 것
② 장래효가 원칙: 정지조건이 붙은 법률행위는 조건이 성취한 때로부터 효력이 발생하고, 해제조건이 붙은 법률행위는 조건이 성취한 때로부터 효력이 소멸한다.
③ 특약에 의한 소급효: 당사자가 조건성취의 효력을 그 성취 전에 소급하게 할 의사를 표시한 때에는 그 의사에 의한다.

2 조건의 종류

33회 · 34회

정지조건	법률행위 효력의 발생을 장래의 불확실한 사실에 맡기는 것 ① 네가 시험에 합격하면 이 APT를 주겠다는 계약 ② 소유권유보부 매매: 대금완납을 정지조건으로 하는 매매에 해당
해제조건	법률행위 효력의 소멸을 장래의 불확실한 사실에 맡기는 것 ① 네가 시험에 합격할 때까지 생활비를 대주겠다는 계약 ② 약혼예물의 수수: 혼인불성립을 해제조건으로 하는 증여계약에 해당
순수수의 조건	조건성취 여부가 당사자의 일방적 의사결정에만 의존하는 경우('내 마음이 내키면' 물건을 주겠다고 한 경우) ⇒ 무효
단순수의 조건	조건성취 여부가 당사자의 일방적 의사결정과 일정한 작위 또는 부작위에 의존하는 경우('내가 이번에 미국여행을 가면' 물건을 주겠다고 한 경우) ⇒ 유효
우성조건	조건성취 여부가 자연적 사실이나 제3자의 의사나 행위에 의존하는 경우('내일 비가 오면' 또는 '甲이 미국여행에서 돌아오면' 물건을 주겠다고 한 경우) ⇒ 유효
혼성조건	조건성취 여부가 당사자의 의사 이외에 제3자의 의사에 의존하는 경우('네가 乙과 결혼하면' 물건을 주겠다고 한 경우) ⇒ 유효
불법조건	조건이 선량한 풍속 기타 사회질서에 위반한 경우(甲이 乙에게 '丙을 살해해 주면' 5천만원을 주겠다고 한 경우) ⇒ 조건뿐만 아니라 법률행위 전체가 무효
불능조건	조건이 법률행위를 할 당시에 이미 성취할 수 없는 것인 경우 ⇒ 불능조건이 정지조건이면 그 법률행위는 무효
기성조건	조건이 법률행위를 할 당시에 이미 성취한 것인 경우 ⇒ 기성조건이 해제조건이면 그 법률행위는 무효
법정조건	법률에 의해 요구되는 여러 가지 요건 ⇒ 법정조건은 조건이 아니지만, 법정조건에도 조건을 붙일 수 있음

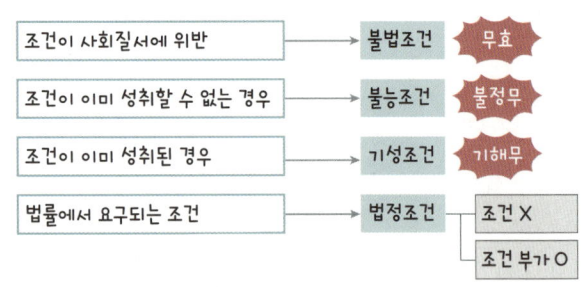

3 조건을 붙일 수 있는지 문제되는 경우

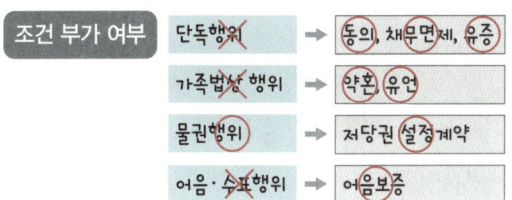

① 상계, 추인, 취소, 해제, 해지와 같은 단독행위에는 원칙적으로 조건을 붙일 수 없다.

조건 ○	㉠ 상대방의 동의가 있는 경우 ㉡ 상대방에게 이익만 주는 경우(채무면제, 유증) ㉢ 상대방이 결정할 수 있는 사실을 조건으로 하는 경우

② 혼인·이혼·인지·입양과 같은 가족법상의 행위에는 원칙적으로 조건을 붙일 수 없다.
→ 약혼·유언에는 조건 ○

③ 물권행위에도 조건을 붙일 수 있다.
→ 저당권설정계약을 체결하면서 조건 ○

④ 어음·수표행위에는 원칙적으로 조건을 붙일 수 없다. → 어음보증에는 조건 ○

4 반신의금지와 조건부 권리

① 조건의 성취로 인하여 불이익을 받을 당사자가 신의성실에 반하여 조건의 성취를 방해한 때에는 상대방은 그 조건이 성취한 것으로 주장할 수 있다(방해행위가 없었다면 조건이 성취되었으리라고 추산되는 시점에 조건이 성취된 것으로 봄).

② 조건의 성취로 인하여 이익을 받을 당사자가 신의성실에 반하여 조건을 성취시킨 때에는 상대방은 그 조건이 성취하지 아니한 것으로 주장할 수 있다.

③ 조건부 권리: 장차 조건이 성취되면 권리를 취득할 당사자의 기대이익(조건부 권리는 현재의 권리임)

④ 조건부 권리의 보호: 기한부 권리의 보호도 동일

소극적 보호	조건 있는 법률행위의 당사자는 조건의 성부가 미정한 동안에 조건의 성취로 인하여 생길 상대방의 이익을 해하지 못한다(침해 시 조건성취를 전제로 손해배상청구 ○).
적극적 보호	조건부 권리도 일반규정에 따라 처분·상속·보존하거나 담보로 할 수 있다.

5 기한의 의의

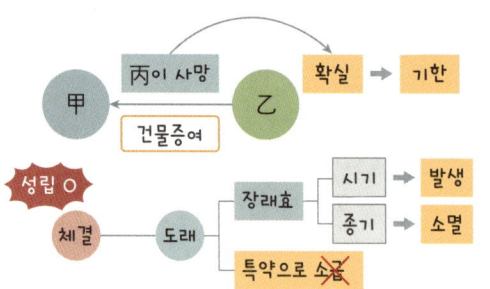

① **기한**: 법률행위로서 성립은 하였고, 효력의 발생 또는 소멸을 장래의 확실한 사실에 맡기는 것

시기	법률행위의 효력의 발생을 장래의 확실한 사실에 맡기는 것('내년 1월 1일이 오면' 임대해 주겠다고 한 경우)
종기	법률행위의 효력의 소멸을 장래의 확실한 사실에 맡기는 것('금년 12월 31일까지만' 임대해 주겠다고 한 경우)
확정기한	기한도래시기가 확정되어 있는 경우(임대기간을 '내년 1월 1일부터 12월 31일까지'로 한 경우)
불확정기한	기한도래시기가 확정되어 있지 않은 경우(甲이 乙에게 '丙이 사망하면' 아파트를 주겠다고 한 경우)

② **장래효**: 시기 있는 법률행위는 기한이 도래한 때로부터 그 효력이 발생하고, 종기 있는 법률행위는 기한이 도래한 때로부터 그 효력이 소멸한다.

③ **특약에 의한 소급효 여부**: 당사자의 특약으로 기한도래의 효력을 기한도래 전으로 소급하게 할 수 없다.

6 기한의 이익

기한이 도래하지 않음으로 인하여 당사자가 받는 이익

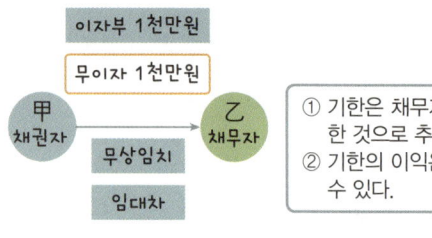

① 기한은 채무자의 이익을 위한 것으로 추정한다.
② 기한의 이익은 미리 포기할 수 있다.

① 무이자 소비대차는 채무자에게만 기한의 이익이 있고, 무상임치는 채권자에게만 기한의 이익이 있으며, 이자부 소비대차와 임대차는 채권자와 채무자 모두에게 기한의 이익이 있다.
② 기한의 이익이 누구에게 있는지 불분명한 경우 기한은 채무자의 이익을 위한 것으로 추정한다.
③ 기한의 이익은 미리 포기할 수 있다.
④ 채무자가 담보를 손상, 감소 또는 멸실하게 하거나 담보제공의무를 이행하지 않거나 파산한 때에는 기한의 이익을 상실한다.

심's 출제포인트

❶ 조건의사가 있더라도 그것이 외부에 표시되지 않으면 법률행위의 동기에 불과하다.
❷ 법률행위에 조건이 붙어 있는지 여부는 조건의 존재를 주장하는 자가 입증하여야 한다.
❸ 정지조건부 법률행위에 있어서 조건이 성취되었다는 사실은 이에 의하여 권리를 취득하고자 하는 자가 입증하여야 한다.
❹ 상가분양계약에서 중도금지급기일을 '1층 골조공사 완료 시'로 정한 것은 불확정기한에 해당한다.
❺ 당사자가 불확정한 사실이 발생한 때를 이행기로 정한 경우 그 사실이 발생한 때는 물론 그 사실의 발생이 불가능하게 된 때에도 이행기는 도래한 것으로 보아야 한다.
❻ 임대차계약을 체결하면서 임대기한을 '임차인에게 매도할 때까지'로 한 것은 기한이 없는 임대차에 해당한다.
❼ 기한이익 상실특약은 정지조건부 기한이익 상실특약으로 볼 만한 특별한 사정이 없는 한 형성권적 기한이익 상실특약으로 추정된다.

PART 2

물권법

POINT 01 물권의 의의
POINT 02 물권의 변동
POINT 03 점유권
POINT 04 소유권
POINT 05 용익물권
POINT 06 담보물권

POINT 01 물권의 의의

1 물권과 채권

물권
① 사람과 물건 사이의 관계
② 사람이 물건을 직접 지배하는 권리
③ 모든 사람에게 주장 O(절대권)

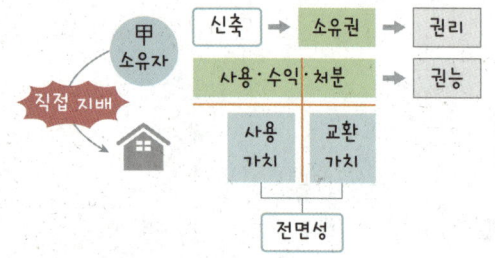

채권
① 사람과 사람 사이의 관계
② 사람이 사람에게 일정한 행위를 요구하는 권리
③ 특정한 상대방에게만 주장 O(상대권)

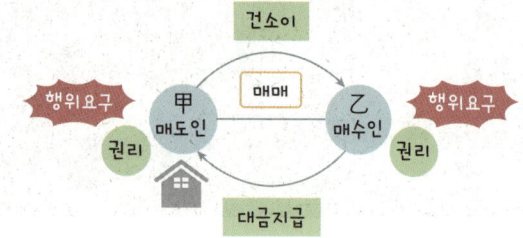

물권	채권
사람 vs 물건	사람 vs 사람
사람이 물건을 직접 지배하는 권리	특정인이 다른 특정인에게 일정한 행위를 요구하는 권리
모든 사람에게 주장할 수 있다(절대권).	특정한 상대방에게만 주장할 수 있다(상대권).

2 물권의 특질

① 배타성 ⇨ 일물일권주의와 공시의 원칙

일물일권주의	하나의 물건 위에 하나의 물권이 성립하여야 한다는 원칙
공시의 원칙	물권이 변동한 경우에 이를 외부에 알려주어야 한다는 원칙

② 절대성 ⇨ 우선적 효력과 물권적 청구권

우선적 효력	㉠ 물권이 채권에 우선하는 것이 원칙 ㉡ 순위의 원칙: 먼저 성립한 물권이 후에 성립한 물권에 우선한다.
물권적 청구권	물권에 대한 침해가 있는 경우 물권자를 보호하기 위한 법적 장치

3 물권의 종류

34회·35회·36회

① **물권법정주의**: 물권은 법률 또는 관습법에 의하는 외에는 임의로 창설하지 못한다(제185조).

제185조의 해석	㉠ 물권창설의 근거: 법률과 관습법 ㉡ 제185조의 법률은 형식적 의미의 법률을 의미한다(명령 ×, 규칙 ×). ㉢ 관습법은 법률에 규정이 없는 경우에 한해 물권창설의 근거가 된다. ㉣ '임의로 창설하지 못한다'의 의미: 종류강제 + 내용강제 ㉤ 제185조는 강행규정이므로 물권법정주의에 위반한 당사자 사이의 특약은 무효이다.

② **민법상의 물권**: 8가지 → '질권'은 시험 범위 제외

점유권	본권 유무를 불문하고 물건에 대한 사실상의 지배를 보호하는 권리
소유권	법률의 범위 내에서 물건을 직접 사용·수익·처분할 수 있는 권리
지상권	지상물을 소유하기 위하여 타인의 토지를 직접 사용하는 권리
지역권	자기 토지의 편익을 위하여 타인의 토지를 사용하는 권리
전세권	전세금을 지급하고 타인의 부동산을 직접 사용·수익할 수 있는 권리
유치권	타인의 물건이나 유가증권에 관하여 생긴 채권이 변제기에 있는 경우 그 변제를 받을 때까지 목적물의 점유를 계속하면서 인도를 거절할 수 있는 권리
저당권	채무자 또는 물상보증인이 담보로 제공한 부동산에 대해 변제가 없는 경우 경매하여 우선변제를 받을 수 있는 권리

③ **관습법상의 물권**

관습법상의 물권 ○	관습법상의 물권 ×
㉠ 분묘기지권 ㉡ 관습법상의 법정지상권	㉠ 온천권 ㉡ 사도통행권 ㉢ 근린공원이용권 ㉣ 미등기매수인의 법적 지위

심's 출제포인트

물권의 객체와 일물일권주의

❶ 물권의 객체는 물건과 권리이다.

❷ 권리에 대해 물권이 성립하는 경우: 지상권과 전세권을 목적으로 하는 저당권 등

❸ 물권의 객체로서의 물건은 현존하여야 하고, 특정되어야 하며, 독립성이 있어야 한다.

❹ 장래에 생길 물건에 대해 물권은 성립할 수 없다(매매·교환·임대차와 같은 채권의 목적물은 가능함).

❺ 일물일권주의

내용	㉠ 하나의 물건 위에 양립할 수 없는 물권이 동시에 성립할 수 없다. ㉡ 하나의 물건의 일부 또는 구성부분에 대해서는 물권이 성립할 수 없다. ㉢ 수개의 물건 전체 위에 하나의 물권이 성립할 수 없다.
예외	㉠ 1필 토지의 일부: 용익물권 ○ ㉡ 1동 건물의 일부: 구분소유권 ○, 전세권 ○ ㉢ 명인방법을 갖춘 수목의 집단·미분리과실: 소유권 ○(저당권 ×) ㉣ 입목: 소유권 ○, 저당권 ○ ㉤ 권원 없이 타인의 토지에 심어 수확기에 이른 농작물: 경작자의 소유

❻ 甲의 토지에 乙이 무단으로 쪽파를 경작한 후 이를 수확하지 않은 채 丙에게 매도한 경우, 丙은 명인방법을 갖추어야 쪽파의 소유권을 취득한다.

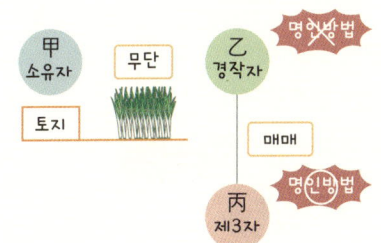

4 물권적 청구권 32회·33회·34회·35회

의의	물권에 대한 침해 또는 **침해의 염려**가 있는 때에 물권자가 물건의 반환, 방해제거, **방해예방**을 청구할 수 있는 권리
성질	① **물권의 실효성**을 확보하기 위해 인정 ② 물권적 청구권은 **물권에 부종**하는 권리
요건	① 물권에 대한 침해 또는 침해의 염려가 있을 것(침해자의 **고의·과실은 필요 X**) ② 권리자는 **침해된 물권의 정당한 소지자**일 것 ③ 상대방은 **현재 방해상태를 지배하는 자**일 것

① 甲의 토지에 乙이 무단으로 건물을 신축한 경우

② 甲의 토지에 乙이 무단으로 건물을 신축한 후, 乙이 丙에게 건물을 미등기인 채로 매도·인도한 경우

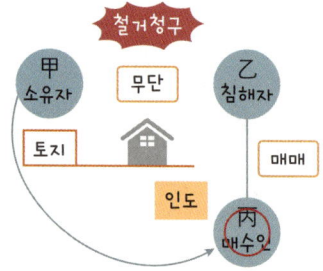

③ 甲의 토지에 乙이 무단으로 건물을 신축한 후, 甲이 丁에게 토지를 양도한 경우

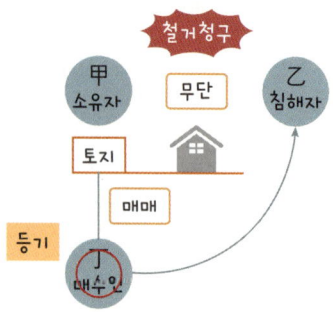

④ 甲의 토지에 乙이 무단으로 건물을 신축한 후, 乙은 丙에게 건물을 미등기인 채로 매도·인도하고 甲은 丁에게 토지를 양도한 경우

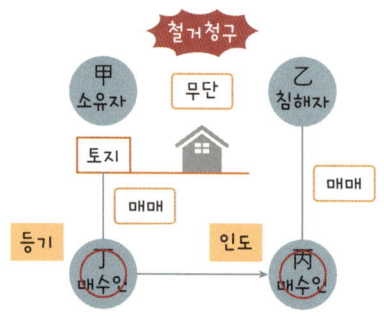

⑤ 甲의 토지에 乙이 무단으로 건물을 신축한 후, 乙이 丙에게 건물을 임대차한 경우

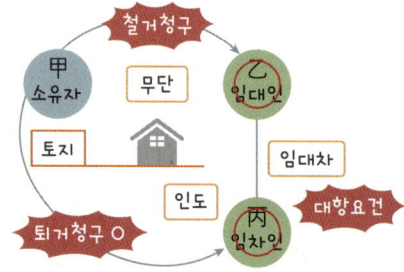

⑥ 甲의 노트북을 乙이 절취하여 丙에게 매도한 경우

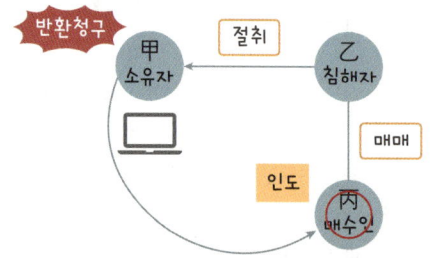

⑦ 甲의 노트북을 乙이 절취하여 丙에게 임대차한 경우

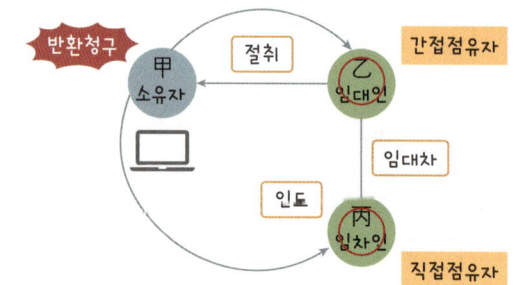

⑧ 甲의 토지를 乙이 임차한 후 丙이 토지를 불법점유한 경우

> ㉠ 등기 O: **임차권 자체**에 기한 방해제거청구권
> ㉡ 점유 O: **점유권**에 기한 물권적 청구권
> ㉢ 등기 X·점유 X: 임대인의 소유권에 기한 물권적 청구권을 **대위** O

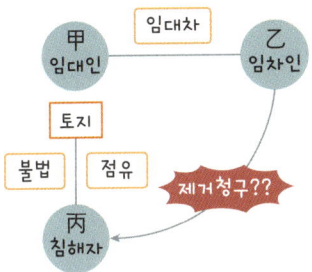

심's 출제포인트

❶ 유치권의 경우에는 점유권에 기한 물권적 청구권만 인정되고, 유치권 자체에 기한 물권적 청구권은 인정되지 않는다.
❷ 물권적 청구권의 내용에 있어서, 지역권과 저당권에는 반환청구권이 인정되지 않는다.
❸ 소유권에 기한 물권적 청구권은 소멸시효에 걸리지 않는다.
❹ 물권적 청구권과 불법행위로 인한 손해배상청구권과의 관계

구분	물권적 청구권	불법행위로 인한 손해배상청구권
요건	물권 침해의 발생 가능성만으로 성립	권리 침해의 발생 가능성만으로는 불성립
	침해자의 고의·과실은 요건 X	가해자의 고의·과실이 요건 O
효과	물건의 반환, 방해제거, 방해예방	손해배상 (금전배상이 원칙)
경합	물권의 침해가 침해자의 고의·과실에 의한 경우 양 청구권이 병존 O	

POINT 02 물권의 변동

1 물권변동의 원인   34회·35회·36회

제186조【부동산물권변동의 효력】부동산에 관한 법률행위로 인한 물권의 득실변경은 등기하여야 그 효력이 생긴다.

제187조【등기를 요하지 아니하는 부동산물권취득】상속, 공용징수, 판결, 경매 기타 법률의 규정에 의한 부동산에 관한 물권의 취득은 등기를 요하지 아니한다. 그러나 등기를 하지 아니하면 이를 처분하지 못한다.

제188조【동산물권양도의 효력, 간이인도】① 동산에 관한 물권의 양도는 그 동산을 인도하여야 효력이 생긴다.

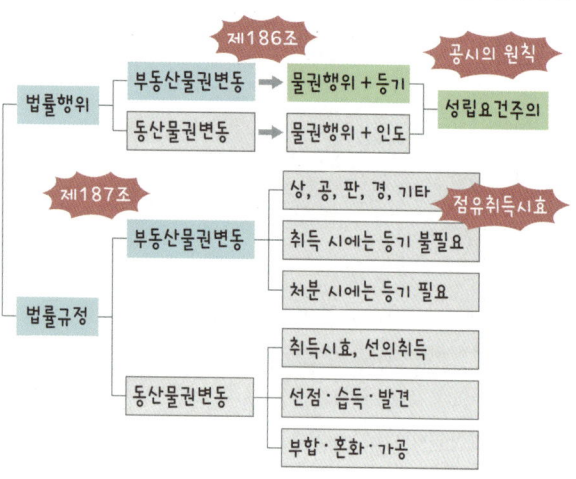

① 물권의 변동: 물권의 발생·변경·소멸 ⇨ 물권의 득실변경(得失變更)

② 공시의 원칙과 공신의 원칙

구분	공시의 원칙	공신의 원칙
동산	○	○
부동산	○	×

③ 성립요건주의(형식주의): 당사자의 의사표시 이외에 공시방법(등기, 인도, 명인방법)을 갖추어야 물권변동의 효력을 인정하는 입법주의(공시방법을 갖추지 않으면 물권변동의 효력을 전부 부인 ⇨ 우리나라는 이에 해당)

④ 제187조의 해석론

적용 범위	상속	피상속인이 사망한 때에 등기 없이 물권변동의 효력이 생기고, 포괄유증과 회사합병도 등기 없이 물권변동의 효력이 생긴다.
	공용징수	재결수용의 방법으로 공용징수가 이루어진 경우 토지수용위원회에서 정한 보상금이 지급 또는 공탁되면 사업시행자는 수용개시일에 등기 없이 토지소유권을 원시취득한다.
	판결	제187조에서 말하는 판결은 형성판결(공유물분할판결)에 한하고(이행판결과 확인판결은 포함 ×), 판결이 확정된 때에 등기 없이 물권변동의 효력이 생긴다.
	경매	제187조에서 말하는 경매는 공경매(담보권실행경매, 통상의 강제집행, 국세징수법에 의한 공매)에 한하고, 매수인이 매각대금을 다 낸 때(경락인이 경락대금을 완납한 때)에 물권변동의 효력이 생긴다.
	기타 법률규정	⊙ 신축건물의 소유권취득 ⓒ 법정지상권의 취득 ⓒ 관습법상의 법정지상권의 취득 ② 혼동으로 인한 물권의 소멸 ⑩ 존속기간 만료로 인한 용익물권의 소멸 ⑭ 건물전세권의 법정갱신 ⊘ 피담보채권의 소멸로 인한 저당권의 소멸
예외	점유취득시효	20년간 소유의 의사로 평온·공연하게 부동산을 점유하는 자는 등기함으로써 그 소유권을 취득한다.

심's 출제포인트

판결과 등기 여부

❶ 부동산소유권이전등기청구소송에서 원고의 승소판결이 확정된 경우에는 등기하여야 소유권을 취득한다.

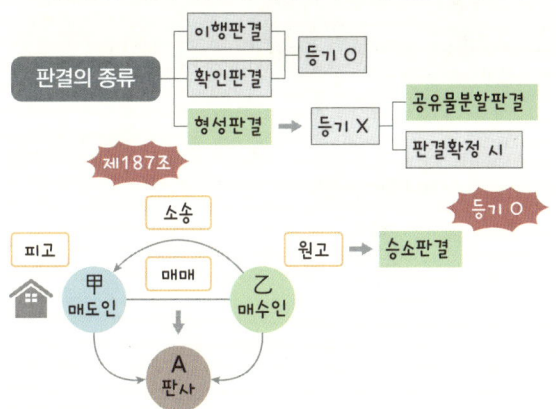

❷ 매매를 원인으로 한 부동산소유권확인청구소송에서 원고의 승소판결이 확정된 경우에는 등기하여야 소유권을 취득한다.

❸ 공유물분할청구소송 중 당사자 사이에 현물분할의 협의가 이루어진 경우에는 등기하여야 소유권을 취득한다.

2 등기의 의의

└ 등기관이 등기부에 부동산의 사실관계와 권리관계를 기록하는 행위 또는 그러한 기록 그 자체

기능에 따른 분류	사실의 등기	표제부의 등기로서 부동산의 현황을 공시하는 등기
	권리의 등기	甲구·乙구의 등기로서 부동산의 권리관계를 공시하는 등기
내용에 따른 분류	기입등기	새로운 등기원인에 의해 새로운 등기사항을 기입하는 등기
	경정등기	등기관의 착오나 탈루로 인한 원시적 불일치를 시정하는 등기
	변경등기	등기와 실체적 권리관계 사이의 후발적 불일치를 시정하는 등기
	말소등기	기존 등기 전부를 말소하는 등기
	말소회복 등기	등기가 불법하게 말소된 경우 이를 원상회복하는 등기
	멸실등기	부동산이 전부 멸실한 경우에 행해지는 등기
방식에 따른 분류	주등기	표시번호란 또는 순위번호란에 독립된 번호를 붙여서 하는 등기
	부기등기	독립된 번호 없이 주등기의 번호에 부가해서 행해지는 등기
효력에 따른 분류	본등기	물권변동의 효력이 직접 발생하는 등기('종국등기'라고도 함)
	가등기	본등기를 대비하기 위한 임시적인 등기(청구권보전의 가등기)

① 등기절차: 신청 ⇨ 접수 ⇨ 심사 ⇨ 기록
② 등기신청: 공동신청이 원칙이나, 등기의 진정성이 인정되거나 성질상 등기의무자가 없는 경우에는 예외적으로 단독신청이 허용된다(등기신청은 공법행위이자 요식행위에 해당).

③ **등기심사**: 등기관에게는 형식적 심사권만 인정된다(등기신청내용이 실체적 권리관계에 부합하는지까지는 심사할 수 없고, 부동산등기법상의 적법성 여부만을 심사할 수 있음).

④ **등기효력**: 등기관이 등기를 마친 경우 그 등기는 접수한 때부터 효력을 발생한다.

심's 출제포인트

등기의 불법말소와 물권의 존속 여부

❶ 저당권설정등기가 불법말소된 후 목적부동산이 제3자에게 양도되더라도 저당권은 그대로 존속한다(등기는 물권의 효력발생요건임). 이 경우 저당권자는 말소 당시의 소유자를 상대로 말소회복등기청구를 할 수 있다.

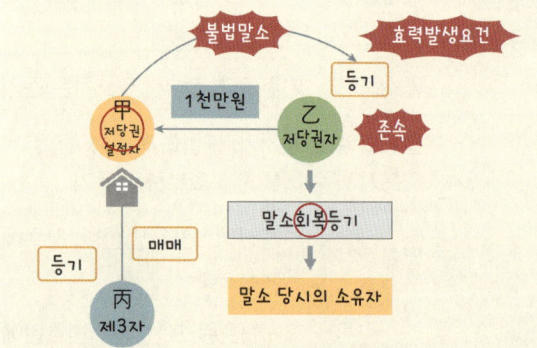

❷ 저당권설정등기가 불법말소된 후 목적부동산이 경매절차에서 경락된 경우에는 저당권은 소멸한다. 이 경우 저당권자는 말소회복등기청구를 할 수는 없고 경매절차에서 배당받은 자에 대하여 부당이득반환청구를 하여야 한다.

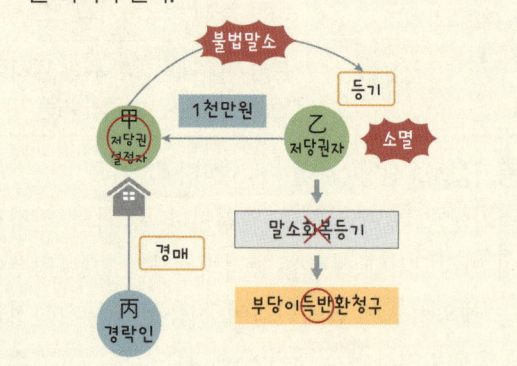

3 등기청구권

32회 · 34회 · 36회

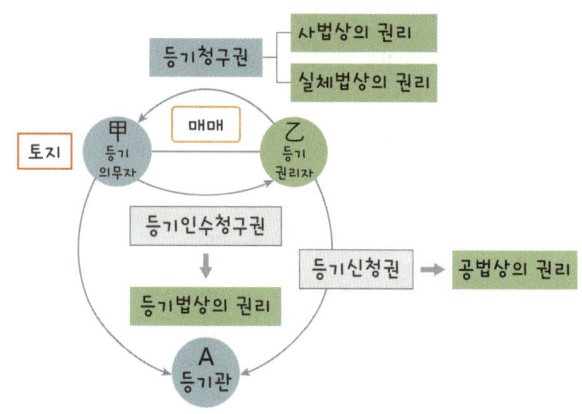

① **등기청구권**: 등기권리자가 등기의무자에 대하여 등기신청에 협력할 것을 청구할 수 있는 권리(사법상의 권리이자 실체법상의 권리)

등기신청권	공법상의 권리
등기인수청구권	「부동산등기법」상의 권리

② 등기청구권이 물권적 청구권인 경우

㉠ **위조**: 등기가 실체적 권리관계에 부합하지 않는 경우

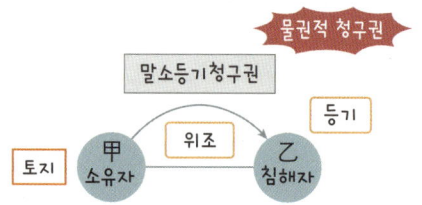

㉡ 법정지상권설정등기청구권

㉢ 계약이 해제·취소된 경우

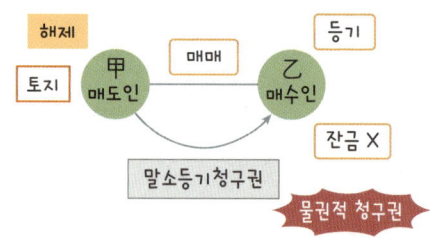

③ 미등기매수인 판례

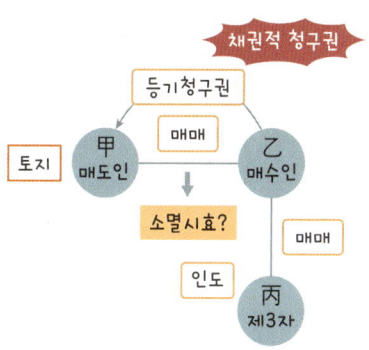

> ㉠ 부동산의 매수인이 부동산을 인도받아 사용·수익하고 있는 한 매수인의 등기청구권은 소멸시효에 걸리지 않는다.
> ㉡ 부동산의 매수인이 부동산을 인도받아 사용·수익하고 있다가 보다 적극적인 권리행사의 일환으로 제3자에게 그 부동산을 처분하고 점유를 승계하여 준 경우에도 소유권이전등기청구권의 소멸시효는 진행하지 않는다.
> ㉢ 매매계약을 원인으로 한 소유권이전등기청구권은 매매 당사자 사이의 신뢰관계에 기초한 등기청구권이므로 매도인의 동의가 없으면 매수인은 제3자에게 등기청구권을 양도할 수 없다.

4 청구권보전의 가등기

32회

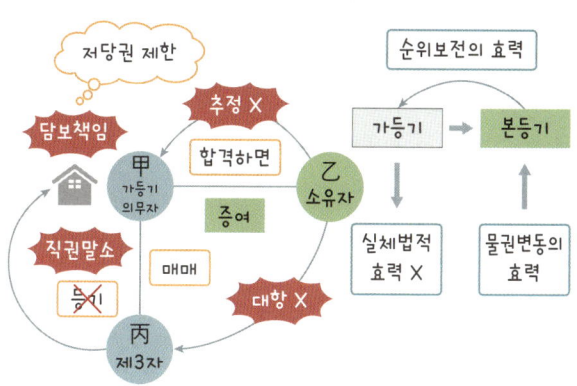

① 채권적 청구권을 보전하기 위한 가등기만 할 수 있고, 물권적 청구권의 보전을 위한 가등기는 할 수 없다.
② 가등기는 가등기인 채로는 아무런 실체법적 효력이 없다. 따라서 소유권이전청구권보전을 위한 가등기가 있더라도 소유권이전등기를 청구할 어떤 법률관계가 있다고 추정되지 않는다.
③ 가등기권리자는 가등기만으로는 가등기 이후에 본등기를 취득한 제3자에게 대항할 수 없다.
④ 가등기에 기하여 본등기가 이루어진 경우에도 물권변동의 효력은 본등기한 때에 발생한다. 따라서 가등기 후부터 가등기에 기한 본등기가 경료되기 전까지 중간처분의 등기를 경료한 제3자는 그 기간까지의 과실을 적법하게 취득할 수 있다.
⑤ 가등기에 기하여 본등기가 이루어진 경우 본등기의 순위는 가등기한 때로 소급한다(이를 '순위보전의 효력'이라 함).
⑥ 가등기권리자는 가등기 당시의 소유자를 상대로 본등기청구를 하여야 하고, 가등기에 기하여 본등기가 이루어진 경우 가등기 이후에 있었던 제3자의 본등기는 직권으로 말소된다.
⑦ 가등기에 기한 본등기의 경료로 소유권을 상실한 제3자는 전소유자를 상대로 저당권의 행사로 인한 담보책임을 물을 수 있다.

⑧ 가등기에 기한 소유권이전등기청구권이 시효완성으로 소멸된 경우 가등기 이후에 부동산을 취득한 제3자는 가등기권리자에 대하여 본등기청구권의 소멸시효를 주장하여 그 가등기의 말소를 청구할 수 있다.

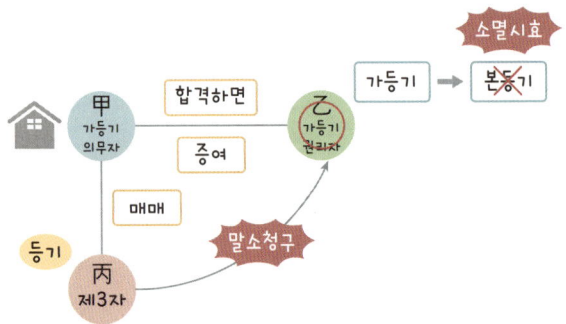

⑨ 가등기권리자가 가등기에 기한 본등기절차에 의하지 않고 별도의 본등기를 경료받은 경우, 가등기 이후에 제3자 명의의 중간처분의 등기가 있는 경우에는 가등기의무자에 대하여 가등기에 기한 본등기절차의 이행을 청구할 수 있다.

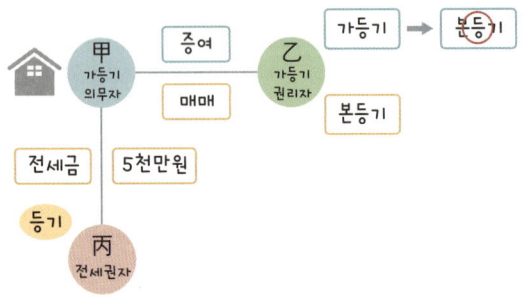

⑩ 가등기에 의하여 순위보전의 대상이 되어 있는 물권변동청구권이 양도된 경우 그 가등기상의 권리의 이전등기를 가등기에 대한 부기등기의 형식으로 경료할 수 있다(가등기의 가등기도 허용 ○).

5 본등기의 효력

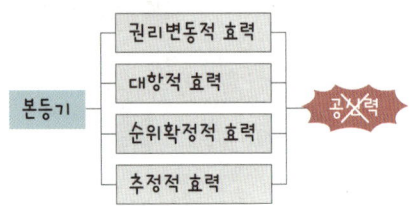

심's 출제포인트

❶ 권리변동적 효력: 등기관이 등기를 마친 경우 그 등기는 접수한 때부터 효력을 발생한다.
❷ 순위확정적 효력: 같은 구에서 한 등기는 순위번호에 따라 우열을 결정하고, 다른 구에서 한 등기는 접수번호에 따라 우열을 결정한다. 부기등기는 주등기의 순위에 따른다.
❸ 등기관에게는 형식적 심사권만 인정되므로 부실등기(실체적 권리관계에 부합하지 않는 등기)가 생길 수밖에 없으므로 등기의 공신력은 인정되지 않는다.

6 등기의 추정력

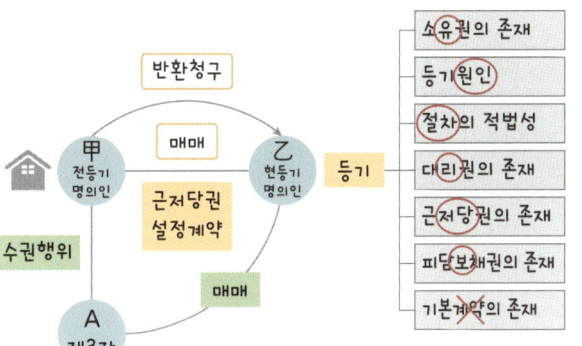

① 등기의 추정력: 등기가 형식적으로 존재하면 무효인 등기라도 그에 상응하는 실체적 권리가 존재하는 것으로 추정하는 힘
② 추정의 범위

> ㉠ 소유권이전등기가 경료된 경우 등기명의인에게 소유권이 존재하는 것으로 추정된다.
> ㉡ 등기가 경료된 경우 등기원인도 등기된 대로 추정되고, 등기도 절차적으로 적법한 것으로 추정된다.
> ㉢ 대리인에 의해 매매계약을 원인으로 소유권이전등기가 이루어진 경우 대리권의 존재도 추정된다(상대방이 대리인을 통해 매매계약을 했다고 주장하는 경우 본인이 그 대리인에게 대리권이 없음을 입증하여야 함).
> ㉣ 근저당권설정등기의 경우에는 근저당권의 존재뿐만 아니라 그에 상응하는 피담보채권의 존재도 추정된다(기본계약의 존재는 추정 ×).

심's 출제포인트

❶ 등기의 추정력은 물권변동의 당사자 사이에서도 미친다. 따라서 부동산에 관하여 소유권이전등기가 마쳐진 경우 그 등기명의자는 제3자에 대하여서뿐만 아니라, 그 전소유자에 대하여서도 적법한 등기원인에 의하여 소유권을 취득한 것으로 추정된다.

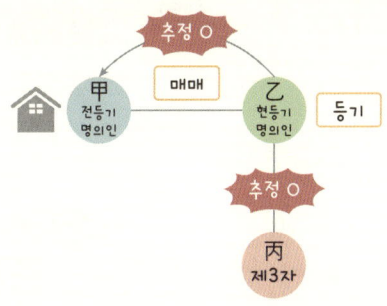

❷ 등기명의자가 등기원인행위의 태양(態樣)이나 과정을 다소 다르게 주장하더라도 등기의 추정력이 깨지지 않는다.
❸ 사망자 명의로 신청하여 이루어진 이전등기: 원칙적으로는 추정력이 없다. 그러나 등기의무자의 사망 전에 등기원인이 이미 존재한 상태에서 등기의무자의 사망 후 그로부터 경료된 경우에는 추정력이 있다.

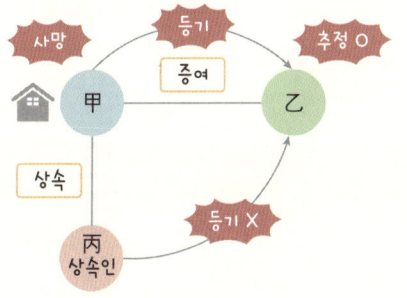

❹ 말소회복등기를 마치기 전이라도 말소된 소유권이전등기의 최종명의인은 적법한 권리자로 추정된다.
❺ 소유권보존등기의 명의인이 부동산을 양수받은 것이라 주장하는데 전소유자가 양도사실을 부인하는 경우 보존등기의 추정력은 깨진다.
❻ 특별조치법에 의한 보존등기는 보증서나 확인서가 위조 내지 허위라는 점까지 입증되어야 등기의 추정력이 번복된다.
❼ 소유권이전등기의 원인으로 주장된 계약서가 진정하지 않은 것으로 증명된 경우에는 등기의 추정력이 깨진다.
❽ 허무인으로부터 등기를 이어받은 소유권이전등기는 원인무효라 할 것이어서 그 등기명의자에 대한 소유권 추정은 깨진다.
❾ 등기부상의 명의인과 매도인이 동일인인 경우 그를 소유자로 믿고 그 부동산을 매수하여 점유하는 자는 특별한 사정이 없는 한 과실 없는 점유자에 해당한다.

7 중간생략등기

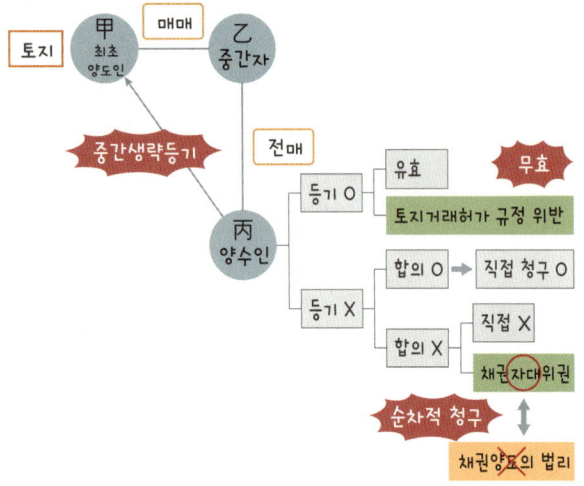

토지거래허가구역 내의 토지에 대해 **甲과 丙이 당사자인 것으로 해서** 토지거래허가를 받고 丙 앞으로 중간생략등기를 하는 경우

① **중간생략등기**: 최초양도인(甲)과 중간자(乙)가 물권행위를 하고 이전등기를 하지 않은 상태에서 중간자(乙)와 최종양수인(丙)이 물권행위를 한 경우, 중간자의 등기를 생략하고 최초양도인에게서 최종양수인에게로 행해지는 등기
② 당사자 사이에 적법한 원인행위가 성립되어 일단 중간생략등기가 이루어진 경우에는 그 등기는 중간생략등기에 관한 합의 여부를 불문하고 유효하다.
③ 토지거래허가구역 내의 토지거래계약에 있어서 중간생략등기의 합의 하에 최초매도인과 최종매수인을 매매당사자로 하는 토지거래허가를 받아 최초매도인으로부터 최종매수인 앞으로 경료된 소유권이전등기는 무효이다.
④ 최종양수인 앞으로 중간생략등기가 경료되지 않은 경우 중간생략등기의 합의가 있으면 최종양수인은 최초양도인에게 직접 자기 명의로의 소유권이전등기를 청구할 수 있다(전원이 함께 합의하거나 순차적으로 합의해도 되나, 순차적 합의의 경우에는 최초양도인과 최종양수인 사이의 합의까지 필요함).
⑤ 중간생략등기의 합의가 없는 경우에는 최종양수인은 최초양도인에 대해 직접 자기 명의로의 소유권이전등기를 청구할 수 없고, 중간자를 대위(代位)하여 최초양도인에 대해 중간자 앞으로 소유권이전등기를 청구할 수 있다.
⑥ 부동산매매로 인한 소유권이전등기청구권은 통상의 채권양도의 법리에 따라 양도될 수 없다. 따라서 최종양수인이 중간자로부터 소유권이전등기청구권을 양도받았다고 하더라도 최초양도인이 그 양도에 대하여 동의하지 않고 있다면 최종양수인은 최초양도인에 대하여 채권양도를 원인으로 하여 소유권이전등기절차이행을 청구할 수 없다(채권양도의 법리는 인정 X).
⑦ 중간생략등기의 합의가 있었다 하더라도 중간매수인의 소유권이전등기청구권이 소멸되는 것은 아니고, 최초매도인이 중간매수인에 대하여 갖고 있는 매매대금청구권의 행사가 제한되지 않는다.
⑧ 중간생략등기의 합의가 있은 후 최초매도인과 중간매수인 간에 매매대금을 인상하는 약정이 체결된 경우, 최초매도인은 인상된 매매대금이 지급되지 않았음을 이유로 최종매수인 명의로의 소유권이전등기의무의 이행을 거절할 수 있다.

8 무효등기의 유용

① 유용하기로 하는 합의가 이루어지기 전에 등기부상 새로운 이해관계를 맺은 제3자가 없는 경우에는 허용된다(표제부의 등기의 유용은 절대 불가).
② 무효등기의 유용에 관한 합의는 묵시적으로 이루어질 수 있으나, 묵시적 합의를 인정하려면 무효등기 사실을 알면서 장기간 이의를 제기하지 아니하고 방치한 것만으로는 부족하다. 즉, 그 등기가 무효임을 알면서도 유효함을 전제로 기대되는 행위를 하여야 한다.

9 물권의 소멸

① 모든 물권의 공통된 소멸원인: 목적물의 멸실, 소멸시효, 포기, 혼동, 공용징수, 몰수
  ㉠ 목적물이 멸실한 경우 물권이 소멸하는 것이 원칙이다. 그러나 가치적 변형물이 생긴 경우 저당권은 그 가치적 변형물에도 효력이 미친다(이를 '물상대위'라 함).
  ㉡ 민법상의 물권 중 소멸시효에 걸리는 것은 지상권·지역권·전세권뿐이다(소멸시효기간은 20년이며, 말소등기 없이도 소멸함).
  ㉢ 부동산물권의 포기는 말소등기를 하여야 포기에 따른 물권변동의 효력이 생긴다.

② 물권의 혼동: 서로 대립하는 두 개의 법률상 지위 또는 자격이 동일인에게 귀속되는 것
  ㉠ 소유권과 제한물권이 동일인에게 귀속하는 경우 제한물권이 소멸하는 것이 원칙이다.

  혼동
  ① 혼동에 의한 물권소멸은 **절대적 소멸**이다.
  ② 혼동을 생기게 한 **원인**이 무효이면 소멸하였던 물권은 **부활**한다.
  ③ **점유권**과 **광업권**은 혼동으로 소멸하지 않는다.

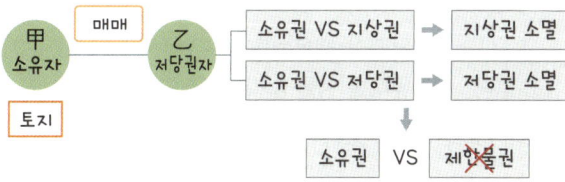

  ㉡ 지상권이 저당권의 목적이 된 때에는 지상권자가 토지소유권을 취득하더라도 지상권은 소멸하지 않는다.

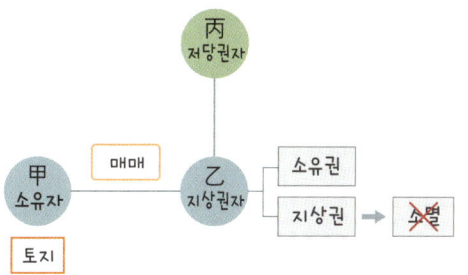

  ㉢ 어느 부동산에 1번 저당권과 2번 저당권이 있는 경우 2번 저당권자가 소유권을 매매나 상속을 원인으로 취득한 때에는 2번 저당권은 소멸한다. 그러나 1번 저당권자가 저당물에 대한 소유권을 매매(피담보채무를 인수하지 않은 경우에 한함), 증여 또는 교환(피담보채무를 인수하지 않은 경우에 한함)을 원인으로 취득한 경우 1번 저당권은 소멸하지 않는다. 한편 1번 저당권자가 상속을 원인으로 저당물에 대한 소유권을 취득한 경우에는 채권·채무가 혼동되어 피담보채권이 소멸하므로 담보물권도 소멸하는 결과 이때는 1번 저당권도 소멸한다.

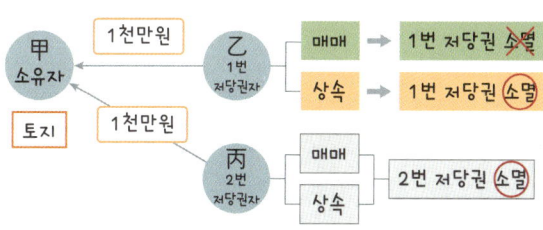

POINT 03 점유권

1 점유권의 의의 33회

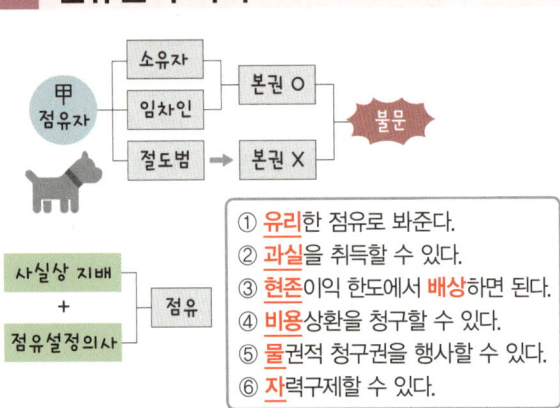

- ① **유리**한 점유로 봐준다.
- ② **과실**을 취득할 수 있다.
- ③ **현존**이익 한도에서 **배상**하면 된다.
- ④ **비용**상환을 청구할 수 있다.
- ⑤ **물**권적 청구권을 행사할 수 있다.
- ⑥ **자**력구제할 수 있다.

→ 사실상의 지배를 정당화시켜 주는 법률상의 권리

① **점유권**: 본권 유무를 불문하고 물건에 대한 사실상의 지배를 보호하는 권리
② **점유**: 사실상의 지배 + 점유설정의사

사실상의 지배	장소적 밀접성, 시간적 계속성, 타인 지배의 배제가능성, 본권과의 관계를 고려해 종합적으로 판단한다.
점유설정 의사	물건을 사실상 지배하겠다는 의사로서 자연적 의사만으로 충분하다.

심's 출제포인트

1. 건물소유자가 현실적으로 건물이나 그 부지를 점거하지 않더라도 특별한 사정이 없는 한 건물의 부지에 대한 점유가 인정된다.
2. 일반공중의 통행에 제공되고 있는 공로에 연결되는 골목길을 일상통로로 사용하고 있는 것만으로는 그 골목길을 점유하고 있다고 볼 수 없다.
3. 10세에 불과한 상속인도 상속토지에 대한 점유가 인정된다.
4. 소유권이전등기의 경우에는 등기할 때에 부동산을 인도받아 점유한 것으로 볼 수 있으나, 소유권보존등기의 경우에는 보존등기를 한 때에 부동산을 점유한 것으로 볼 수 없다.

2 점유의 관념화

① **점유보조자**: 가사상·영업상 기타 유사한 관계에 의하여 타인의 지시를 받아 물건을 사실상 지배하는 자(예 가게점원 등)

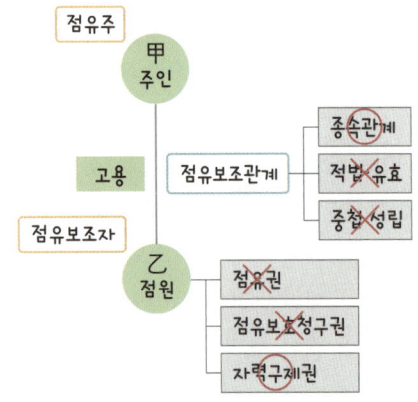

점유 보조관계	㉠ 종속관계 ○ ㉡ 적법·유효할 필요 없다. ㉢ 중첩적으로 있을 수 없다.
점유 보조자	점유권과 점유보호청구권은 인정되지 않고, 점유주를 위한 자력구제권만 인정된다.

② **간접점유자**: 지상권, 전세권, 질권, 사용대차, 임대차, 임치 기타의 관계로 타인으로 하여금 물건을 점유하게 한 자(예 임대인 등)

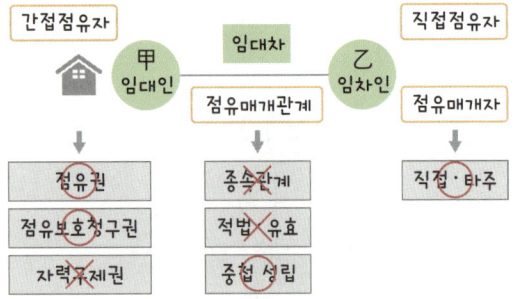

점유 매개관계	㉠ 종속관계 ✕ ㉡ 적법·유효할 필요 없다. ㉢ 중첩적으로 있을 수 있다.
간접 점유자	점유권과 점유보호청구권은 인정되나, 자력구제권은 인정되지 않는다.

③ **점유권의 상속**: 점유권은 상속인에 이전한다.

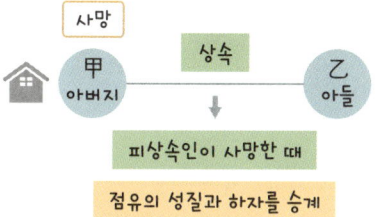

심's 출제포인트

간접점유자의 점유보호청구권 인정 여부

❶ 제3자가 직접점유자의 점유를 침탈한 경우에는 간접점유자도 점유물반환청구를 할 수 있다.

❷ 직접점유자가 임의로 제3자에게 점유물을 양도한 경우에는 간접점유자는 점유물반환청구를 할 수 없다.

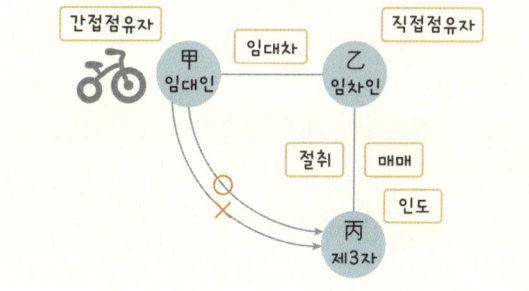

3 점유의 모습

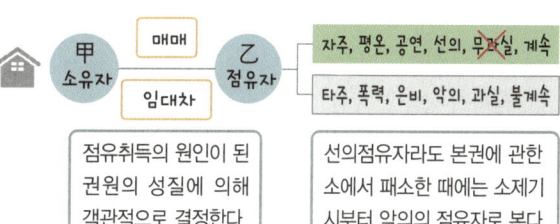

자주점유	소유의 의사가 있는 점유 예 매수인, 수증자, 도인 등
타주점유	소유의 의사가 없는 점유 예 임차인, 지상권자, 전세권자, 소작농, 데릴사위 등
평온점유	물건을 순순히 건네받은 경우
폭력점유	폭력을 써서 점유를 취득한 경우
공연점유	누구나 알 수 있도록 드러내 놓고 한 점유
은비점유	남들이 모르게 드러내지 않은 점유
선의점유	본권이 없는데 본권이 있다고 믿고서 한 점유
악의점유	본권이 없다는 것을 알거나 의심을 품으면서 한 점유
과실 없는 점유	본권이 있다고 믿은 데에 잘못이 없는 경우
과실 있는 점유	본권이 있다고 믿은 데에 잘못이 있는 경우

심's 출제포인트

자주점유와 타주점유의 구별

❶ 자주점유인지 타주점유인지는 점유취득의 원인이 된 권원의 성질에 의해 객관적으로 결정한다.

자주점유	㉠ 매수인이 착오로 인접 토지의 일부를 그가 매수·취득한 토지에 속하는 것으로 믿고서 점유한 경우 ㉡ 단순히 타인 토지의 매매인 경우 ㉢ 점유취득시효 완성 후 토지소유자에게 매수를 제의한 경우 ㉣ 귀속재산을 불하받아 상환을 완료한 경우
타주점유	㉠ 매매대상 건물부지의 면적이 등기부상의 면적을 상당히 초과하는 경우 ㉡ 매도인에게 처분권한이 없다는 사실을 잘 알면서 매수한 경우 ㉢ 매매계약에 무효사유가 있음을 잘 알면서 매수한 경우 ㉣ 타인의 토지 위에 분묘를 설치·소유하여 토지를 점유하는 경우 ㉤ 명의신탁에 있어서 수탁자가 부동산을 점유하는 경우 ㉥ 공유자 1인이 공유토지의 전부를 점유하는 경우(다른 공유자의 지분비율의 범위 내에서는 타주점유) ㉦ 부동산을 다른 사람에게 매도하여 인도의무를 지고 있는 경우 ㉧ 경락으로 인한 소유권을 상실한 경우 ㉨ 타인의 선대를 위하여 선산과 분묘 등을 돌보면서 이를 관리하여 온 경우 ㉩ 귀속재산을 점유하는 경우

❷ 점유자의 점유는 자주·평온·공연·선의의 점유로 추정된다(무과실은 추정 ✕).

❸ 소유자가 제기한 소송에서 점유자가 패소한 경우 점유자는 패소판결 확정 시부터 타주점유자로 되고, 소제기 시부터 악의의 점유자로 된다.

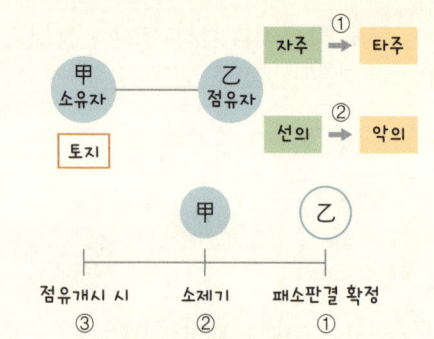

❹ 점유자가 제기한 소송에서 점유자가 패소한 경우 점유자는 여전히 자주점유로 추정된다.

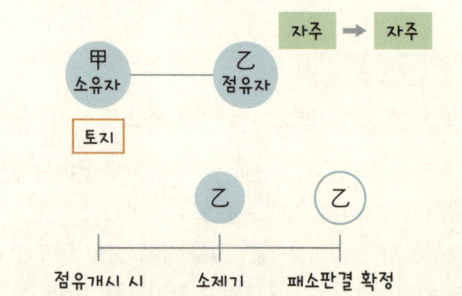

❺ 타주점유에서 자주점유로의 전환: 새로운 권원에 의하여 다시 소유의 의사로 점유하거나(매매, 증여, 교환은 새로운 권원에 해당하나, 상속은 새로운 권원이 아님), 점유를 시킨 자에게 소유의 의사가 있음을 표시하여야 한다.

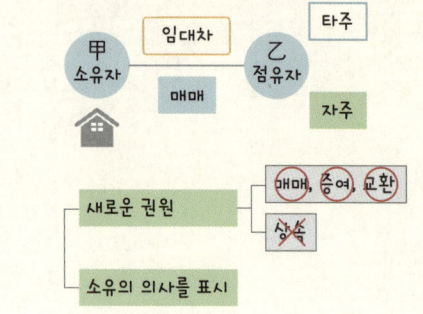

4 점유계속의 추정과 점유의 승계

① 전후 양 시점의 점유자가 다른 경우에도 점유의 승계가 입증되는 한 점유계속은 추정된다.

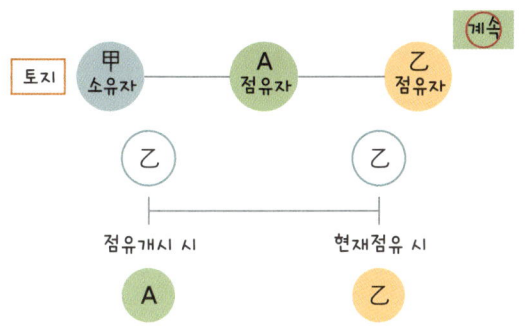

② 점유자의 승계인은 자기의 점유만을 주장하거나 자기의 점유와 전 점유자의 점유를 아울러 주장할 수 있다. 또한 전 점유자의 점유를 아울러 주장하는 경우에는 그 하자도 승계한다.

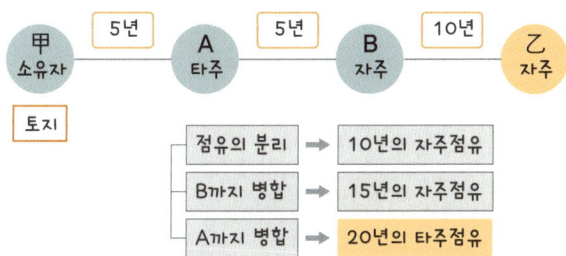

③ 점유의 승계가 있는 경우 전 점유자의 점유가 타주점유이더라도 점유자의 승계인이 자기의 점유만을 주장하는 경우에는 현 점유자의 점유는 자주점유로 추정된다.

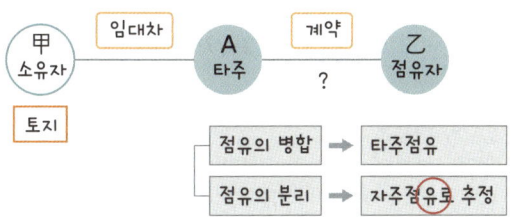

5 점유의 권리적법 추정

→ 점유자가 점유물에 대하여 행사하는 권리는 적법하게 보유한 것으로 추정한다(제200조).

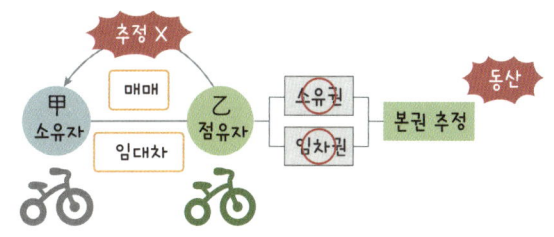

① 점유의 권리적법 추정규정은 동산에만 적용되고, 부동산에는 적용되지 않는다.
② 점유의 권리적법 추정은 소유자와 그로부터 점유를 취득한 자 사이에는 적용되지 않는다.

6 점유자와 회복자의 관계 33회·34회

→ 무효·취소에만 적용되고, 해제에는 적용 ×

(1) 점유자의 과실취득권

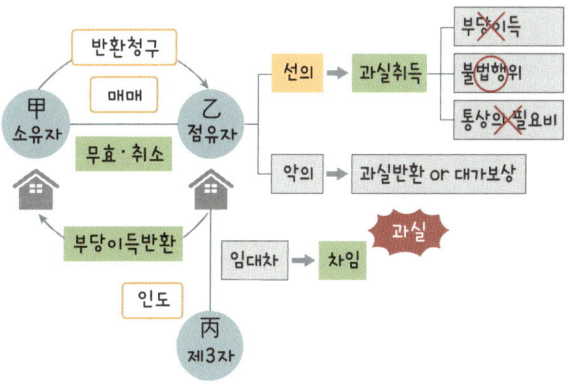

① 점유자의 과실취득권 요건과 효과

요건	㉠ 과실취득권이 있는 본권에 관해 오신할 것: 과실취득권이 없는 본권(유치권, 질권 등)에 관해 오신한 경우에는 과실을 반환하여야 한다. ㉡ 오신할만한 정당한 근거가 있을 것: 과실취득권이 있는 본권을 가지고 있다고 오신한 데에 대한 정당한 근거가 있어야 과실을 취득할 수 있다.
효과	㉠ 과실(果實)에는 천연과실, 법정과실, 사용이익 모두 포함되며, 선의의 점유자는 수취한 과실 전부에 대하여 소유권을 취득한다. ㉡ 선의점유자가 점유물의 과실을 취득할 수 있는 범위 내에서 부당이득은 성립하지 않는다. 그러나 선의점유자에게 과실취득권이 인정되더라도 점유를 취득함에 있어 과실(過失)이 있는 경우에는 회복자에 대하여 불법행위로 인한 손해배상책임을 진다. ㉢ 선의의 점유자가 과실을 취득한 경우 통상의 필요비는 청구할 수 없다(악의의 점유자는 과실을 취득할 수 없으므로 통상의 필요비를 청구할 수 있음). ㉣ 매매계약이 취소된 경우, 선의의 점유자인 매수인에게 과실취득권이 인정되므로 선의의 매도인도 지급받은 매매대금의 이자를 반환할 의무가 없다.

② 악의의 점유자는 수취한 과실을 반환하여야 하며, 소비하였거나 과실(過失)로 인하여 훼손 또는 수취하지 못한 경우에는 그 과실의 대가를 보상하여야 한다(악의의 점유자가 사용이익을 반환하는 경우 받은 이익에 이자까지 붙여 반환하여야 하고, 이자의 이행지체로 인한 지연손해금도 함께 지급하여야 함).

(2) 점유물의 멸실·훼손에 대한 책임

점유물이 점유자의 책임 있는 사유로 인하여 멸실 또는 훼손한 때에는 선의의 자주점유자는 현존이익 한도 내에서만 배상하면 되고, 그 이외의 자는 손해의 전부를 배상하여야 한다.

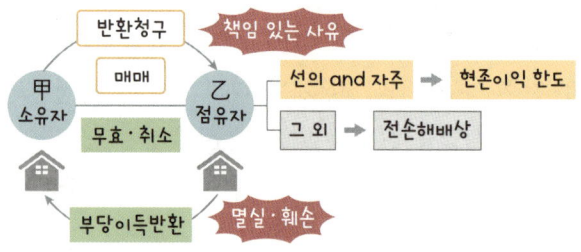

(3) 점유자의 비용상환청구권
→ 선의·악의 불문하고 비용상환청구 ○

제203조 【점유자의 상환청구권】 ① 점유자가 점유물을 반환할 때에는 회복자에 대하여 점유물을 보존하기 위하여 지출한 금액 기타 필요비의 상환을 청구할 수 있다. 그러나 점유자가 과실을 취득한 경우에는 통상의 필요비는 청구하지 못한다.
② 점유자가 점유물을 개량하기 위하여 지출한 금액 기타 유익비에 관하여는 그 가액의 증가가 현존한 경우에 한하여 회복자의 선택에 좇아 그 지출금액이나 증가액의 상환을 청구할 수 있다.
③ 전항의 경우에 법원은 회복자의 청구에 의하여 상당한 상환기간을 허여할 수 있다.

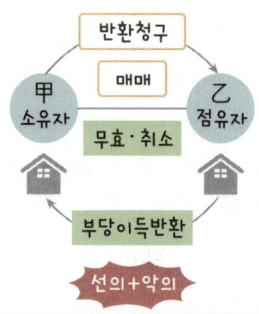

① 금수선(5만원): **통상의 필요비**
② 태풍으로 지붕수선(5만원): **특별필요비**
③ 보일러 교체(10만원): **유익비**

① 필요비: **현존 X, 허여 X**
② 유익비: **현존 O, 허여 O** ⇦ 회복자의 선택
③ 유치권 성립 O(허여 ⇨ 유치권 X)

비용상환청구시기: 점유물을 **반환**할 때 또는 회복자로부터 **반환청구**를 받은 때

① 회복자가 소유권이전등기의 말소만을 청구하는 경우에는 점유자는 비용상환청구권으로 유치권 항변을 할 수 없다.
② 점유자의 비용상환청구권은 점유회복 당시의 소유자에게 행사하는 것이다.

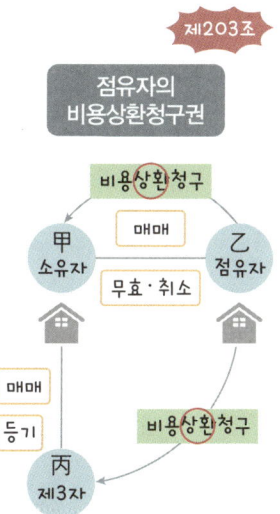

③ 점유자가 유익비를 지출할 당시 계약관계 등 적법한 점유권원을 가진 경우에는 계약관계 등의 상대방이 아닌 점유회복 당시의 소유자에 대하여 점유자의 비용상환청구권에 관한 규정(제203조 제2항)에 따른 지출비용의 상환을 청구할 수는 없다.

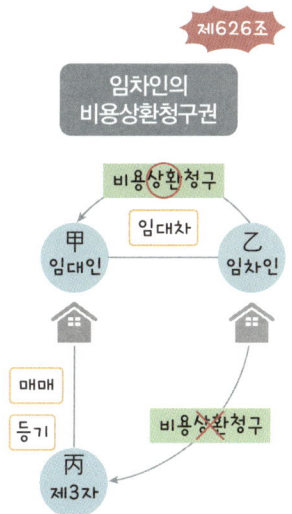

7 점유보호청구권
점유권에 기한 물권적 청구권

제204조【점유의 회수】① 점유자가 점유의 침탈을 당한 때에는 그 물건의 반환 및 손해의 배상을 청구할 수 있다.
② 전항의 청구권은 침탈자의 특별승계인에 대하여는 행사하지 못한다. 그러나 승계인이 악의인 때에는 그러하지 아니하다.
③ 제1항의 청구권은 침탈을 당한 날로부터 1년 내에 행사하여야 한다.
제205조【점유의 보유】① 점유자가 점유의 방해를 받은 때에는 그 방해의 제거 및 손해의 배상을 청구할 수 있다.
② 전항의 청구권은 방해가 종료한 날로부터 1년 내에 행사하여야 한다.
③ 공사로 인하여 점유의 방해를 받은 경우에는 공사착수 후 1년을 경과하거나 그 공사가 완성한 때에는 방해의 제거를 청구하지 못한다.
제206조【점유의 보전】① 점유자가 점유의 방해를 받을 염려가 있는 때에는 그 방해의 예방 또는 손해배상의 담보를 청구할 수 있다.
② 공사로 인하여 점유의 방해를 받을 염려가 있는 경우에는 전조 제3항의 규정을 준용한다.

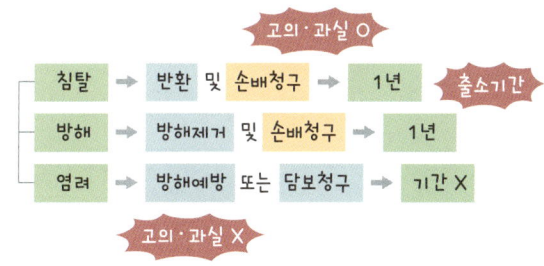

① 점유자가 상대방의 사기에 의해 물건을 인도한 경우 점유침탈을 이유로 점유물반환청구권을 행사할 수 없다.
② 점유물반환청구권과 점유물방해제거청구권 및 손해배상청구권은 1년 내에 소를 제기하는 방법으로 행사하여야 한다.

③ 점유보호청구권과 손해배상청구권의 상대방

점유의 침탈
① 손해배상청구: **원래의 침해자**
② 점유물반환청구: **악의의 특별승계인**에게만 O

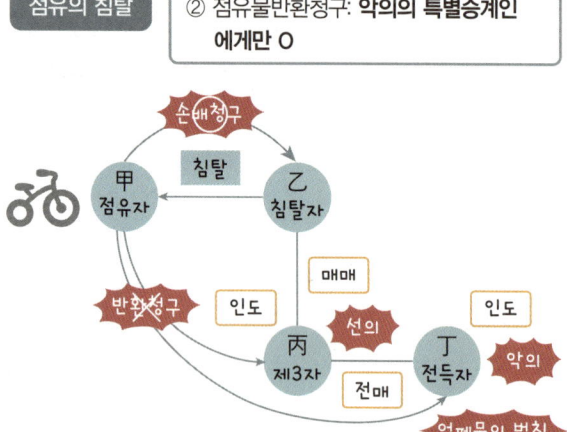

④ 점유의 소와 본권의 소와의 관계

제208조【점유의 소와 본권의 소와의 관계】① 점유권에 기인한 소와 본권에 기인한 소는 서로 영향을 미치지 아니한다.
② 점유권에 기인한 소는 본권에 관한 이유로 재판하지 못한다.

8 자력구제

제209조【자력구제】① 점유자는 그 점유를 부정히 침탈 또는 방해하는 행위에 대하여 자력으로써 이를 방위할 수 있다.
② 점유물이 침탈되었을 경우에 부동산일 때에는 점유자는 침탈 후 직시(直時) 가해자를 배제하여 이를 탈환할 수 있고 동산일 때에는 점유자는 현장에서 또는 추적하여 가해자로부터 이를 탈환할 수 있다.

① 침탈행위가 **진행 중**: 자력방위권
② 침탈행위가 **종료**되었으나 침탈자의 새로운 점유가 **확립되기 전**: 자력탈환권
③ 침탈자의 새로운 점유가 **확립된 후**: 점유물반환청구권

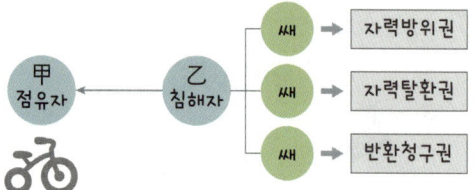

POINT 04 소유권

1 소유권의 의의

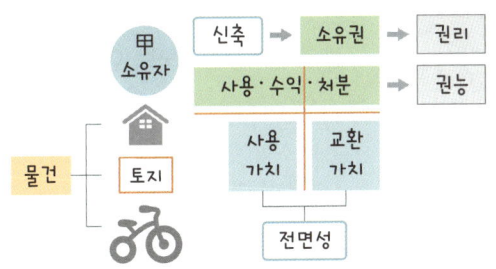

① 소유권: 법률의 범위 내에서 물건을 직접 사용·수익·처분할 수 있는 권리

② 소유권의 객체는 물건에 한한다. 따라서 아파트 분양권과 같은 권리에 대해서는 소유권이 성립할 수 없다.

③ 소유권의 사용·수익 권능을 대세적·영구적으로 포기하는 것은 허용되지 않으며, 소유자에게 처분권능이 없는 소유권도 인정되지 않는다.

심's 출제포인트

토지소유권의 범위

제212조【토지소유권의 범위】토지의 소유권은 정당한 이익 있는 범위 내에서 토지의 상하에 미친다.

문제 되는 경우	❶ 건물은 토지와 독립한 별개의 부동산이다. ❷ 입목(입목에 관한 법률에 의하여 등기된 수목의 집단)과 명인방법을 갖춘 수목의 집단은 토지와 독립한 별개의 독립한 부동산이다. ❸ 타인의 토지에 무단으로 심어 수확기에 이른 농작물: 경작자 소유(명인방법 갖출 필요 ×, 토지에 부합 ×) ❹ 토사(土沙)·토석(土石)은 토지의 구성부분이나, 임야 내의 자연석을 조각하여 제작한 석불은 임야와는 독립한 소유권 객체가 된다. ❺ 미채굴의 광물은 국유이다. ❻ 지하수는 토지의 구성부분이고, 온천수도 지하수의 일종으로서 토지의 구성부분이다(온천수에 대해 토지소유권과는 별개의 독립한 물권이 성립 ×).
경계 확정	❶ 토지소유권의 범위는 현실의 경계와 관계없이 지적공부상 경계에 의하여 확정되는 것이 원칙이다. ❷ 지적도를 작성하면서 기점을 잘못 선택하는 등 기술적인 착오로 말미암아 지적도상의 경계선이 진실한 경계선과 다르게 작성된 경우에는 토지의 경계는 실제의 경계에 의한다.

2 상린관계 33회

> 인접한 부동산소유자 상호간의 이용관계를 조절하기 위한 제도

(1) 상린관계와 지역권의 비교

구분	상린관계	지역권
발생원인	법률규정에 의해 발생(등기 불요)	계약에 의해 발생(등기 필요)
성질	소유권의 내용 그 자체	독립한 물권
내용	소유권에 대한 최소한의 확장·제한	탄력적인 이용조절
	양자 모두 토지의 이용관계를 내용으로 하므로 병존 가능	
인접성	인접 ○	요역지와 승역지가 인접 ×
대상	부동산+물의 이용관계	토지만의 이용관계
소멸시효	소멸시효에 걸리지 않는다.	소멸시효에 걸린다.

(2) 주요제도

인지사용 청구권	토지소유자는 경계나 그 근방에서 담 또는 건물을 축조하거나 수선하기 위하여 필요한 범위 내에서 이웃 토지의 사용을 청구할 수 있다(이웃 사람의 승낙이 없으면 주거에 들어가지 못함).
생활방해 금지	① 토지소유자는 매연·열기체·액체·음향·진동 기타 이에 유사한 것으로 이웃 토지의 사용을 방해하거나 이웃 거주자의 생활에 고통을 주지 아니하도록 적당한 조처를 할 의무가 있다(수인한도 초과 시 적당한 조처청구 가능). ② 토지 주변의 소음이 사회통념상 수인한도를 넘지 않는 경우에는 그 토지소유자는 소유권에 기하여 소음피해의 제거를 청구할 수 없다.
공유하천 용수권	종래 관습법상의 물권으로 인정되어 오던 것을 명문화한 것이다.
경계표· 담의 설치권	① 인접한 토지소유자는 통상의 경계표나 담을 설치할 수 있다. ② 경계표·담의 설치비용: 쌍방이 절반하여 부담 ③ 측량비용: 토지의 면적에 비례하여 부담 ④ 경계에 설치된 경계표, 담, 구거 등은 상린자의 공유로 추정한다.
수지· 목근의 제거권	① 인접지의 수목가지가 경계를 넘으면 가지의 소유자에게 제거를 청구하고, 불응하면 청구자가 제거할 수 있다. ② 인접지의 수목뿌리가 경계를 넘으면 청구 없이 임의로 제거할 수 있다.
지하 시설의 제한	① 우물을 파거나 용수, 하수 또는 오물 등을 저치할 지하시설을 하는 때에는 경계로부터 2미터 이상의 거리를 두어야 하며, 저수지·구거 또는 지하실 공사에는 경계로부터 그 깊이의 반 이상의 거리를 두어야 한다. ② 지하시설을 하는 경우에 있어서 경계로부터 두어야 할 거리에 관한 사항에 관한 규정은 임의규정이므로 이와 다른 내용의 당사자 간의 특약은 유효하다.
경계선 부근의 건축제한	건물을 축조함에는 특별한 관습이 없으면 경계로부터 반미터 이상의 거리를 두어야 한다(건축착수 후 1년 경과 시 또는 완성 시에는 손해배상청구만 가능).
차면시설 의무	경계로부터 2미터 이내의 거리에서 이웃 주택의 내부를 관망할 수 있는 창이나 마루를 설치하는 경우에는 적당한 차면시설을 설치하여야 한다.
비용정리	① 수도시설 변경비용: 토지소유자 ② 소통공사비용: 자비 ③ 유수용 공작물의 설치와 보존비용: 이익을 받는 비율 ④ 언(둑)의 설치와 보존비용: 이익을 받는 비율 ⑤ 경계표·담의 설치비용: 쌍방이 절반하여 부담 ⑥ 측량비용: 토지의 면적에 비례 ⑦ 담의 특수시설비용: 자비

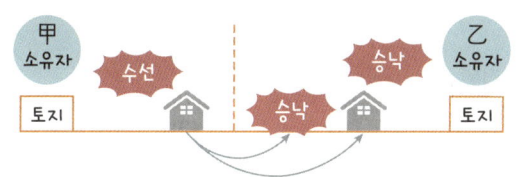

3 주위토지통행권

(1) 유상이 원칙

① 어느 토지와 공로 사이에 그 토지의 용도에 필요한 통로가 없는 경우에 그 토지소유자는 주위의 토지를 통행 또는 통로로 하지 아니하면 공로에 출입할 수 없거나 과다한 비용을 요하는 때에는 그 주위의 토지를 통행할 수 있고 필요한 경우에는 통로를 개설할 수 있다.

② 그러나 이로 인한 손해가 가장 적은 장소와 방법을 선택하여야 하고, 통행권자는 그 주위토지소유자의 손해를 보상하여야 한다.

(2) 무상의 예외

① 분할로 인하여 공로에 통하지 못하는 토지가 있는 경우 그 토지소유자는 공로에 출입하기 위하여 다른 분할자의 토지를 통행할 수 있다. 이 경우에는 보상의 의무가 없다.

② 토지소유자가 토지의 일부를 양도하여 공로에 통하지 못하는 토지가 있는 경우 그 토지소유자는 공로에 출입하기 위하여 토지의 일부를 양도한 소유자의 토지를 통행할 수 있다. 이 경우에도 보상의 의무가 없다.

③ 이러한 무상통행권은 토지의 직접 분할자 또는 일부양도의 당사자 사이에만 적용된다.

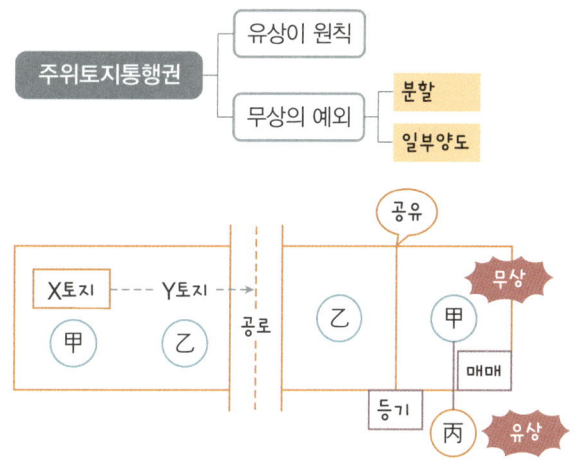

심's 출제포인트

❶ 토지소유자, 지상권자, 전세권자 등 토지사용권을 가진 자에게만 주위토지통행권이 인정되고, 명의신탁자에게는 주위토지통행권이 인정되지 않는다.

❷ 이미 토지의 용도에 필요한 통로가 있는 경우에는 그 통로를 사용하는 것보다 더 편리하다는 이유만으로 다른 장소로 통행할 권리를 인정할 수 없다.

❸ 통로가 있기는 하지만 실제로 통로로서의 충분한 기능을 하지 못하는 경우에는 주위토지통행권이 인정된다.

❹ 주위토지통행권이 발생하였다 하더라도 나중에 그 토지에 접하는 공로가 개설된 경우에는 주위토지통행권이 소멸한다.

❺ 「건축법」상 도로의 폭 등에 관하여 제한규정이 있더라도 그것만으로는 포위된 토지소유자에게 주위토지통행권이 인정되는 것은 아니다.

❻ 주위토지소유자는 주위토지통행권자의 허락을 얻어 사실상 통행하고 있는 자에 대하여 손해의 보상을 청구할 수 없다.

❼ 주위토지통행권은 현재의 토지의 용법에 따른 이용의 범위에서만 인정되므로 장래의 이용상황까지 미리 대비하여 통행권의 범위를 정할 수 없다.

❽ 주위토지통행권자는 주위토지소유자에게 통행에 방해가 되는 담장과 같은 축조물에 대해 철거를 청구할 수 있다.

4 취득시효 일반

제245조 【점유로 인한 부동산소유권의 취득기간】 ① 20년간 소유의 의사로 평온, 공연하게 부동산을 점유하는 자는 등기함으로써 그 소유권을 취득한다.
② 부동산의 소유자로 등기한 자가 10년간 소유의 의사로 평온, 공연하게 선의이며 과실 없이 그 부동산을 점유한 때에는 소유권을 취득한다.
제246조 【점유로 인한 동산소유권의 취득기간】 ① 10년간 소유의 의사로 평온, 공연하게 동산을 점유한 자는 그 소유권을 취득한다.
② 전항의 점유가 선의이며 과실 없이 개시된 경우에는 5년을 경과함으로써 그 소유권을 취득한다.

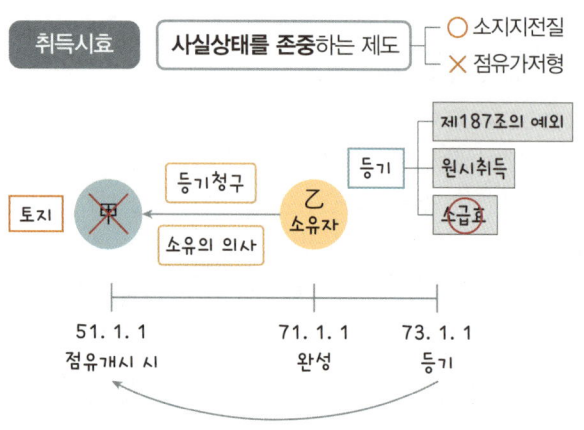

① 취득시효: 물건 또는 권리를 점유하는 사실상태가 일정 기간 동안 계속된 경우에 그 상태가 진실한 권리관계와 일치하는가의 여부를 묻지 않고 권리취득의 효과가 생기는 것으로 하는 제도(사실상태를 존중하는 제도)
② 취득시효를 통하여 취득할 수 있는 권리: 소유권, 지상권, 지역권(계속되고 표현된 것에 한함), 전세권, 질권
③ 취득시효를 통하여 취득할 수 없는 권리: 점유권, 유치권, 가족법상의 권리, 저당권, 형성권(취소권, 해제권 등)

④ 취득시효의 종류

점유 취득시효	20년간 소유의 의사로 평온·공연하게 부동산을 점유한 자가 등기함으로써 소유권을 취득하는 제도
등기부 취득시효	부동산의 소유자로 등기한 자가 10년간 소유의 의사로 평온·공연·선의·무과실로 부동산을 점유하면 소유권을 취득하는 제도
동산장기 취득시효	10년간 소유의 의사로 평온·공연하게 동산을 점유하면 소유권을 취득하는 제도
동산단기 취득시효	5년간 소유의 의사로 평온·공연·선의·무과실로 동산을 점유하면 소유권을 취득하는 제도

⑤ 취득시효의 주체

㉠ 자연인: ○
㉡ 법인: ○
㉢ 권리능력 없는 사단(법인 아닌 사단, 비법인사단): ○
  ∴ 종중은 취득시효의 주체 ○
㉣ 권리능력 없는 재단(법인 아닌 재단, 비법인재단): ○
㉤ 국가: ○
㉥ 지방자치단체: ○

⑥ 취득시효의 객체

㉠ 자기부동산: ○(입증곤란 구제가 취지 ∴ 적법·유효한 등기를 마친 자는 취득시효 주장 불가)
㉡ 성명불상자의 소유물: ○
㉢ 1필 토지의 일부 ─ 점유취득시효: ○
  └ 등기부취득시효: ✕
㉣ 공유지분: ○(공유물 전체를 점유하여야 함)
㉤ 국유재산 ─ 원칙: ✕ / 일반재산: ○
  └ 일반재산이 시효완성 후 행정재산으로 편입: ✕
㉥ 집합건물의 공용부분: ✕

5 점유취득시효

(1) 취득시효의 기산점

① 시효기간의 기산점은 점유개시 시가 원칙이다.
   → 역산 불가, 임의로 선택 불가

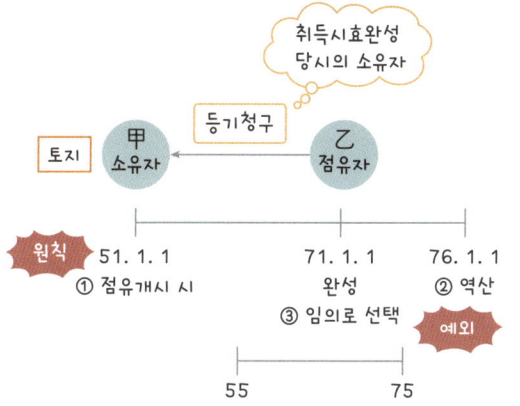

② 시효기간 중 소유자의 변동이 없는 경우에는 역산할 수도 있고 기산점을 임의로 선택할 수도 있다.

③ 시효기간 중 소유자의 변동이 있는 경우에는 다시 원칙으로 돌아가 점유개시 시를 기준으로 하여야 한다.

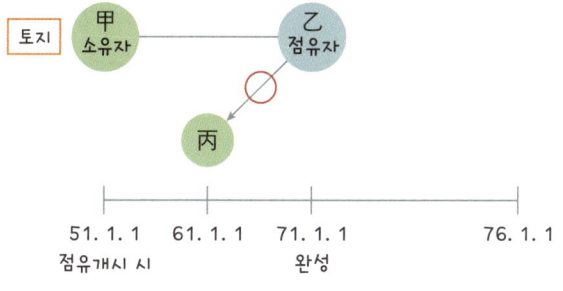

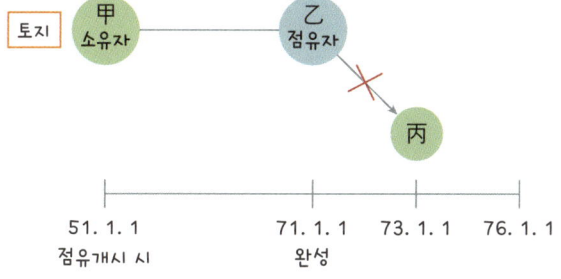

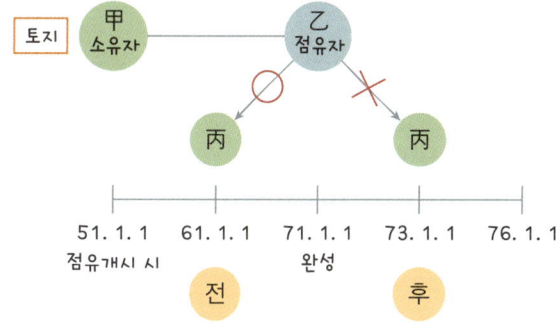

④ 취득시효완성 후 소유자의 변동이 있더라도 당초의 점유자가 계속 점유하고 있고 소유자가 변동된 시점을 새로운 기산점으로 삼아도 다시 취득시효기간이 완성하는 경우(이를 '재취득시효' 또는 '2차의 취득시효'라 함)에는 소유권변동시점을 새로운 기산점으로 할 수 있다.

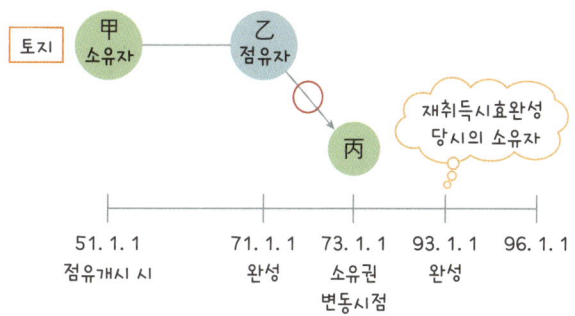

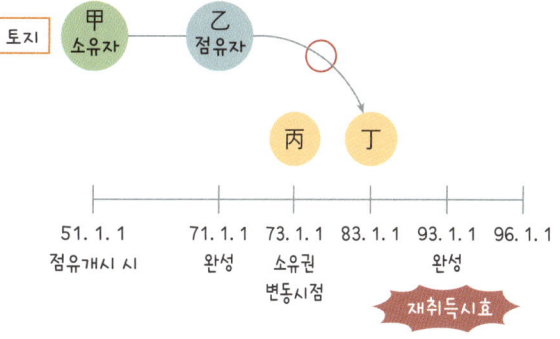

⑤ 위 ① 내지 ④의 내용은 전 점유자의 점유를 아울러 주장하는 경우에도 동일하게 적용된다.

(2) 자주점유와 평온·공연한 점유

① 소유의 의사는 점유개시 시에 있으면 족하다.
② 자주점유의 추정: 상대방이 점유자의 점유가 타주점유임을 입증하여야 한다.

권원이 없음이 밝혀진 경우		자주점유의 추정은 깨어진다.
권원이 있음이 밝혀진 경우	권원의 성질이 분명한 경우	
	권원의 성질이 불분명한 경우	자주점유로 추정된다.
권원의 존부가 불분명한 경우		

③ **자주점유의 추정의 번복**: 점유자의 점유가 악의의 무단점유로 입증된 경우에는 자주점유의 추정이 번복된다.

철조망사건

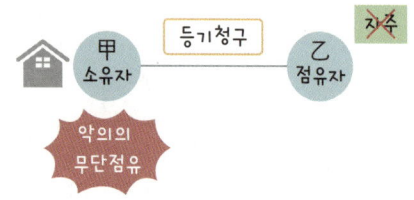

④ 점유자는 평온하고 공연하게 점유한 것으로 추정되고, 이때의 점유는 직접점유뿐만 아니라 간접점유도 포함된다.

(3) 등기

① 점유취득시효가 완성한 경우에는 등기를 하여야 소유권을 취득한다(제187조의 예외 ∴ 미등기부동산도 등기해야 소유권을 취득함).
② 취득시효로 인한 소유권의 취득은 원시취득이다.
③ 취득시효로 인한 권리취득의 효과는 점유를 개시한 때에 소급한다.

6 취득시효완성 후의 법률관계 34회·36회

(1) 소유자와 시효완성자 사이의 관계

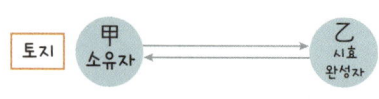

① 소유권에 기한 물권적 청구권: X
② 부당이득반환청구권: X
③ 불법행위로 인한 손해배상청구권: X

① 소유권에 기한 물권적 청구권: X
② 점유권에 기한 물권적 청구권: O

① 소유자는 시효완성자를 상대로 어떠한 내용의 청구도 할 수 없다(소유권에 기한 물권적 청구권 X, 부당이득반환청구권 X, 불법행위로 인한 손해배상청구권 X).
② 시효완성자는 소유자를 상대로 점유권에 기한 물권적 청구권을 행사할 수 있다(소유권에 기한 물권적 청구권 X).
③ 시효완성자는 원소유자에 의하여 취득시효가 완성된 토지에 설정된 근저당권의 피담보채무를 변제한 후 변제액 상당에 대하여 원소유자에게 구상권을 행사하거나 부당이득반환청구권을 행사할 수 없다.

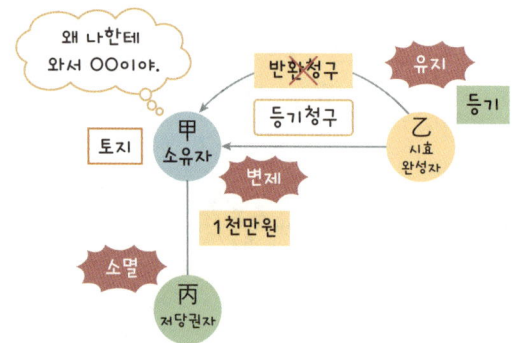

(2) 취득시효완성으로 인한 등기청구권

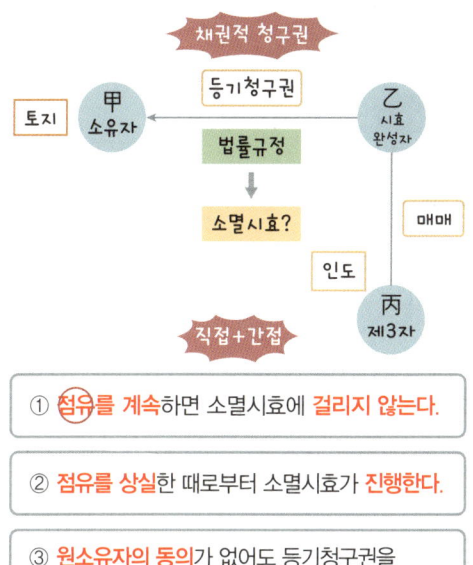

① 발생원인과 법적 성질: 법률규정에 의해 발생하는 채권적 청구권
② 소멸시효 여부: 시효완성자(시효취득자)가 목적물을 계속 점유하고 있는 한 취득시효완성으로 인한 등기청구권은 소멸시효에 걸리지 않는다(이때의 점유는 직접점유·간접점유를 불문함).
③ 취득시효완성 후 시효완성자가 제3자에게 부동산을 처분한 경우: 소유자에 대한 등기청구권이 소멸하는 것은 아니나 점유상실 시부터 등기청구권의 소멸시효는 진행한다.
④ 등기청구의 상대방: 취득시효완성 당시의 소유자
⑤ 시효완성 당시의 소유권보존등기가 무효라면 그 등기명의인은 원칙적으로 시효완성을 원인으로 한 소유권이전등기청구의 상대방이 될 수 없다.

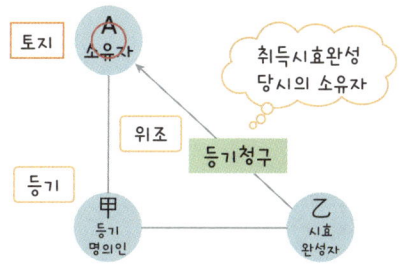

전 ○
㉠ 취득시효완성 전에 부동산의 소유권을 취득한 제3자에 대해서는 취득시효를 주장할 수 있다.
㉡ 재취득시효 기간 중 소유자의 변동이 있는 경우 재취득시효완성 당시의 소유자에게 취득시효를 주장할 수 있다.
㉢ 취득시효완성 후 등기 전에 제3자에게 소유권이전등기가 경료되었다가 다시 취득시효완성 당시의 소유자에게로 소유권이 회복된 경우에는 취득시효를 주장할 수 있다.

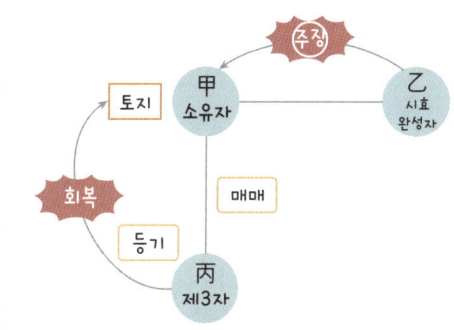

후 ✕
㉠ 취득시효완성 후에 부동산의 소유권을 취득한 제3자에 대해서는 원칙적으로 취득시효를 주장할 수 없다(재취득시효는 가능함).
㉡ 명의신탁된 부동산에 대해 점유취득시효가 완성된 후 명의신탁이 해지되어 명의신탁자에게 소유권이 이전된 경우 시효완성자는 명의신탁자에게 취득시효를 주장할 수 없다.

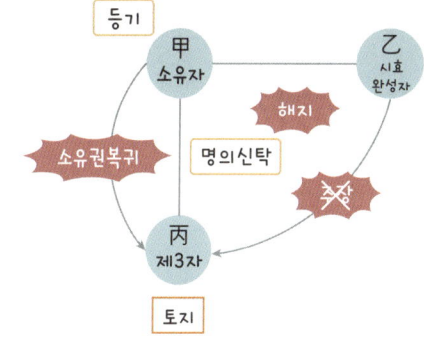

㉢ 시효완성 전에 이미 가등기가 존재하는 경우 시효완성자는 가등기에 기해 본등기를 경료한 제3자에게 취득시효를 주장할 수 없다.

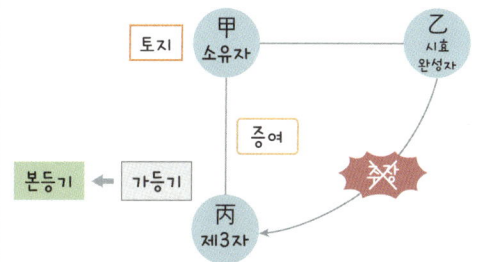

(3) 시효완성자로부터 점유를 승계한 자의 등기청구방법

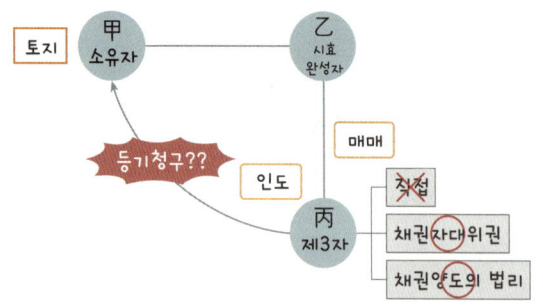

직접 X	시효완성자로부터 점유를 승계한 자는 전 점유자의 취득시효완성의 효과를 주장하여 부동산소유자에게 직접 자기 앞으로 소유권이전등기를 하여 줄 것을 청구할 수는 없다(점유 자체와 하자만을 승계하는 것이지 취득시효완성으로 인한 법률효과까지 승계하는 것은 아님).
대위 ○	시효완성자로부터 점유를 승계한 자는 시효완성자의 등기청구권을 대위(代位)행사할 수 있다.
채권양도의 법리 ○	취득시효완성으로 인한 등기청구권은 통상의 채권양도의 법리에 따라 양도할 수 있다. 따라서 등기청구권 양도사실에 대한 통지만 있으면 시효완성자로부터 등기청구권을 양수받은 자는 원소유자의 동의가 없더라도 직접 자기에게 소유권이전등기를 하여 줄 것을 청구할 수 있다.

(4) 취득시효완성 후 소유자가 제3자에게 부동산을 양도한 경우

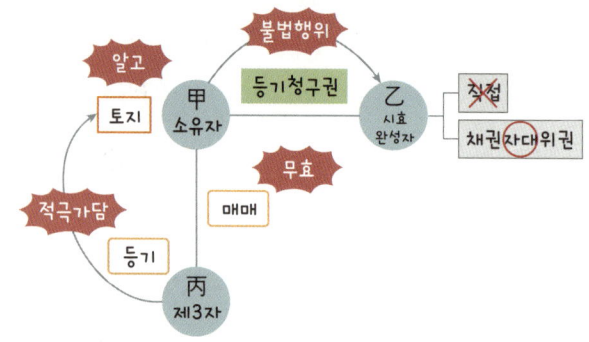

원칙	취득시효완성 후 소유자가 제3자에게 부동산을 양도하더라도 소유자는 원칙적으로 시효완성자에게 아무런 책임을 지지 않는다.
불법행위 책임	소유자가 시효완성사실을 알고 제3자에게 부동산을 양도한 경우에는 소유자는 시효완성자에게 불법행위책임을 진다(채무불이행책임 ×).
적극 가담론	① 소유자의 불법행위에 제3자가 적극가담한 경우 소유자와 제3자의 법률행위는 반사회적 법률행위에 해당한다(소유자와 제3자가 가장매매한 경우도 동일함). ② 이 경우 시효완성자는 소유자를 대위(代位)하여 제3자에게 소유자 앞으로 소유권이전등기를 하여 줄 것을 청구할 수 있다.

(5) 취득시효완성 후 토지가 수용된 경우

토지가 수용되기 전에 시효완성자가 등기청구권을 행사하거나 취득시효를 주장한 경우에는 대상청구권을 행사하여 토지소유자를 상대로 수용보상금청구권의 양도를 청구할 수 있다.

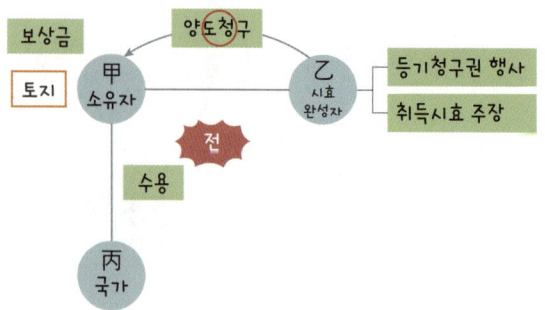

7 취득시효의 중단과 포기

① 소유자가 점유자에게 물권적 청구권을 행사하는 것은 취득시효 중단사유에 해당한다.
② 취득시효가 완성되기 전에 소유자가 제3자에게 부동산을 처분하는 것은 취득시효 중단사유에 해당하지 않고, 부동산에 대한 압류·가압류도 취득시효 중단사유에 해당하지 않는다.
③ 시효완성자가 취득시효완성 후 소유자에게 부동산의 매수를 제의한 것은 취득시효이익의 포기에 해당하지 않는다.
④ 취득시효완성 후 아무런 하자 없이 여러 차례 국유재산 대부계약을 체결하거나, 대부계약을 체결하고 계약 전에 밀린 점용료를 변상금이란 명목으로 납부한 것은 취득시효이익의 포기에 해당한다.

8 등기부취득시효

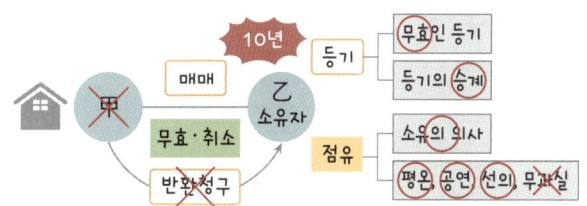

① 부동산의 소유자로 등기한 자가 10년간 소유의 의사로 평온, 공연하게 선의이며 과실 없이 그 부동산을 점유한 때에는 소유권을 취득한다.
② 선의·무과실은 등기에 관한 요건이 아니고 점유에 관한 요건이다.
③ 점유자의 점유는 평온·공연·선의로 추정되나, 무과실은 추정되지 않는다. 따라서 무과실에 대한 입증책임은 그 시효취득을 주장하는 자에게 있다.
④ 등기부취득시효에 있어서의 등기는 적법·유효한 등기에 한하지 않고 무효인 등기라도 무방하다.
⑤ 등기의 승계도 인정된다. 따라서 시효취득자 명의로 10년간 등기되어 있어야 하는 것은 아니고 전주명의의 등기기간까지 합쳐서 10년간 소유자로 등기되어 있으면 충분하다.
⑥ 등기부취득시효가 완성된 후 점유자 명의의 등기가 말소되거나 적법한 원인 없이 다른 사람 앞으로 소유권이전등기가 경료되더라도 점유자는 소유권을 상실하지 않는다.

9 무주물 선점, 유실물 습득, 매장물 발견

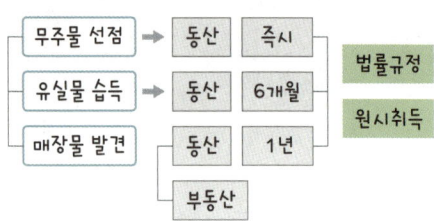

(1) 무주물 선점
① 무주의 동산을 소유의 의사로 점유한 자는 즉시 그 소유권을 취득한다.
② 무주의 부동산은 국유로 한다.
③ 야생하는 동물은 무주물로 하고, 사양하는 야생동물도 다시 야생상태로 돌아가면 무주물로 한다.

(2) 유실물 습득
① 유실물은 법률(유실물법)에 정한 바에 의하여 공고한 후 6개월 내에 그 소유자가 권리를 주장하지 아니하면 습득자가 그 소유권을 취득한다.
② 보상청구의 범위: 유실물건의 가액의 100분의 5 이상 100분의 20 이하

(3) 매장물 발견
① 매장물은 법률(유실물법)에 정한 바에 의하여 공고한 후 1년 내에 그 소유자가 권리를 주장하지 아니하면 발견자가 그 소유권을 취득한다.
② 타인의 토지 기타 물건으로부터 발견한 매장물은 그 토지 기타 물건의 소유자와 발견자가 절반하여 취득한다.

10 첨부(부합·혼화·가공)

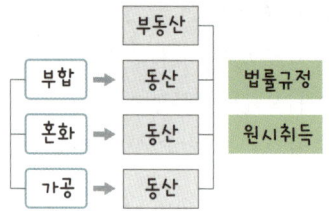

(1) 부합
① 부동산에의 부합

> 제256조【부동산에의 부합】부동산의 소유자는 그 부동산에 부합한 물건의 소유권을 취득한다. 그러나 타인의 권원에 의하여 부속된 것은 그러하지 아니하다.

① 원칙: **부동산의 소유자**
② 권원에 의하여 부속된 때: **부속시킨 자의 소유**

부합물	부동산에의 부합에 있어서 부합물은 동산에 한하지 않고 부동산도 포함된다.
부합 여부	㉠ 건물은 토지에 부합하지 않는다. ㉡ 입목(입목에 관한 법률에 의하여 등기된 수목의 집단)과 명인방법을 갖춘 수목의 집단은 토지에 부합하지 않는다(그 외 수목의 집단은 토지에 부합함). ㉢ 타인의 토지에 권원 없이 농작물을 심어 그 농작물이 수확기에 이른 경우 농작물은 토지에 부합하지 않고 언제나 경작자의 소유이다. ㉣ 기존 건물을 증축 또는 개축한 경우 그 증축 또는 개축한 부분이 기존 건물과 독립성이 있는 경우에는 기존 건물에 부합하지 않는다.

심's 출제포인트

❶ 토지소유자와 사용대차계약을 맺은 사용차주가 자신 소유의 수목을 그 토지에 식재한 경우, 그 수목의 소유권은 사용차주에게 있다.

❷ 토지소유자의 승낙 없이 임차인의 승낙만 받고 그 토지에 수목을 심은 자는 토지소유자에 대하여 수목의 소유권을 주장할 수 없다.

❸ 매도인에게 소유권이 유보된 자재가 제3자와 매수인 사이에 이루어진 도급계약의 이행으로 제3자 소유 건물의 건축에 사용되어 부합된 경우, 제3자가 자재의 소유권이 유보된 사실을 과실 없이 알지 못한 때에는 매도인은 그에 관한 보상을 청구할 수 없다.

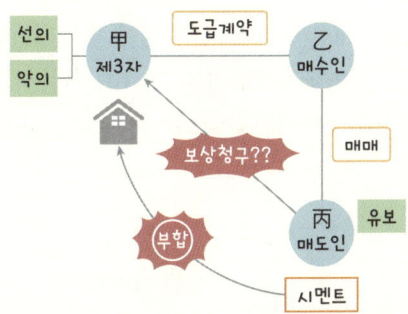

❹ 임차인이 임차한 건물에 그 권원에 의하여 증축한 부분이 구조상·이용상으로 기존 건물과 구분되는 독립성이 있는 경우 그 증축부분은 독립한 소유권의 객체가 될 수 있다.

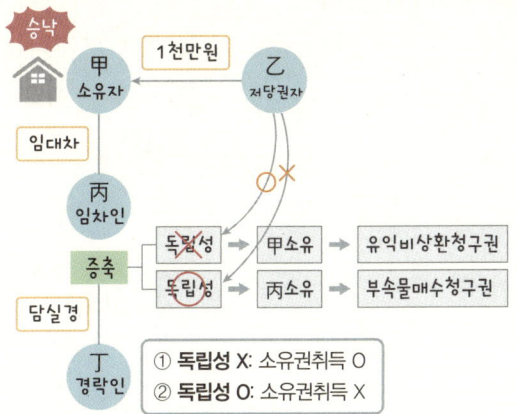

❺ 기존 건물에 부합된 증축부분이 기존 건물에 대한 경매절차에서 경매목적물로 평가되지 아니한 경우라도 경락인은 증축부분의 소유권을 취득한다.

② 동산 간의 부합

> 제257조【동산 간의 부합】동산과 동산이 부합하여 훼손하지 아니하면 분리할 수 없거나 그 분리에 과다한 비용을 요할 경우에는 그 합성물의 소유권은 주된 동산의 소유자에게 속한다. 부합한 동산의 주종을 구별할 수 없는 때에는 동산의 소유자는 부합 당시의 가액의 비율로 합성물을 공유한다.

① 주종 구별 O: **주된 동산의 소유자**
② 주종 구별 X: 부합 당시 가액비율로 **공유**

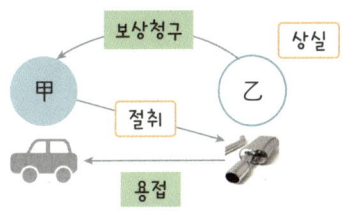

(2) 혼화

① 주종을 구별할 수 있는 경우에는 주된 동산의 소유자가 소유권을 취득한다.

① 주종 구별 O: **주된 동산의 소유자**
② 주종 구별 X: 혼화 당시 가액비율로 **공유**

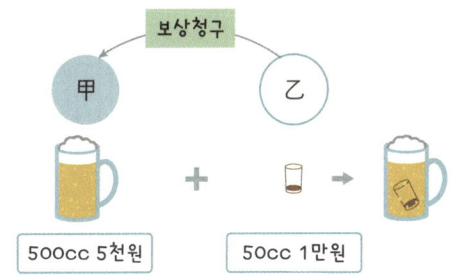

② 주종을 구별할 수 없는 경우에는 각 동산의 소유자는 혼화 당시의 가액의 비율로 합성물을 공유한다.

(3) 가공

제259조【가공】① 타인의 동산에 가공한 때에는 그 물건의 소유권은 원재료의 소유자에게 속한다. 그러나 가공으로 인한 가액의 증가가 원재료의 가액보다 현저히 다액인 때에는 가공자의 소유로 한다.

① 원칙: **원재료의 소유자**
② 가액의 증가가 현저히 다액: **가공자의 소유**

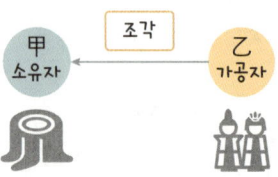

11 소유권에 기한 물권적 청구권

제213조【소유물반환청구권】소유자는 그 소유에 속한 물건을 점유한 자에 대하여 반환을 청구할 수 있다. 그러나 점유자가 그 물건을 점유할 권리가 있는 때에는 반환을 거부할 수 있다.
제214조【소유물방해제거, 방해예방청구권】소유자는 소유권을 방해하는 자에 대하여 방해의 제거를 청구할 수 있고 소유권을 방해할 염려 있는 행위를 하는 자에 대하여 그 예방이나 손해배상의 담보를 청구할 수 있다.

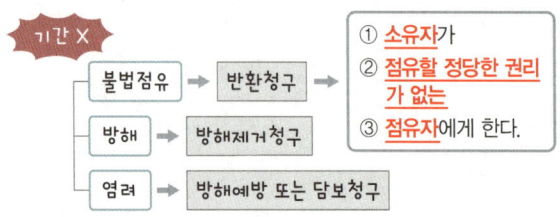

① 소유자는 물권적 청구권에 의하여 방해제거비용 또는 방해예방비용을 청구할 수는 없다.
② 소유권이전등기를 경료받기 전에 토지를 인도받은 매수인으로부터 다시 토지를 매수하여 점유·사용하고 있는 자에 대하여 매도인은 소유권에 기한 반환청구권을 행사할 수 없다.

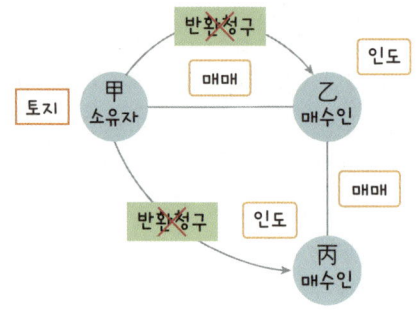

③ 불법점유자라고 하여도 그 목적물을 다른 사람에게 인도하여 현실적으로 점유하고 있지 않는 자에 대해서는 소유권에 기한 반환청구를 할 수 없다.
④ 지상권을 설정한 토지소유자는 불법점유자에 대하여 물권적 청구권을 행사할 수는 있으나, 불법행위를 이유로 손해배상을 청구할 수는 없다.
⑤ 소유물에 대한 방해가 있는 경우 방해의 원인에 대해서는 방해제거청구권을 행사하여야 하고, 방해의 결과에 대해서는 손해배상청구권을 행사하여야 한다.

12 공동소유 일반

구분	공유	합유	총유
지분	공유지분	합유지분	지분이 없음
지분처분	자유	전원의 동의	없음
분할청구	자유	조합이 존속하는 동안은 불가	불가
보존행위	각자가 단독으로	각자가 단독으로	사원총회의 결의
관리행위	지분의 과반수	조합계약 ⇨ 조합원의 과반수	사원총회의 결의
물건의 처분·변경행위	전원의 동의	전원의 동의	사원총회의 결의
사용·수익	지분의 비율로 공유물 전부	조합계약 ⇨ 지분비율	정관 기타 규약

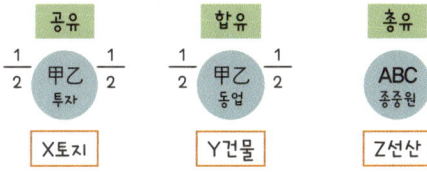

13 공유의 법률관계

① 공유**지분**처분: **자유**
② **공유물**처분: **전원의 동의**
③ 공유물의 **보존행위**: **각자가 단독으로**
④ 공유물의 **관리행위**: **지분의 과반수**
⑤ 공유물의 **사용·수익**: **공유물 전부**를 **지분비율**로 사용·수익
⑥ 공유물의 **관리비용** 기타 의무부담: **지분비율**
⑦ 공유물**분할**: **자유**

① '공유(共有)'란 1개의 소유권을 수인이 분량적으로 나누어 가지는 경우를 말한다.
② 지분비율은 공유자 사이의 약정 또는 법률규정에 의하여 정하여지나, 그것이 분명하지 않은 경우에는 균등한 것으로 추정한다.
③ 공유자가 그 지분을 포기하거나 상속인 없이 사망한 때에는 그 지분은 다른 공유자에게 각 지분의 비율로 귀속한다.

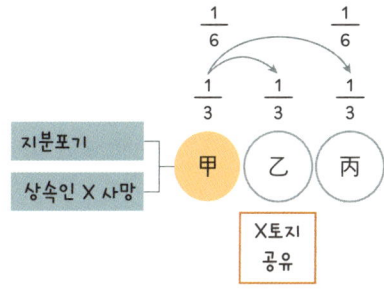

④ 각 공유자는 자유로이 자신의 지분을 처분할 수 있다.
⑤ 공유자는 다른 공유자의 동의 없이 공유물을 처분하거나 변경할 수 없다.
⑥ 공유물의 보존행위는 각자가 단독으로 할 수 있다.
⑦ 공유물의 관리에 관한 사항은 공유자 지분의 과반수로써 결정한다.
⑧ 공유자는 공유물 전부를 지분비율로 사용·수익할 수 있다.
⑨ 공유자는 그 지분비율로 공유물의 관리비용 기타 의무를 부담한다.

심's 출제포인트

❶ 취득시효의 중단과 같은 물권적 청구권의 행사는 공유물의 보존행위에 해당한다. 따라서 공유자는 자신의 지분에 관하여 단독으로 제3자의 취득시효를 중단시킬 수 있다.
❷ 공유자가 다른 공유자의 지분권을 대외적으로 주장하는 것은 공유물의 보존행위가 아니다.
❸ 공유물의 관리에 관한 사항은 지분의 과반수로써 결정하므로 과반수지분을 가진 공유자는 공유물의 관리방법으로서 공유물의 특정부분을 배타적으로 사용할 수 있다. 그러나 관리란 공유물의 이용·개량을 말하므로 나대지에 건물을 건축하는 것은 관리의 범위를 넘는 것이므로 허용되지 않는다.
❹ 공유자가 공유물을 타인에게 임대하는 행위 및 그 임대차계약을 해지하는 행위는 공유물의 관리행위에 해당하므로 지분의 과반수로써 결정하여야 한다.
❺ 공유자 간의 공유물관리에 관한 특약은 공유지분의 본질적인 부분을 침해하지 않는 한 공유자의 특정승계인에 대하여도 당연히 승계된다.
❻ 공유지분의 포기는 상대방 있는 단독행위에 해당하고, 부동산 공유자의 공유지분 포기는 제186조에 의하여 등기를 하여야 포기에 따른 물권변동의 효력이 발생한다.

14 공유의 주장
32회·36회

① 공유자의 1인은 공유물에 관한 보존행위로서 제3자에 대하여 등기 전부의 말소를 청구할 수 있다.

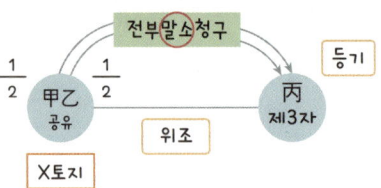

② 공유자 중의 1인이 부정한 방법으로 공유물 전부에 관한 소유권이전등기를 그 단독명의로 경료한 경우 다른 공유자는 공유물의 보존행위로서 단독명의로 등기를 경료하고 있는 공유자에 대하여 그 공유자의 공유지분을 제외한 나머지 공유지분 전부에 관하여 소유권이전등기 말소등기절차의 이행을 청구할 수 있다.

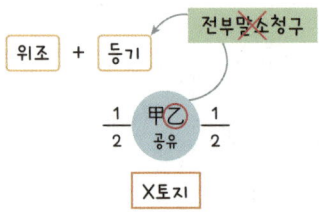

③ 과반수지분권자는 공유물의 관리에 관한 사항을 단독으로 결정할 수 있으므로 공유물의 특정부분을 배타적으로 사용·수익할 것을 정할 수 있다. 다만, 이 경우에도 공유물을 전혀 사용·수익하지 않고 있는 다른 공유자에 대하여 그 지분에 상응하는 부당이득반환의무는 있다.

④ 공유물의 소수지분권자가 다른 공유자와의 협의 없이 공유물을 배타적으로 점유하는 경우 다른 소수지분권자는 공유물의 보존행위로서 공유물의 인도를 청구할 수는 없고, 공유물에 대한 공동점유·사용을 방해하는 소수지분권자의 행위에 대한 방해금지나 소수지분권자가 설치한 지상물의 제거 등 방해제거만을 청구할 수 있다.

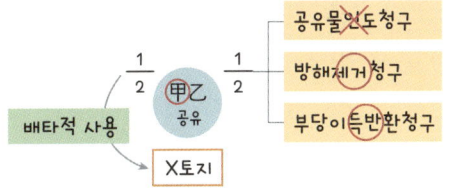

⑤ 일부 공유자가 공유물의 전부를 배타적으로 사용·수익하든 자신의 지분비율에 상응하는 부분을 배타적으로 사용·수익하든 공유물을 전혀 사용·수익하지 않고 있는 다른 공유자에 대하여 그 지분에 상응하는 부당이득반환의무가 있다.

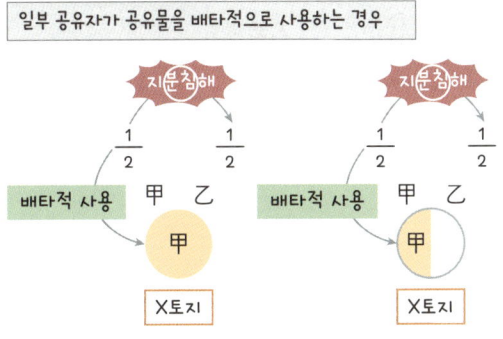

⑥ 과반수지분의 공유자로부터 사용·수익을 허락받은 점유자에 대하여 소수지분권자는 건물의 철거나 퇴거 등 점유배제를 청구할 수 없다.

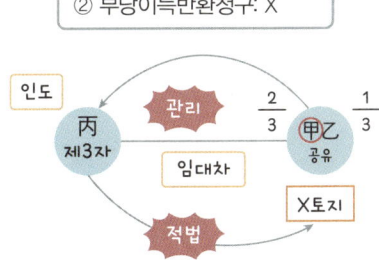

⑦ 과반수지분의 공유자로부터 공유물의 특정부분의 사용·수익을 허락받은 점유자에 대하여 소수지분권자는 자신의 지분에 상응하는 부당이득반환을 청구할 수 없다.

15 공유물의 분할

제268조【공유물의 분할청구】① 공유자는 공유물의 분할을 청구할 수 있다. 그러나 5년 내의 기간으로 분할하지 아니할 것을 약정할 수 있다.
② 전항의 계약을 갱신한 때에는 그 기간은 갱신한 날로부터 5년을 넘지 못한다.
③ 전2항의 규정은 제215조, 제239조의 공유물에는 적용하지 아니한다.

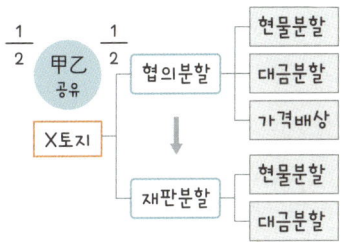

① 공유자는 언제든지 자유롭게 공유물의 분할을 청구할 수 있다. 그러나 공유자는 5년 내의 기간으로 분할하지 아니할 것을 약정할 수 있고, 그 특약을 갱신한 날로부터 5년을 넘지 않는 범위에서 갱신할 수 있다.
② 공유물분할청구권은 형성권이므로 공유물분할청구권을 행사하면 각 공유자 사이에는 공유물의 분할을 실현할 법률관계가 발생한다.
③ 분할방법: 협의분할 ⇨ 재판분할

협의분할	㉠ 현물분할(원칙): 공유물을 그대로 양적으로 분할하는 방법 ㉡ 대금분할: 공유물을 매각하여 그 대금을 분할하는 방법 ㉢ 가격배상: 공유자의 한 사람이 단독소유권을 취득하고 다른 공유자에게 지분의 가격을 지급하는 방법
재판분할	㉠ 현물분할(원칙): 분할을 원하는 공유자의 지분만큼은 현물분할하고, 분할을 원하지 않는 공유자는 계속 공유로 남게 할 수 있음 ㉡ 물건의 경매: 현물분할이 불가능하거나 현저한 가액감소가 염려될 경우

④ 공유물을 분할한 경우 공유자는 다른 공유자가 분할로 인하여 취득한 물건에 대하여 그의 지분 비율에 따라 매도인과 같은 담보책임을 진다.
⑤ 공유물의 분할은 소급효가 없다.

심's 출제포인트
❶ 공유자 사이에 이미 분할에 관한 협의가 성립된 경우에는 공유물분할청구소송을 제기할 수 없다.
❷ 공유물분할청구소송은 공유자 전원이 모두 재판절차에 참가하여야 한다.

16 합유
34회 · 36회

① 합유**지분**처분: **전원의 동의**
② **합유물**처분: **전원의 동의**
③ 합유물의 **보존**행위: 각자가 단독으로
④ 합유물의 **관리**행위: 조합계약 ⇨ **조합원**의 과반수
⑤ 합유**분할**: 조합이 존속하는 동안 **불가**

① '합유(合有)'란 수인이 조합체(組合體)로서 물건을 소유하는 경우를 말한다.
② 합유자의 권리(합유지분)는 합유물 전부에 미친다.
③ 합유자는 다른 합유자의 동의 없이 합유물에 대한 지분을 처분할 수 없다.
④ 부동산의 합유자 중 일부가 사망한 경우 특별한 사정이 없는 한 합유지분은 상속인에게 승계되지 않는다. 따라서 해당 부동산은 잔존 합유자가 2인 이상일 때에는 잔존 합유자의 합유로 귀속되고, 잔존 합유자가 1인인 때에는 잔존 합유자의 단독소유로 귀속된다.
⑤ 합유재산을 합유자의 1인이 단독명의로 등기를 한 경우 그 등기는 전부무효이다.
⑥ 합유물의 보존행위는 각자가 단독으로 할 수 있다. 따라서 합유물에 관하여 경료된 원인무효의 소유권이전등기의 말소를 구하는 소송은 합유물에 관한 보존행위로서 합유자 각자가 할 수 있다.
⑦ 합유물을 처분 또는 변경함에는 합유자 전원의 동의가 있어야 한다.

⑧ 조합체가 존속하는 한 합유자는 합유물의 분할을 청구할 수 없다(조합체가 해산하는 경우에는 합유물의 분할을 청구할 수 있고 이 경우에는 공유물분할에 관한 규정이 준용됨).
⑨ 합유지분의 포기는 제186조에 의하여 등기를 하여야 공유지분 포기에 따른 물권변동의 효력이 발생한다.

17 총유

① 총유**지분**: X
② **총유물**처분: **사원총회의 결의**
③ **총유물**의 **보존**행위: **사원총회의 결의**
④ 총유물의 **관리**행위: 사원총회의 결의
⑤ 총유물**분할**: X

① '총유(總有)'란 권리능력 없는 사단(법인 아닌 사단, 비법인사단)의 사원이 집합체로서 물건을 소유하는 경우를 말한다.
② 총유물의 보존행위는 사원총회의 결의에 의한다.
③ 총유물의 관리 및 처분은 사원총회의 결의에 따른다.
④ 각 사원은 정관이나 기타 규약에 따라 총유물을 사용하고 수익할 수 있다.
⑤ 주택조합의 대표자가 조합원총회의 결의를 거치지 아니하고 건물을 처분한 행위에 관하여는 제126조의 표현대리에 관한 규정을 준용할 수 없다.

POINT 05 용익물권

1 지상권 일반

제279조 【지상권의 내용】 지상권자는 타인의 토지에 건물 기타 공작물이나 수목을 소유하기 위하여 그 토지를 사용하는 권리가 있다.

제280조 【존속기간을 약정한 지상권】 ① 계약으로 지상권의 존속기간을 정하는 경우에는 그 기간은 다음 연한보다 단축하지 못한다.
1. 석조, 석회조, 연와조 또는 이와 유사한 견고한 건물이나 수목의 소유를 목적으로 하는 때에는 30년
2. 전호 이외의 건물의 소유를 목적으로 하는 때에는 15년
3. 건물 이외의 공작물의 소유를 목적으로 하는 때에는 5년
② 전항의 기간보다 단축한 기간을 정한 때에는 전항의 기간까지 연장한다.

제281조 【존속기간을 약정하지 아니한 지상권】 ① 계약으로 지상권의 존속기간을 정하지 아니한 때에는 그 기간은 전조의 최단 존속기간으로 한다.
② 지상권설정 당시에 공작물의 종류와 구조를 정하지 아니한 때에는 지상권은 전조 제2호의 건물의 소유를 목적으로 한 것으로 본다.

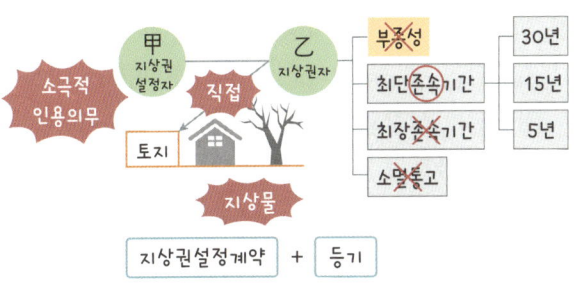

① **지상권**: 지상물(건물 기타 공작물이나 수목)을 소유하기 위하여 타인의 토지를 직접 사용하는 권리
  ⇨ 토지에 대한 권리(토지소유자에 대한 권리 ✕)
② 법률행위에 의한 지상권은 지상권설정계약과 등기에 의해 성립하며, 지료의 지급은 지상권의 성립요건이 아니다.
③ 지상권에는 부종성이 없다. 따라서 현재 건물 기타 공작물이나 수목이 없더라도 지상권은 성립할 수 있고, 기존의 건물 기타 공작물이나 수목이 멸실하더라도 존속기간이 만료되지 않는 한 지상권은 존속한다.
④ 지상권자는 지상물소유권을 유보한 채 지상권만을 양도할 수도 있고, 또 지상권을 유보한 채 지상물소유권만을 양도할 수도 있다.
⑤ 지상권에는 최단존속기간 제한규정이 있다.

30년	석조, 석회조, 연와조 또는 이와 유사한 견고한 건물이나 수목의 소유를 목적으로 하는 경우
15년	그 외의 건물의 소유를 목적으로 하는 경우
5년	건물 이외의 공작물의 소유를 목적으로 하는 경우

⑥ 최단존속기간 제한규정은 지상물의 소유를 목적으로 지상권을 설정하는 경우에만 적용되므로 기존 건물의 '사용'을 목적으로 지상권을 설정하는 경우에는 적용되지 않는다.
⑦ 지상권에는 최장존속기간 제한규정이 없다. 따라서 영구무한의 지상권설정도 가능하다.
⑧ 계약으로 지상권의 존속기간을 정하지 않은 경우에는 최단존속기간을 그 존속기간으로 한다(지상권에는 소멸통고제도가 없음).
⑨ 지상권설정 당시에 공작물의 종류와 구조를 정하지 않은 경우에는 지상권의 존속기간은 15년으로 본다. 따라서 수목의 소유를 목적으로 하는 지상권의 존속기간은 언제나(존속기간을 정했든 정하지 않았든) 최소한 30년간 보장된다.
⑩ 지상권의 존속기간이 만료한 경우 당사자는 합의에 의하여 지상권설정계약을 갱신할 수 있다. 다만, 지상권의 존속기간은 갱신한 날로부터 최단존속기간보다 단축하지 못한다(이보다 장기의 기간을 정할 수는 있음).

2 지상권자의 갱신청구권과 지상물매수청구권

제283조 【지상권자의 갱신청구권, 매수청구권】 ① 지상권이 소멸한 경우에 건물 기타 공작물이나 수목이 현존한 때에는 지상권자는 계약의 갱신을 청구할 수 있다.
② 지상권설정자가 계약의 갱신을 원하지 아니하는 때에는 지상권자는 상당한 가액으로 전항의 공작물이나 수목의 매수를 청구할 수 있다.

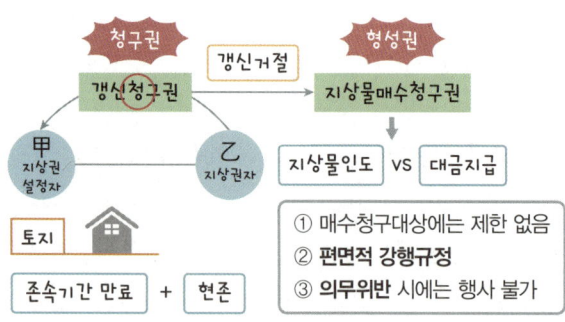

① **갱신청구권**: 지상권이 존속기간의 만료로 소멸된 때에 지상권이 설정된 토지 위에 건물 기타 공작물이나 수목이 현존한 때에는 지상권자는 계약의 갱신을 청구할 수 있다.
② 갱신청구권은 청구권이다. 따라서 지상권자가 갱신청구권을 행사하더라도 곧바로 갱신의 효과가 발생하는 것이 아니라 지상권설정자가 갱신청구에 응하여 갱신계약을 체결하여야 갱신의 효과가 발생한다.
③ 갱신청구권은 지상권의 존속기간 만료 후 지체 없이 행사하여야 한다. 따라서 지상권의 존속기간 만료 후 지체 없이 갱신청구권을 행사하지 않은 경우에는 지상물매수청구권도 행사할 수 없다.
④ **지상물매수청구권**: 지상권설정자가 지상권자의 갱신청구를 거절한 경우 지상권자는 상당한 가액으로 지상물의 매수를 청구할 수 있다. 지상물매수청구권은 형성권이다. 따라서 지상권자가 지상물매수청구권을 행사하면 지상권설정자의 승낙 없이도 곧바로 지상물에 관한 매매계약이 성립한다.
⑤ 지상물매수청구의 대상에는 제한이 없다(지상물이 현존하기만 하면 됨). 다만, 지상권설정자가 지상권자의 지료체납을 이유로 지상권소멸청구를 하여 지상권이 소멸된 경우에는 지상권자는 지상물매수청구권을 행사할 수 없다.

3 지상권의 효력   34회

(1) 토지사용권

① 지상권자는 설정행위로 정한 목적범위 내에서 토지를 직접 사용할 수 있고, 지상권설정자는 지상권자의 토지사용을 방해해서는 안 되는 소극적인 인용의무를 부담한다.
② 지상권자에게 필요비상환청구는 인정되지 않고 유익비상환청구권만 인정된다.
③ 지상권자와 인지소유자(지상권자, 전세권자, 임차인 포함) 사이에는 상린관계에 관한 규정이 준용된다.
④ 지상권이 침해된 경우 지상권자는 지상권에 기한 물권적 청구권뿐만 아니라 점유권에 기한 물권적 청구권도 행사할 수 있다.

(2) 지상권의 처분

① 지상권자는 지상권설정자의 동의 없이 타인에게 지상권을 양도하거나 지상권의 존속기간 내에서 지상권이 설정된 토지를 임대할 수 있고, 또한 지상권을 담보로 제공할 수 있다.

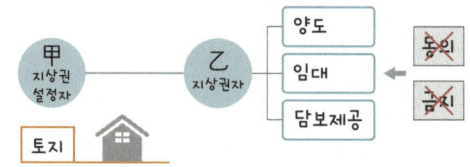

② 지상권의 처분은 설정행위로써 금지할 수 없다.

③ 지상권이 저당권의 목적인 경우 지료연체를 이유로 한 지상권소멸청구는 저당권자에게 통지한 후 상당한 기간이 경과한 후에 효력이 발생한다.

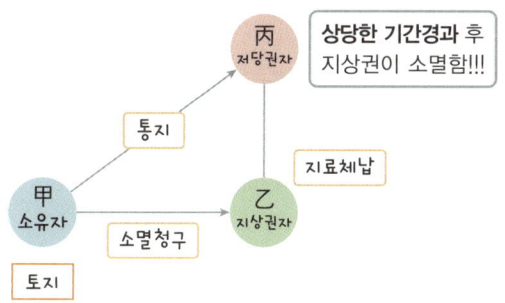

(3) 지료지급의무

① 지료에 관한 약정이 있는 때에는 지상권자는 지료지급의무를 부담한다(지상권설정자의 지료지급청구권은 청구권임). 지료는 금전에 한하지 않는다. 지료가 토지에 관한 조세 기타 부담의 증감이나 지가의 변동으로 인하여 상당하지 아니하게 된 때에는 당사자는 그 증감을 청구할 수 있다(지료증감청구권은 형성권임).

② 지료에 관한 약정은 이를 등기하지 않으면 토지소유권 또는 지상권을 양수한 자에게 대항할 수 없으며, 이 경우에는 무상의 지상권으로서 지료증액청구권도 발생할 수 없다.

③ 지상권자가 2년 이상의 지료를 지급하지 아니한 때에는 지상권설정자는 지상권의 소멸을 청구할 수 있다. 이때의 '2년'이란 연속된 2년간의 지료체납을 의미하는 것이 아니라 체납한 지료의 합산액이 2년분에 이르면 된다는 의미이다.

④ 지상권자의 지료지급 연체가 토지소유권의 양도 전후에 걸쳐 이루어진 경우 토지양수인에 대한 연체기간이 2년분이 되지 않는다면 양수인은 지상권소멸청구를 할 수 없다.

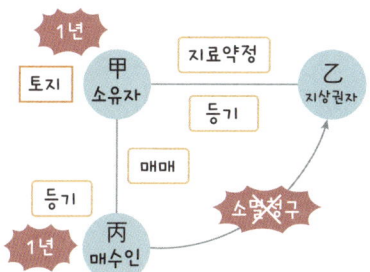

(4) 원상회복의무와 지상권설정자의 지상물매수청구권

① 지상권이 소멸한 때에는 지상권자는 건물 기타 공작물이나 수목을 수거하여 토지를 원상에 회복하여야 한다.

② 지상권이 소멸한 경우에 지상권설정자가 상당한 가액을 제공하여 지상물의 매수를 청구한 때에는 지상권자는 정당한 이유 없이 이를 거절하지 못한다.

(5) 편면적 강행규정

└─ 이에 위반하는 특약으로 지상권자에게 불리한 것은 효력이 없음

① 지상권의 존속기간에 관한 규정
② 지상권자의 갱신청구권과 지상물매수청구권에 관한 규정
③ 지상권의 처분에 관한 규정
④ 지상권소멸청구권에 관한 규정
⑤ 지료증감청구권에 관한 규정

4 구분지상권

제289조의2【구분지상권】 ① 지하 또는 지상의 공간은 상하의 범위를 정하여 건물 기타 공작물을 소유하기 위한 지상권의 목적으로 할 수 있다. 이 경우 설정행위로써 지상권의 행사를 위하여 토지의 사용을 제한할 수 있다.

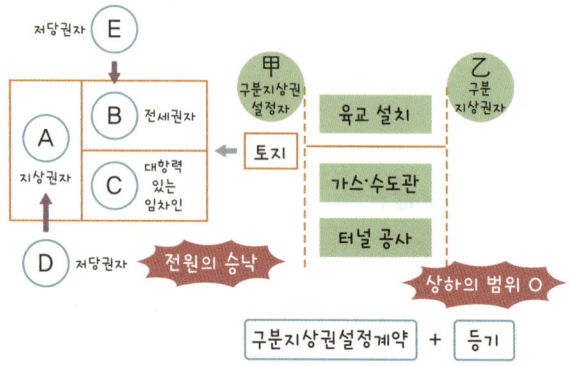

① **구분지상권**: 건물 기타 공작물을 소유하기 위하여 지하 또는 지상의 공간을 사용할 수 있는 권리
  └→ 수목을 소유하기 위해서는 구분지상권을 설정 ✕

② 구분지상권은 구분지상권설정계약과 등기에 의해 성립한다(등기 시에 반드시 토지의 상하 범위를 정하여야 함).

③ 구분지상권에는 지상권의 정의규정을 제외한 모든 규정이 준용된다.

④ 제3자가 토지를 사용·수익할 권리를 가진 경우에는 그 권리자와 그 권리를 목적으로 하는 권리를 가진 자 전원의 승낙이 있어야 구분지상권을 설정할 수 있다.

5 분묘기지권

① **분묘기지권**: 분묘를 소유하기 위하여 기지를 사용할 수 있는 권리

② 세 가지 취득원인

  ㉠ 토지소유자의 승낙을 얻어 분묘를 설치한 경우: 설치 당시 당사자의 약정에 의한 지료지급의무의 존부와 범위는 토지의 승계인에게도 효력이 미친다.

  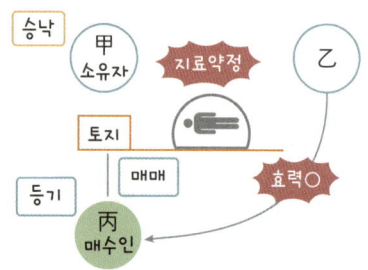

  ㉡ 자기 소유 토지에 분묘를 설치하고 그 토지를 타인에게 양도한 경우: 분묘기지권이 성립한 때부터 지료를 지급하여야 한다.

  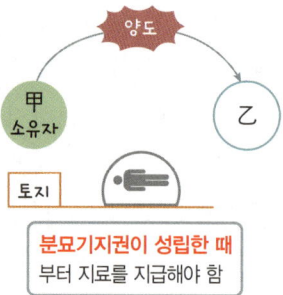

  ㉢ 분묘기지권을 시효취득한 경우: 시효취득할 수 있는 자는 제사주재자(종손)에 한하며, 「장사 등에 관한 법률」 시행 이전에 타인의 토지에 분묘를 설치한 다음 20년간 평온·공연하게 분묘의 기지를 점유함으로써 분묘기지권을 시효로 취득하였더라도, 분묘기지권자는 토지소유자가 지료지급청구를 한 날부터 지료를 지급하여야 한다.

③ 분묘 자체가 공시방법의 기능을 하므로 평장(平葬) 또는 암장(暗葬)된 경우에는 분묘기지권을 취득할 수 없다.

④ 분묘기지권의 범위는 분묘가 설치된 기지에 국한되는 것이 아니고 분묘의 수호 및 제사의 봉행에 필요한 주위의 빈 땅에도 효력이 미친다.

⑤ 기존의 분묘기지권이 미치는 지역적 범위 내에서 부부 합장을 위한 쌍분형태의 분묘를 새로이 설치할 수 없다. 또 부부 중 일방이 먼저 사망하여 이미 그 분묘가 설치되고 그 분묘기지권이 미치는 범위 내에서 그 후에 사망한 다른 일방을 단분형태로 합장하여 분묘를 설치하는 것도 허용되지 않는다.

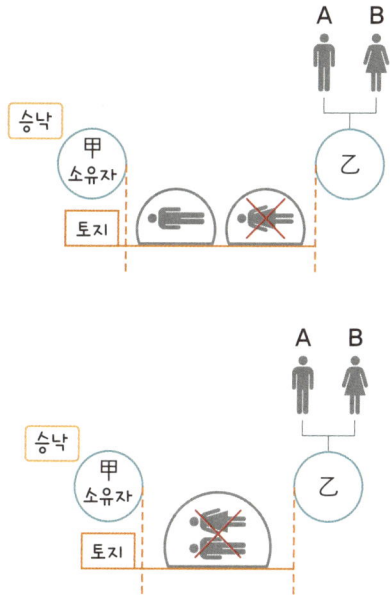

⑥ 분묘기지권은 제사주재자가 취득한다. 제사주재자는 공동상속인들의 협의에 의해 정한다. 협의가 이루어지지 않을 때에는 직계비속 중 남녀, 적서를 불문하고 최근친의 연장자가 제사주재자가 된다.

⑦ 분묘기지권에는 지상권의 존속기간에 관한 규정을 유추적용해서는 안 된다.

⑧ 분묘기지권을 포기하는 의사를 표시한 경우 점유의 포기가 없더라도 분묘기지권은 소멸한다.

⑨ 분묘가 멸실되었더라도 유골이 존재하여 분묘의 원상회복이 가능한 일시적 멸실인 경우에는 분묘기지권이 소멸하지 않는다.

6 법정지상권

① 의의: 토지와 건물이 동일인 소유이었으나, 토지소유자와 건물소유자가 달라져 토지이용권원을 미리 협의할 수 없는 경우 건물의 철거를 방지하기 위하여 건물소유자에 인정되는 권리

민법 제305조 제1항	대지와 건물이 동일한 소유자에 속한 경우에 건물에 전세권을 설정한 때에는 그 대지소유권의 특별승계인은 전세권설정자에 대하여 지상권을 설정한 것으로 본다.
민법 제366조	저당물의 경매로 인하여 토지와 그 지상건물이 다른 소유자에 속한 경우에는 토지소유자는 건물소유자에 대하여 지상권을 설정한 것으로 본다.
「가등기담보 등에 관한 법률」 제10조	토지와 그 위의 건물이 동일한 소유자에게 속한 경우 그 토지나 건물에 대하여 동법에 따른 가등기담보권자가 권리취득에 의한 실행에 의해 소유권을 취득한 경우 그 건물의 소유를 목적으로 그 토지 위에 지상권이 설정된 것으로 본다.
「입목에 관한 법률」 제6조	입목의 경매나 그 밖의 사유로 토지와 그 입목이 각각 다른 소유자에게 속하게 되는 경우에는 토지소유자는 입목소유자에 대하여 지상권을 설정한 것으로 본다.

② 성질: 법정지상권에 관한 규정은 강행규정이다. 따라서 당사자의 특약에 의하여 법정지상권의 성립을 배제할 수 없다.

7 관습법상의 법정지상권　33회·36회

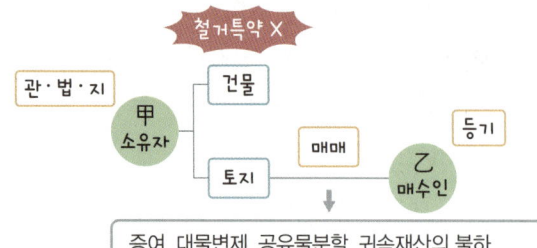

① 의의: 토지와 건물이 동일인 소유이었으나, 그중 어느 하나가 매매 기타 사유로 소유자가 다르게 된 경우에 건물을 철거한다는 특약이 없는 한 건물소유자가 당연히 취득하는 지상권

② 성질: 관습법상의 법정지상권에 관한 규정은 임의규정이다. 따라서 당사자 사이에 건물철거의 특약이 있는 경우에는 관습법상의 법정지상권이 인정되지 않는다.

③ 성립요건

　㉠ 토지와 건물이 동일인 소유일 것

- 토지 위에 건물이 존재하기만 하면 되므로 미등기건물·무허가건물의 경우에도 관습법상의 법정지상권이 인정된다.
- 토지와 건물이 처분 당시에 동일인의 소유이면 되므로 원시적으로 동일인의 소유에 속할 필요는 없다.

　㉡ 토지와 건물 중 어느 하나가 매매 기타 사유로 소유자가 달라질 것

매매 기타 사유 ○	매매 기타 사유 ×
· 매매 · 증여 · 대물변제 · 공유물분할 · 귀속재산의 불하 · 통상의 강제집행(강제경매) · 「국세징수법」에 의한 공매	· 담보권실행경매(임의경매) · 환지처분 · 나대지에 대한 환매

　㉢ 당사자 사이에 건물을 철거한다는 특약이 없을 것: 건물철거특약의 존재를 주장하는 자가 이를 입증하여야 한다.

심's 출제포인트

❶ 토지소유자와 건물소유자가 통상의 강제집행(강제경매)으로 달라진 경우에는 관습법상의 법정지상권이 성립하고, 담보권실행경매로 달라진 경우에는 제366조의 법정지상권이 성립한다.

❷ 환지처분으로 인하여 토지와 그 지상건물의 소유자가 달라진 경우에는 관습법상의 법정지상권이 인정되지 않는다.

❸ 나대지상에 환매특약의 등기가 마쳐진 상태에서 대지소유자가 그 지상에 건물을 신축하고 환매권의 행사에 따라 토지와 건물의 소유자가 달라진 경우, 건물소유자는 관습법상의 법정지상권을 취득할 수 없다.

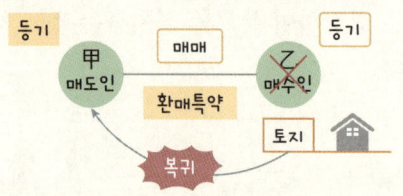

❹ 원래 동일인에게의 소유권귀속이 원인무효(위조서류에 의한 등기 등)로 이루어졌다가 그 뒤 원인무효임이 밝혀져 그 등기가 말소됨으로써 건물과 토지의 소유자가 달라지게 된 경우에는 관습법상의 법정지상권이 인정되지 않는다.

❺ 건물소유자가 관습법상의 법정지상권을 취득한 후 토지소유자와 건물 소유를 위한 임대차계약을 체결한 경우에는 관습법상의 법정지상권을 포기한 것으로 보아야 한다.

❻ 통상의 강제집행(강제경매)의 경우에는 압류의 효력이 발생하는 때에 토지와 건물이 동일인의 소유이면 관습법상의 법정지상권이 인정된다.

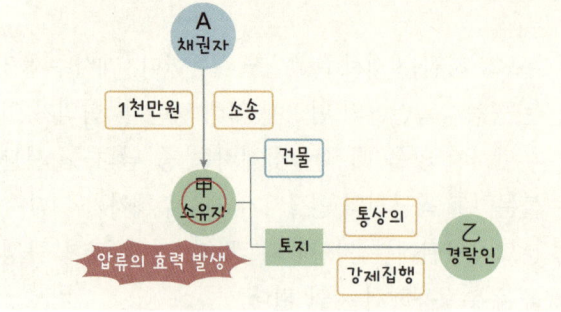

❼ 강제경매의 목적이 된 토지에 대해 압류의 효력이 발생하기 전에 저당권이 설정되었다가 그 후 강제경매로 토지소유자와 건물소유자가 달라진 경우에는 저당권설정 당시에 토지와 건물이 동일인 소유인 경우에 한하여 관습법상의 법정지상권이 인정된다.

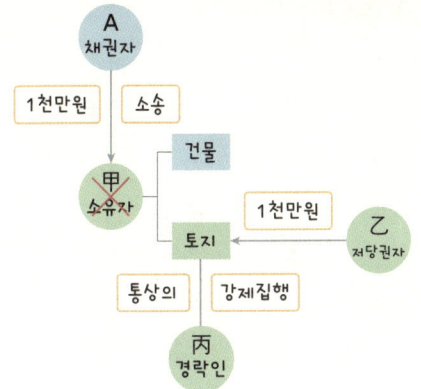

8 담보지상권

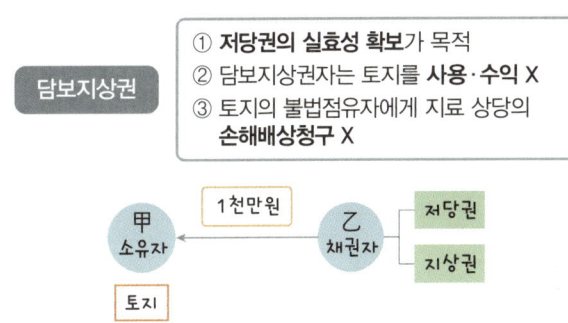

① 저당권의 실효성 확보가 목적
② 담보지상권자는 토지를 사용·수익 X
③ 토지의 불법점유자에게 지료 상당의 손해배상청구 X

① 담보권설정의 당사자들이 담보로 제공된 토지의 담보가치가 줄어드는 것을 막기 위하여 담보권과 아울러 설정하는 지상권을 '담보지상권'이라 한다.
② 담보지상권은 당사자의 약정에 따라 담보권의 존속과 지상권의 존속이 서로 연계되어 있을 뿐이고, 이러한 경우에도 지상권의 피담보채무가 존재하는 것은 아니다.
③ 저당권이 피담보채권의 변제나 소멸시효의 완성으로 소멸한 경우 담보지상권도 피담보채권에 부종하여 함께 소멸한다.
④ 담보지상권도 지상권설정등기가 경료되면 그 지상권의 내용과 범위는 등기된 바에 따라서 대세적인 효력이 발생하고, 제3자가 지상권설정자에 대하여 해당 토지를 사용·수익할 수 있는 채권적 권리를 가지고 있다고 하더라도 이러한 사정만으로 지상권자에 대항할 수는 없다.
⑤ 채권담보를 위하여 토지에 저당권과 함께 무상의 담보지상권을 취득한 채권자는 원칙적으로 토지를 사용·수익할 수 없으므로 제3자가 토지를 불법점유하더라도 임료 상당의 손해배상청구를 할 수 없다.

9 지역권

32회·33회·34회·35회·36회

제291조 【지역권의 내용】 지역권자는 일정한 목적을 위하여 타인의 토지를 자기 토지의 편익에 이용하는 권리가 있다.

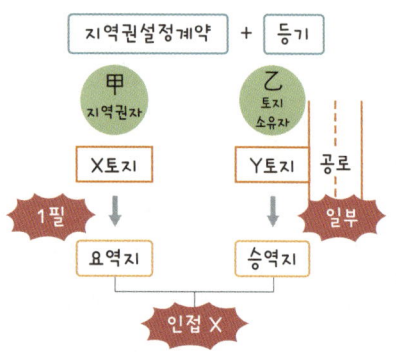

① **지역권**: 자기 토지의 편익을 위하여 타인의 토지를 사용하는 권리 ⇨ 편익을 받는 자기 토지를 '요역지(要役地)'라 하고, 편익을 위하여 제공되는 타인의 토지를 '승역지(承役地)'라 함
② 법률행위에 의한 지역권은 지역권설정계약과 등기에 의해 성립하며, 지역권에서 편익을 받는 것은 토지이지 사람이 아니다.
③ 지역권의 존속기간에 관해서는 규정이 없다. 따라서 영구무한의 지역권설정도 가능하다. 또한 지료에 관해서도 규정이 없다. 따라서 유상의 지역권도 가능하나 이를 등기할 수는 없다.
④ 지역권설정계약의 당사자는 원칙적으로 요역지소유자와 승역지소유자이나, 지상권자와 전세권자도 각각 그 권한 내에서 지역권설정계약의 당사자가 될 수 있다.
⑤ 요역지는 반드시 1필의 토지이어야 한다. 따라서 1필의 토지 일부를 위한 지역권은 설정할 수 없다.
⑥ 승역지는 1필의 토지 일부이어도 무방하다. 따라서 1필의 토지 일부에 대한 지역권을 설정할 수 있다.
⑦ 요역지와 승역지가 인접할 필요는 없다.

심's 출제포인트

지역권의 성질

❶ 지역권은 배타성이 없으므로 하나의 승역지에 여러 개의 지역권이 설정될 수 있다.

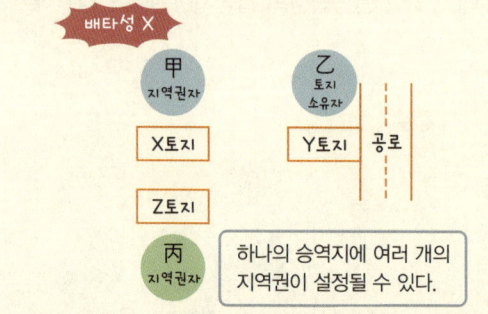

❷ 지역권은 요역지와 분리하여 양도하거나 다른 권리의 목적으로 하지 못한다(부종성은 특약으로 배제 불가).

① **부종성**: 특약으로 배제 X
② **수반성**: 특약으로 배제 O

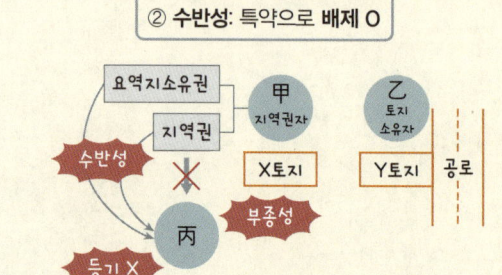

❸ 지역권은 요역지소유권에 부종하여 이전하며 또는 요역지에 대한 소유권 이외의 권리의 목적이 된다(수반성은 특약으로 배제 가능).
❹ 토지공유자의 1인은 지분에 관하여 그 토지를 위한 지역권 또는 그 토지가 부담한 지역권을 소멸하게 하지 못한다.
❺ 토지의 분할이나 토지의 일부 양도의 경우 지역권은 요역지의 각 부분을 위하여 또는 그 승역지의 각 부분에 존속한다.

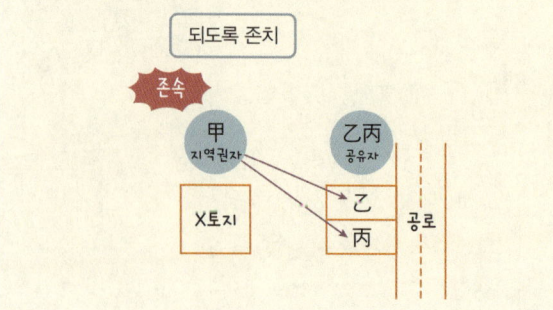

❻ 공유자의 1인이 지역권을 취득한 때에는 다른 공유자도 이를 취득한다.

❼ 점유로 인한 지역권 취득기간의 중단은 지역권을 행사하는 모든 공유자에 대한 사유가 아니면 그 효력이 없다.

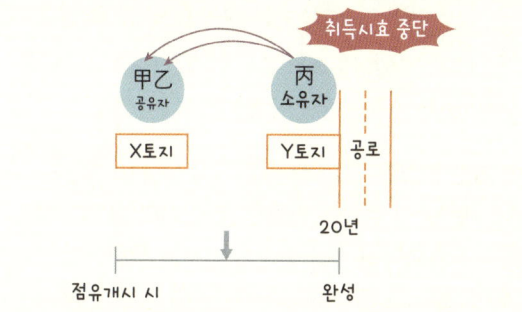

❽ 요역지가 수인의 공유인 경우에 그 1인에 의한 지역권 소멸시효의 중단 또는 정지는 다른 공유자를 위하여 효력이 있다.

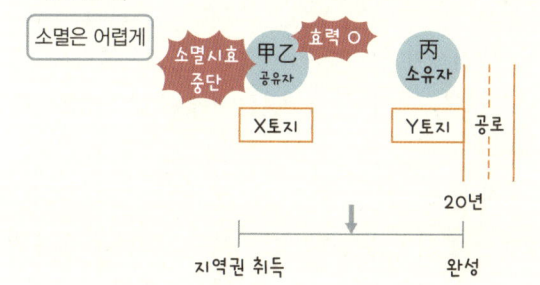

심's 출제포인트

❶ 지역권은 계속되고 표현된 것에 한해 취득시효가 인정된다. 통행지역권을 시효취득하기 위해서는 요역지의 소유자가 승역지상에 통로를 개설하여 승역지를 항시 사용하고 있다는 객관적 상태가 취득시효기간 동안 계속되어야 한다.
❷ 요역지의 불법점유자는 통행지역권을 시효취득할 수 없다.
❸ 지역권에 대한 침해가 있더라도 지역권자는 승역지를 자신에게 반환할 것을 청구할 수 없다(방해제거청구권과 방해예방청구권만 인정됨).
❹ 승역지소유자는 지역권에 필요한 부분의 토지소유권을 지역권자에게 위기(委棄)하여 공작물의 설치나 수선의무의 부담을 면할 수 있다.
❺ 승역지소유자는 이익을 얻는 정도에 비례하여 공작물의 설치와 보존에 드는 비용을 분담하여야 한다.

10 전세권 일반

33회

> 제303조【전세권의 내용】① 전세권자는 전세금을 지급하고 타인의 부동산을 점유하여 그 부동산의 용도에 좇아 사용·수익하며, 그 부동산 전부에 대하여 후순위권리자 기타 채권자보다 전세금의 우선변제를 받을 권리가 있다.
> ② 농경지는 전세권의 목적으로 하지 못한다.

① 전세권: 전세금을 지급하고 타인의 부동산을 직접 사용·수익할 수 있는 권리
② 법률행위에 의한 전세권은 전세권설정계약과 등기에 의해 성립한다. 전세금의 지급은 전세권의 성립요건이다(목적부동산의 인도는 성립요건이 아님). 그러나 전세금이 현실적으로 수수(授受)될 필요는 없고 기존 채권으로 전세금의 지급에 갈음할 수도 있다. 전세금이 목적부동산에 관한 조세·공과금 기타 부담의 증감이나 경제사정의 변동으로 인하여 상당하지 아니하게 된 때에는 당사자는 장래에 대하여 그 증감을 청구할 수 있다(전세금증감청구권은 형성권임).
③ 전세권의 존속기간
  ㉠ 건물에 대한 전세권의 존속기간을 1년 미만으로 정한 때에는 이를 1년으로 한다.
  ㉡ 전세권의 존속기간은 10년을 넘지 못한다. 당사자의 약정기간이 10년을 넘는 때에는 이를 10년으로 단축한다.
  ㉢ 전세권의 존속기간을 약정하지 아니한 때에는 각 당사자는 언제든지 상대방에 대하여 전세권의 소멸을 통고할 수 있고, 상대방이 이 통고를 받은 날로부터 6개월이 경과하면 전세권은 소멸한다.

㉣ **약정갱신**: 전세권의 설정은 이를 갱신할 수 있다. 그 기간은 갱신한 날로부터 10년을 넘지 못한다.

㉤ **법정갱신**: 건물의 전세권설정자가 전세권의 존속기간 만료 전 6월부터 1월까지 사이에 전세권자에 대하여 갱신거절의 통지 또는 조건을 변경하지 아니하면 갱신하지 아니한다는 뜻의 통지를 하지 아니한 경우에는 그 기간이 만료된 때에 전전세권과 동일한 조건으로 다시 전세권을 설정한 것으로 본다. 이 경우 전세권의 존속기간은 그 정함이 없는 것으로 본다.

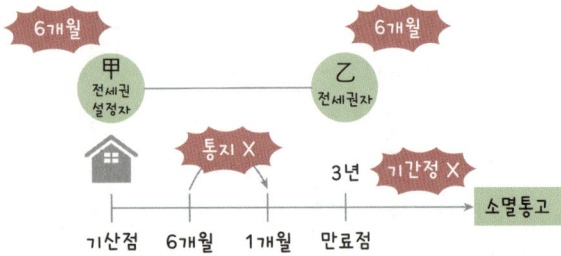

심's 출제포인트

❶ 전세권은 용익물권적 성격과 담보물권적 성격을 겸비하고 있으므로 당사자가 주로 채권담보의 목적으로 전세권을 설정하였더라도, 장차 전세권자의 목적물에 대한 사용·수익권을 완전히 배제하는 것이 아니라면 그 효력은 인정된다.

❷ 임차보증금반환채권을 담보할 목적으로 임대인과 임차인 및 제3자 사이의 합의에 따라 제3자 명의로 경료된 전세권설정등기도 유효하다.

❸ 전세권이 성립한 후 전세목적물의 소유권이 이전된 경우, 신소유자는 전세권설정자의 지위를 승계한다. 따라서 전세권자는 자신의 전세권을 신소유자에게도 주장할 수 있고, 전세권의 존속기간이 만료한 때에 신소유자에게 전세금반환청구를 할 수 있다.

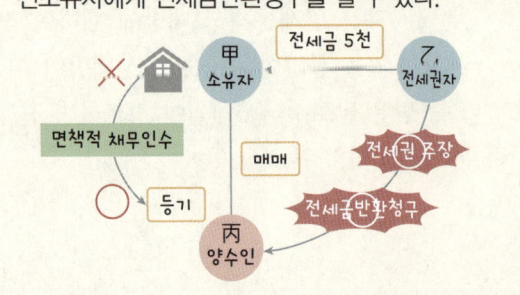

11 전세권의 효력

32회 · 34회 · 36회

(1) 부동산에 대한 사용·수익권

① 전세권자는 목적부동산을 점유하여 그 부동산의 용도에 따라 직접 사용·수익할 수 있고, 전세권설정자는 전세권자의 사용·수익을 방해해서는 안 되는 소극적인 인용의무를 부담한다.

② 전세권자는 목적물의 현상을 유지하고 그 통상의 관리에 속한 수선을 하여야 한다. 따라서 전세권자에게는 필요비상환청구권이 인정되지 않고, 유익비상환청구권만 인정된다.

> 제310조【전세권자의 상환청구권】① 전세권자가 목적물을 개량하기 위하여 지출한 금액 기타 유익비에 관하여는 그 가액의 증가가 현존한 경우에 한하여 소유자의 선택에 좇아 그 지출액이나 증가액의 상환을 청구할 수 있다.
> ② 전항의 경우에 법원은 소유자의 청구에 의하여 상당한 상환기간을 허여할 수 있다.

③ 전세권자와 인지소유자(지상권자, 전세권자, 임차인 포함) 사이에는 상린관계에 관한 규정이 준용된다.

④ 전세권에 대한 침해가 있는 경우 전세권자는 전세권에 기한 물권적 청구권뿐만 아니라 점유권에 기한 물권적 청구권을 행사할 수 있다.

(2) 전세권의 처분

① 전세권자는 전세권설정자의 동의 없이 전세권을 타인에게 양도하거나 담보로 제공할 수 있고, 전세권의 존속기간 내에서 목적물을 타인에게 전전세하거나 임대할 수 있다.

② 전세권의 처분은 설정행위로 처분을 금지할 수 있다. → 금지사실을 등기한 때에는 제3자에게 대항 ○

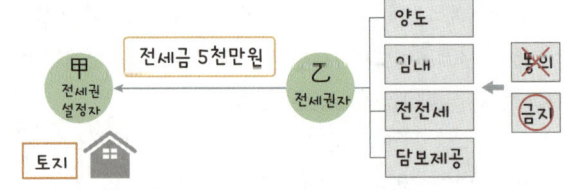

(3) 건물전세권의 지상권·임차권에 대한 효력

타인의 토지에 있는 건물에 전세권을 설정한 때에는 전세권의 효력은 그 건물의 소유를 목적으로 한 지상권 또는 임차권에 미친다.

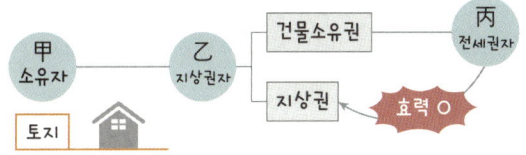

(4) 제305조의 법정지상권

대지와 건물이 동일인의 소유인 경우에 그 건물에 전세권을 설정한 때에는 그 대지소유권의 특별승계인은 '전세권설정자(건물소유자)'에 대하여 지상권을 설정한 것으로 본다.

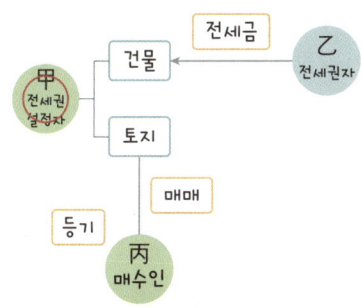

12 전전세(轉傳貰)

↳ 전세권자가 자신의 전세권을 그대로 유지하면서 목적물의 전부 또는 일부를 제3자에게 다시 전세권을 설정하는 것

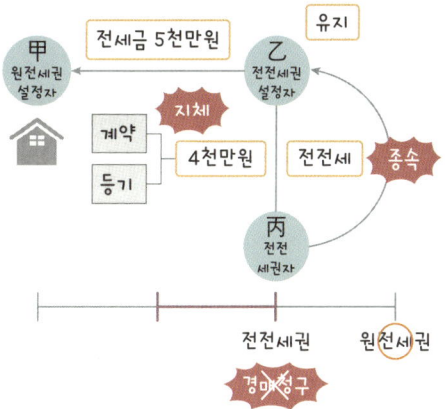

① 전전세권은 전전세권설정계약과 등기에 의해 성립하며, 전전세금의 지급은 전전세권의 성립요건이다.
② 전전세계약의 당사자는 전전세권설정자(원전세권자)와 전전세권자이다.
③ 전전세권은 원전세권에 종속한다. 따라서 전전세권의 존속기간은 원전세권의 존속기간 내이어야 하고, 전전세금은 원전세금을 초과할 수 없다. 또한 원전세권이 소멸하는 경우 전전세권도 소멸한다.
④ **전전세권자의 지위**: 전전세권자는 전세권자로서의 모든 권리를 가지나, 원전세권설정자에 대해서는 아무런 권리·의무를 가지지 않는다.
⑤ 전세권의 목적물을 전전세한 경우에는 전세권자는 전전세하지 아니하였으면 면할 수 있는 불가항력으로 인한 손해에 대하여 그 책임을 부담한다.
⑥ 전전세권자도 경매권과 우선변제권을 가지나, 전전세권의 존속기간이 만료하였더라도 원전세권의 존속기간이 만료하고 또한 원전세권설정자가 원전세권자에 대해 전세금의 반환을 지체한 경우에만 경매청구를 할 수 있는 제한이 있다.

13 전세권소멸의 법률관계 35회

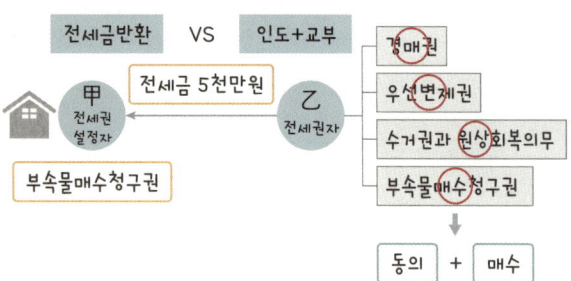

(1) 동시이행관계
전세권이 소멸한 때에는 전세권설정자는 전세권자로부터 그 목적물의 인도 및 전세권설정등기의 말소등기에 필요한 서류의 교부를 받는 동시에 전세금을 반환하여야 한다(전세권설정자의 전세금반환의무 vs 전세권자의 목적물인도의무와 말소등기에 필요한 서류의 교부).

(2) 경매권과 우선변제권
① 전세권설정자가 전세금의 반환을 지체한 경우에는 전세권자는 「민사집행법」의 규정에 따라 전세권의 목적물의 경매를 청구할 수 있다.
② 전세권자는 그 부동산 전부에 대하여 후순위권리자 기타 채권자보다 전세금의 우선변제를 받을 권리가 있다.
③ 부동산의 일부에 대하여 전세권이 설정되어 있는 경우 전세권자는 전세권의 목적물이 아닌 나머지 부분에 대하여는 경매신청권이 없다. 다만, 부동산 전부에 대하여 후순위권리자나 기타 채권자보다 우선하여 전세금을 변제받을 권리는 인정된다.

(3) 원상회복의무와 부속물매수청구권
① 존속기간 만료로 전세권이 소멸된 경우에는 전세권자는 목적물을 원래 상태로 회복시켜야 하며, 목적물에 부속시킨 물건은 수거할 수 있다.
② 전세권이 존속기간의 만료로 소멸한 경우 목적물에 부속시킨 물건이 전세권설정자의 동의를 얻어 부속시킨 경우이거나 전세권설정자로부터 매수한 것인 때에는 전세권자는 전세권설정자에 대하여 그 부속물의 매수를 청구할 수 있다(부속물매수청구권은 형성권임).
③ 전세권이 존속기간의 만료로 소멸한 경우 전세권설정자는 전세권자가 목적물에 부속시킨 물건의 매수를 청구할 수 있고, 이 경우 전세권자는 정당한 이유 없이 이를 거절하지 못한다.

(4) 전세권저당권의 실행방법
전세권의 존속기간이 만료되면 전세권은 소멸하므로 더 이상 전세권 자체에 대하여 저당권을 실행할 수 없게 되고, 이러한 경우에는 저당권의 목적물인 전세권에 갈음하여 존속하는 것으로 볼 수 있는 전세금반환채권에 대하여 물상대위를 할 수 있다.

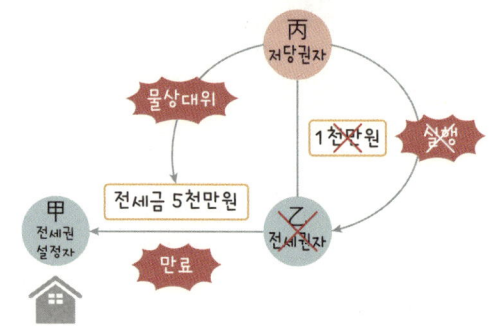

POINT 06 담보물권

1 담보물권의 통유성

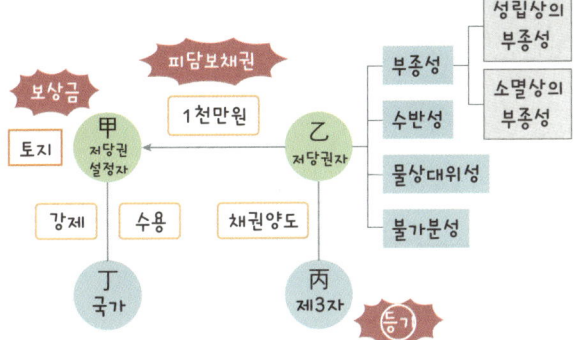

(1) 부종성
① 성립상의 부종성: 피담보채권이 성립하여야 담보물권도 성립한다.
② 소멸상의 부종성: 피담보채권이 소멸하면 담보물권도 소멸한다.

(2) 수반성
① 수반성: 피담보채권이 이전하면 담보물권도 함께 이전된다.
② 피담보채권이 이전하더라도 담보물권이 이에 수반하지 않는다는 특약을 한 경우: 양수인은 무담보의 채권을 양수한 것이 되고 담보물권은 소멸한다.

(3) 물상대위성

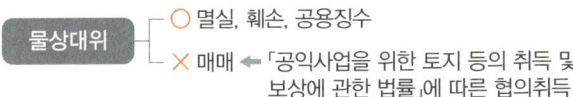

① 담보물권의 목적물이 **멸실**, **훼손**, **공용징수**로 소멸한 경우 그 **가치적 변형물**에도 담보물권의 효력이 미친다.
② 우선변제권이 있는 **질권과 저당권**에만 물상대위성이 인정된다.
③ 물상대위는 **추급력**이 끝나는 곳에서 시작된다.

① 물상대위는 담보물권의 목적물이 멸실·훼손·공용징수로 인해 소멸한 경우에만 인정되고, 매매의 경우에는 인정되지 않는다.
② 저당권이 설정된 토지가 「공익사업을 위한 토지 등의 취득 및 보상에 관한 법률」에 따라 협의취득된 경우에는 물상대위를 할 수 없다.
③ 물상대위를 하기 위해서는 저당권설정자가 금전 기타의 물건을 지급 또는 인도받기 전에 압류를 하여야 한다. ← 압류는 특정성을 보존하기 위한 것이므로 제3자가 하여도 무방

(4) 불가분성
① 불가분성의 행사: 피담보채권의 전부를 변제받을 때까지 목적물의 전부에 대해 권리를 행사할 수 있다.
② 불가분성의 예외: 공동저당·불가항력으로 인한 목적물의 일부 멸실 시 전세금의 감액

심's 출제포인트

담보물권의 비교

구분	성질	경매권	간이변제 충당	점유권	우선 변제권
유치권	법정	○	○	○	×
질권	약정	○	○	○	○
저당권	약정	○	×	×	○
전세권	약정	○	수익적 효력	○	○

2 유치권의 의의와 성립요건 32회·34회

└▶ 타인의 물건이나 유가증권에 관하여 생긴 채권이 변제기에 있는 경우 그 변제를 받을 때까지 목적물의 점유를 계속하면서 인도를 거절할 수 있는 권리

> 제320조 【유치권의 내용】 ① 타인의 물건 또는 유가증권을 점유한 자는 그 물건이나 유가증권에 관하여 생긴 채권이 변제기에 있는 경우에는 변제를 받을 때까지 그 물건 또는 유가증권을 유치할 권리가 있다.
> ② 전항의 규정은 그 점유가 불법행위로 인한 경우에 적용하지 아니한다.

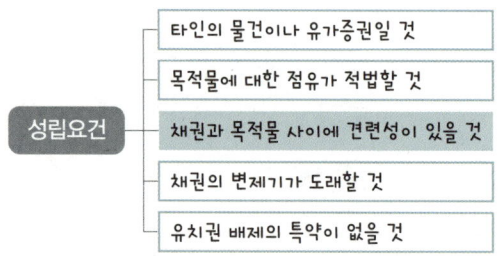

① 유치권은 종된 권리이며, 법정담보물권이다. 그러나 유치권 규정은 임의규정이므로 당사자의 특약에 의해 배제할 수 있다(제3자도 유치권 포기 특약의 효력을 주장 ○).

② 자기 소유의 물건에 대해서는 유치권이 성립할 수 없다.

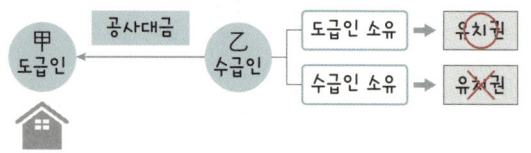

③ 건물신축공사를 도급받은 수급인은 사회통념상 독립한 건물이 되지 못한 정착물을 토지에 설치한 상태에서 공사가 중단된 경우, 그 정착물이나 토지에 대하여 유치권을 행사할 수 없다.

④ 타인 소유의 물건이기만 하면 되므로 채무자 이외의 제3자 소유의 물건에 대해서도 유치권이 성립할 수 있다.

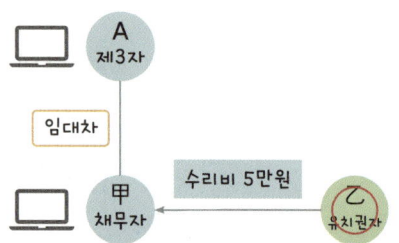

⑤ 유치권이 성립하기 위해서는 목적물을 점유하여야 하는데, 이때의 점유는 직접점유·간접점유를 불문한다. 다만, 채무자를 직접점유자로 하여 채권자가 간접점유하는 경우에는 유치권이 성립하지 않는다.

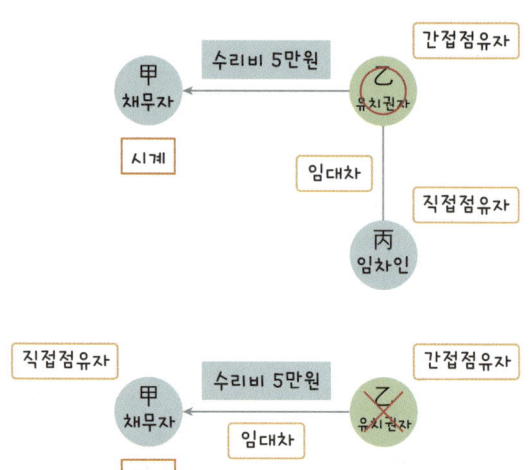

⑥ 유치권자가 점유를 상실하면 유치권은 소멸된다. 다만, 점유의 침탈로 점유를 상실한 경우에는 유치권자가 점유를 침탈당한 후 1년 내에 점유물반환청구권을 행사하여 '점유를 회복한 때'에는 유치권도 부활한다.

⑦ 유치권이 성립하기 위해서는 목적물에 대한 점유가 적법하여야 하므로 불법행위에 의해 점유를 개시한 경우에는 유치권이 성립하지 않는다. 점유자가 목적물을 점유할 권원이 없음을 알면서 비용을 지출한 경우에도 유치권이 성립하지 않는다. 처음에는 권원에 의하여 점유를 개시하였더라도 후에 권원이 소멸한 경우 역시 유치권이 성립하지 않는다. 따라서 임차인이 임대차계약이 해지된 후에도 계속 목적물을 점유하고 그 기간 동안에 필요비나 유익비를 지출하더라도 그 상환청구권에 관해서는 유치권이 성립하지 않는다.

⑧ 유치권이 성립하기 위해서는 채권과 목적물 사이에 견련성(牽連性)이 있어야 한다. 채권이 목적물 자체로부터 발생한 경우와 채권이 목적물반환청구권과 동일한 법률관계 또는 동일한 사실관계로부터 발생한 경우에 견련성이 인정된다.

⑨ 유치권이 성립하기 위해서 채권과 목적물의 '점유'와의 견련성은 필요 없다. 따라서 어떤 물건을 점유하기 전에 먼저 채권이 발생하였고 후에 점유를 취득하더라도 유치권이 성립한다.

⑩ 유치권이 성립하기 위해서는 채권의 변제기가 도래하여야 한다. 점유자와 전세권자 및 임차인의 유익비상환청구에 대하여 법원이 상당한 상환기간을 허여한 경우에는 유치권이 성립하지 않는다.

⑪ 유치권에 관한 규정은 임의규정이므로 유치권이 성립하기 위해서는 당사자 사이에 유치권을 배제하기로 하는 특약이 없어야 한다.

심's 출제포인트

채권과 목적물 사이의 견련성 인정 여부

견련성 ○
❶ 수리대금채권
❷ 목적물에 지출한 비용상환청구권
❸ 목적물로부터 받은 손해에 대한 손해배상청구권
❹ 도급인의 소유에 속하는 완성물에 대한 수급인의 공사대금채권
❺ 매매계약이 무효·취소되어 생기는 부당이득반환청구권

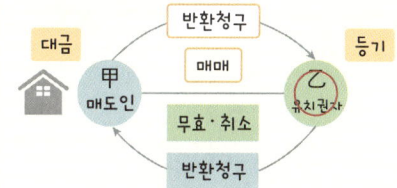

❻ 우연히 물건을 서로 바꾸어 가서 생기는 반환청구권

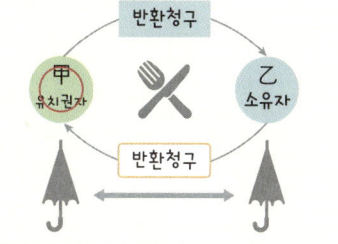

견련성 ×
❶ 보증금반환청구권
❷ 권리금반환청구권
❸ 매매대금채권
❹ 사람의 배신행위로 인한 손해배상청구권

3 유치권의 효력과 소멸

33회 · 35회 · 36회

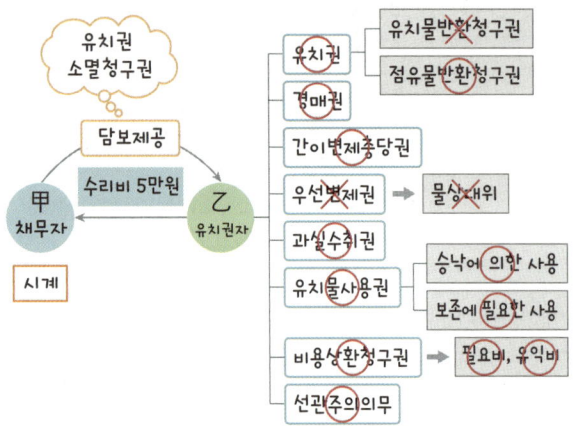

(1) 유치권자의 권리의무

① 유치권: 유치권자는 채권 전부를 변제받을 때까지 목적물 전부에 대하여 그 권리를 행사할 수 있다. 원고의 목적물인도청구소송에 대해 피고의 유치권 항변이 인용되는 경우 법원은 상환이행판결(상환급부판결, 원고일부승소판결, 원고일부승소·일부패소판결)을 한다.

② 경매권: 유치권자는 채권의 변제를 받기 위하여 유치물을 경매할 수 있다.

③ 간이변제충당권: 정당한 이유가 있는 때에는 유치권자는 감정인의 평가에 의하여 유치물로 직접 변제에 충당할 것을 법원에 청구할 수 있다.

④ 우선변제권 여부: 유치권자에게는 우선변제권이 없다(유치권자가 유치물의 과실을 수취한 경우, 간이변제충당을 한 경우, 제3자가 채무자의 채무를 대신 변제한 경우에는 사실상 다른 채권자보다 우선해서 변제받게 됨).

⑤ 과실수취권: 유치권자는 유치물의 과실을 수취하여 다른 채권보다 먼저 자기 채권의 변제에 충당할 수 있다.

⑥ 유치물사용권

승낙에 의한 사용	⊙ 유치권자는 채무자의 승낙을 받으면 유치물을 사용·대여하거나 담보로 제공할 수 있다. ⓒ 이때의 채무자란 소유자를 말한다.
보존에 필요한 사용	⊙ 유치권자는 채무자의 승낙을 받지 않더라도 유치물을 보존하기 위하여 필요한 사용은 할 수 있다. ⓒ 유치권자가 유치물을 보존하기 위하여 필요한 사용으로서 이익을 얻은 경우 이를 부당이득으로 채무자에게 반환하여야 한다.

⑦ 비용상환청구권

필요비 상환 청구권	유치권자가 유치물에 관하여 필요비를 지출한 때에는 소유자에게 그 상환을 청구할 수 있다.
유익비 상환 청구권	유치권자가 유치물에 관하여 유익비를 지출한 때에는 그 가액의 증가가 현존한 경우에 한하여 소유자의 선택에 좇아 그 지출한 금액이나 증가액의 상환을 청구할 수 있다. 그러나 법원은 소유자의 청구에 의하여 상당한 상환기간을 허여할 수 있다.

⑧ 선관주의의무: 유치권자는 선량한 관리자의 주의로 목적물을 점유하여야 한다(제324조 제1항).

(2) 채무자의 권리

① 타담보제공청구권: 채무자는 상당한 담보를 제공하고 유치권의 소멸을 청구할 수 있다(청구권에 해당함). 이때의 담보는 피담보채권액에 상응하는 담보이면 된다.

② 유치권소멸청구권: 유치권자가 채무자의 승낙 없이 유치물을 사용·대여·담보제공을 한 경우나 선관주의의무를 위반한 경우에는 채무자는 유치권의 소멸을 청구할 수 있다(형성권에 해당함).

(3) 유치권의 소멸

① 유치권은 혼동에 의하여 소멸한다.
② 유치권은 피담보채권과 독립하여 소멸시효에 걸리지 않는다.
③ 유치권의 행사는 피담보채권의 시효중단사유가 아니다. 따라서 채권자가 유치권을 행사하더라도 피담보채권의 소멸시효는 그와 관계없이 진행한다.

심's 출제포인트

피담보채권과 경매청구의 범위

乙은 甲과의 계약에 따라 甲 소유의 구분건물 201호, 202호 전체를 수리하는 공사를 완료하였지만, 甲이 공사대금을 지급하지 않자 乙이 201호만을 점유하고 있다.

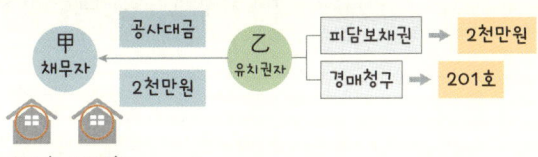

❶ 피담보채권의 범위: 이 경우 乙의 유치권은 甲 소유의 구분건물 201호, 202호 전체의 공사대금을 피담보채권으로 하여 성립한다.
❷ 경매청구의 범위: 乙은 甲 소유의 구분건물 201호에 대해서만 유치권에 의한 경매를 신청할 수 있다.

심's 출제포인트

경락인에 대한 유치권주장 여부

❶ 경매개시결정의 등기(압류의 효력 발생) 전에 성립한 유치권의 경우에는 경락인에게 유치권을 주장할 수 있다(이 경우에도 경락인에게 피담보채무의 변제를 청구할 수 없음).
❷ 경매개시결정의 등기 후에 성립한 유치권의 경우에는 경락인에게 유치권을 주장할 수 없다.

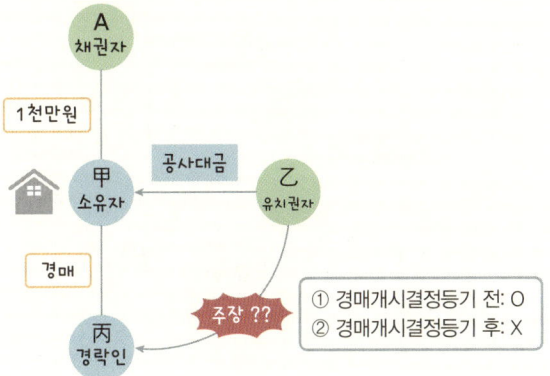

심's 출제포인트

유치권과 동시이행의 항변권 비교

구분	유치권	동시이행의 항변권
공통점	❶ 양자 모두 공평의 원칙에 입각함 ❷ 양자 모두 채권의 변제를 촉구하는 기능을 함(양자는 병존할 수 있음) ❸ 소송에서 항변이 인용된 경우 상환이행판결(원고일부승소판결)이 내려짐	
차이점	모든 사람에게 주장할 수 있음	쌍무계약의 당사자 사이에서만 인정됨
	피담보채권의 변제가 목적	상대방 채무의 이행 확보가 목적
	채권의 전부를 변제받을 때까지 목적물 전부에 대해 권리행사를 할 수 있음	일부를 제공한 경우 미제공 부분에 대해서만 권리행사를 할 수 있음
	채권의 변제를 받을 때까지 권리행사를 할 수 있음	이행의 제공을 할 때까지만 권리행사를 할 수 있음
	물건의 인도만 거절할 수 있음	일체의 채무이행을 거절할 수 있음
	다른 담보를 제공하고 소멸청구를 할 수 있음	다른 담보를 제공하고 권리행사를 저지시킬 수 없음

심's 출제포인트

복수의 유치물에 대한 유치권의 효력

❶ 복수의 유치물은 그 각 부분으로써 피담보채권의 전부를 담보한다.
❷ 유치권자가 동일한 채권을 담보하기 위한 복수의 유치물 중 일부를 채무자의 승낙 없이 타인에게 대여한 경우, 채무자는 그 일부에 대해서만 유치권소멸청구를 할 수 있다.

4 저당권의 의의와 성립 33회
→ 채무자 또는 물상보증인이 담보로 제공한 부동산에 대해 변제가 없는 경우 경매하여 우선변제를 받을 수 있는 권리

제356조 【저당권의 내용】 저당권자는 채무자 또는 제3자가 점유를 이전하지 아니하고 채무의 담보로 제공한 부동산에 대하여 다른 채권자보다 자기 채권의 우선변제를 받을 권리가 있다.

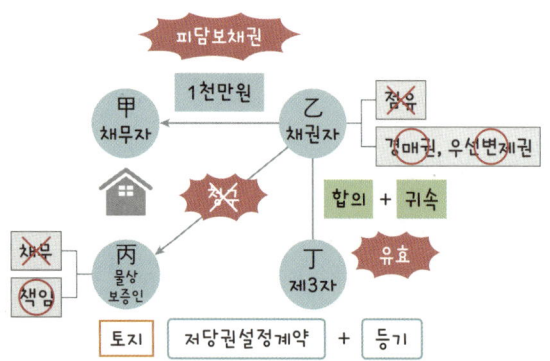

① 저당권은 종된 권리이며, 저당권설정계약과 등기에 의해 성립하는 약정담보물권이다(법률규정에 의해 저당권이 성립하는 경우도 있음).
② 저당권설정자는 채무자뿐만 아니라 제3자(물상보증인)도 포함된다. (물상보증인은 채무는 없고 책임만 있음)
③ 저당권자는 피담보채권의 채권자에 한하는 것이 원칙이다. 그러나 채무자 소유의 부동산을 담보로 제공하는 경우에 채권자 아닌 제3자의 명의로 저당권등기를 하는 데 대하여 채권자와 채무자 및 제3자 사이에 합의가 있었고, 나아가 제3자에게 그 채권이 실질적으로 귀속되었다고 볼 수 있는 특별한 사정이 있는 때에는 제3자 명의의 저당권등기도 유효하다.
④ 저당권설정계약: 물권행위, 처분권한 필요, 불요식행위, 조건·기한 ○
⑤ 저당권의 객체: 토지, 건물, 지상권, 전세권, 입목(입목에 관한 법률에 의해 등기된 수목의 집단)

- ㉠ 1필 토지의 일부: 저당권 설정 ×
- ㉡ 1동 건물의 일부: 구분소유권의 객체로 되는 경우를 제외하고는 저당권 설정 ×
- ㉢ 지역권, 임차권, 등기된 임차권: 저당권 설정 ×
- ㉣ 명인방법을 갖춘 수목의 집단: 저당권 설정 ×

⑥ 피담보채권은 금전채권에 한하지 않으며, 장래의 채권도 피담보채권이 될 수 있다.
⑦ 저당권자가 피담보채권의 변제를 받는 방법

- ㉠ 저당권을 실행하는 방법: 집행권원 불요
- ㉡ 이미 개시된 집행에 참가하는 방법
- ㉢ 채무자의 일반재산에 대한 강제집행: 집행권원 필요

5 저당권의 효력범위 32회·33회·34회·35회·36회

제358조 【저당권의 효력의 범위】 저당권의 효력은 저당부동산에 부합된 물건과 종물에 미친다. 그러나 법률에 특별한 규정 또는 설정행위에 다른 약정이 있으면 그러하지 아니하다.
제359조 【과실에 대한 효력】 저당권의 효력은 저당부동산에 대한 압류가 있은 후에 저당권설정자가 그 부동산으로부터 수취한 과실 또는 수취할 수 있는 과실에 미친다. 그러나 저당권자가 그 부동산에 대한 소유권, 지상권 또는 전세권을 취득한 제3자에 대하여는 압류한 사실을 통지한 후가 아니면 이로써 대항하지 못한다.
제360조 【피담보채권의 범위】 저당권은 원본, 이자, 위약금, 채무불이행으로 인한 손해배상 및 저당권의 실행비용을 담보한다. 그러나 지연배상에 대하여는 원본의 이행기일을 경과한 후의 1년분에 한하여 저당권을 행사할 수 있다.

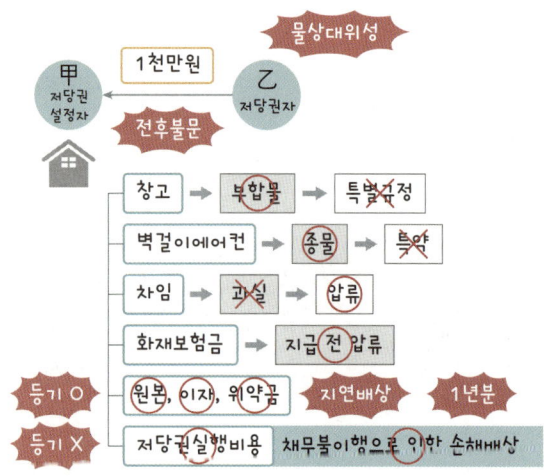

(1) 목적물의 범위

① 저당권의 효력은 원칙적으로 저당권설정 전후를 불문하고 저당부동산에 부합된 물건과 종물에 미친다.
② 법률에 특별한 규정이 있거나 설정행위에 다른 약정이 있는 때에는 부합물과 종물에 저당권의 효력이 미치지 않는다.

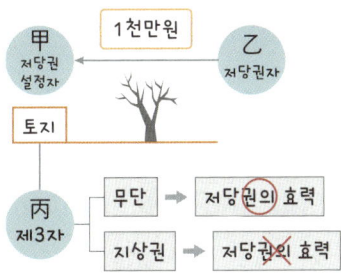

③ 토지저당권의 효력은 저당토지 위의 건물과 입목 및 명인방법을 갖춘 수목의 집단에는 미치지 않는다.
④ 저당건물이 증축된 경우 건물저당권의 효력은 독립성이 없는 증축부분에 미친다.
⑤ 건물에 대한 저당권의 효력은 그 건물의 소유를 목적으로 하는 지상권, 전세권 또는 임차권에도 미친다. 따라서 경락인은 건물소유권을 취득할 때 지상권, 전세권, 임차권까지 취득한다.

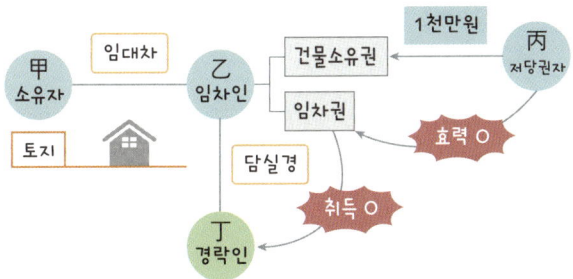

⑥ 저당권의 효력은 원칙적으로 과실(천연과실·법정과실 불문)에는 미치지 않는다. 그러나 저당부동산에 대한 압류가 있은 후에 저당권설정자가 그 부동산으로부터 수취한 과실 또는 수취할 수 있는 과실에 미친다.
⑦ 저당권이 설정된 토지가 「공익사업을 위한 토지 등의 취득 및 보상에 관한 법률」에 따라 강제수용된 경우 저당권의 효력은 수용보상금청구권에도 효력이 미친다.

(2) 피담보채권의 범위

① 제360조: 원본, 이자, 위약금, 저당권실행비용(경매비용), 채무불이행으로 인한 손해배상(지연배상, 지연이자) ⇨ 저당물보존비용 ✕, 저당물의 하자로 인한 손해배상청구권 ✕
② 원본·이자·위약금은 등기하여야 담보되나, 저당권실행비용과 채무불이행으로 인한 손해배상은 등기하지 않아도 담보된다.
③ 이자는 등기하면 무제한 담보되나, 지연배상(지연이자)은 원본의 이행기일을 경과한 후의 1년분에 한하여 담보된다.
④ 지연배상을 1년분에 한하여 담보되도록 한 취지는 후순위권리자(후순위저당권자, 제3취득자)를 보호하기 위해서이다. 따라서 채무자나 저당권설정자는 "지연배상은 1년분에 한한다."는 주장을 할 수 없다.

6 저당권과 용익권의 관계

① 저당권자의 등기 vs 지상권자·전세권자·임차권의 등기·주택임차인의 대항력 취득날짜
② 용익권(지상권, 전세권, 대항력 있는 임차권)이 저당권 실행에 의해 소멸하는지의 여부는 항상 최고 순위의 저당권과 비교해 결정한다.
③ 저당권자 중간에 주택임차인이 끼어 있는 경우에는 누가 경매를 신청했든 주택임차인은 항상 경락인에게 주택임차권을 주장할 수 없다(우선변제는 저당권자의 등기와 주택임차인의 우선변제권 취득날짜를 비교해 순서대로 받음).

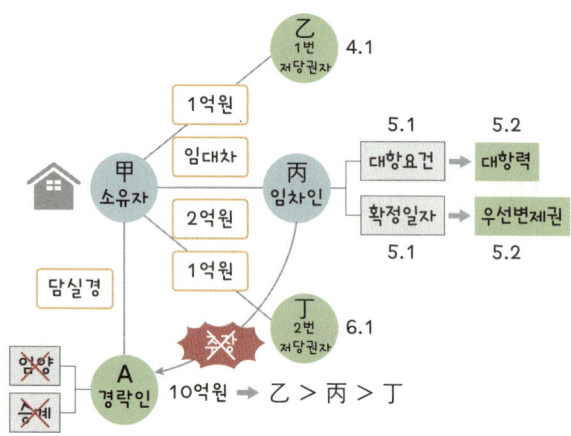

7 제366조의 법정지상권 33회·34회·35회

제366조【법정지상권】저당물의 경매로 인하여 토지와 그 지상건물이 다른 소유자에 속한 경우에는 토지소유자는 건물소유자에 대하여 지상권을 설정한 것으로 본다. 그러나 지료는 당사자의 청구에 의하여 법원이 이를 정한다.

법정지상권  강행규정

① 저당권설정 당시에 토지 위에 건물이 **있을** 것
② **저당권설정 당시**에 토지와 건물이 **동일인** 소유일 것
③ 토지 또는 건물에 저당권이 설정되었을 것
④ **담보권실행경매**로 토지소유자와 건물소유자가 달라질 것

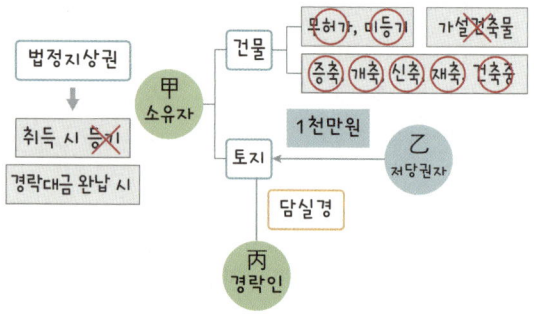

① 제366조의 법정지상권: 토지와 건물이 동일인의 소유이었다가 저당물의 경매로 인하여 토지와 그 토지에 있는 건물의 소유자가 달라진 경우에 건물소유자가 당연히 취득하는 지상권이다(건물철거방지가 목적).
② 법정지상권에 관한 규정은 강행규정이다. 따라서 당사자의 특약에 의하여 법정지상권의 성립을 배제할 수 없다.
③ 건물이 없는 토지에 저당권을 설정한 후에 건물을 건축한 때에는 법정지상권이 성립하지 않는다.
④ 건물이 존재하면 되므로 무허가건물·미등기건물이더라도 법정지상권이 성립한다. 그러나 가설건축물의 경우에는 법정지상권이 성립하지 않는다.
⑤ 저당권설정 당시에 존재하던 건물이 증축·개축된 경우뿐만 아니라 건물이 멸실되거나 철거된 후 신축 또는 재축된 경우에도 법정지상권이 성립한다. 다만, 법정지상권의 범위, 존속기간 등은 구건물을 기준으로 결정한다.

⑥ 저당권설정 당시에 건물이 건축 중인 경우에도 매수인이 매각대금을 다 낸 때까지 독립한 건물로서의 요건을 갖춘 때에는 법정지상권이 성립한다.
⑦ 동일인 소유의 토지와 건물에 대하여 공동저당권이 설정된 후 그 건물이 철거되고 새로 건물이 신축된 경우에는 특별한 사정이 없는 한 저당물의 경매로 인하여 토지소유자와 그 신축건물의 소유자가 다르게 되더라도 그 신축건물을 위한 법정지상권이 성립하지 않는다.
⑧ 건물공유자 1인이 그 건물의 부지인 토지를 단독으로 소유하면서 그 토지에만 저당권을 설정하였다가 그 실행을 위한 경매로 토지소유자가 달라진 경우에도 법정지상권이 인정된다.
⑨ 저당권설정 당시 토지와 건물의 소유자가 다른 경우에는 법정지상권이 인정되지 않는다.
⑩ 미등기건물을 그 대지와 함께 매수한 사람이 그 대지에 관하여만 소유권이전등기를 넘겨받고 건물에 대하여는 그 등기를 이전받지 못하고 있다가, 대지에 대하여 저당권을 설정하고 그 저당권의 실행으로 대지가 경매되어 다른 사람의 소유로 된 경우에는 법정지상권이 성립될 여지가 없다.

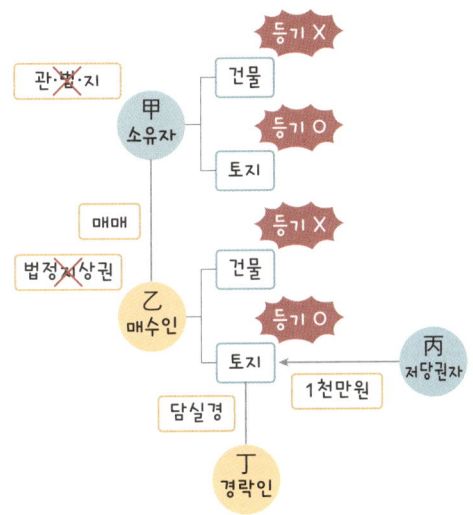

⑪ 저당권설정 당시에 토지와 건물이 동일인 소유이기만 하면 되므로 저당권설정 후에 토지 또는 건물이 제3자에게 양도된 경우에도 법정지상권이 성립한다.

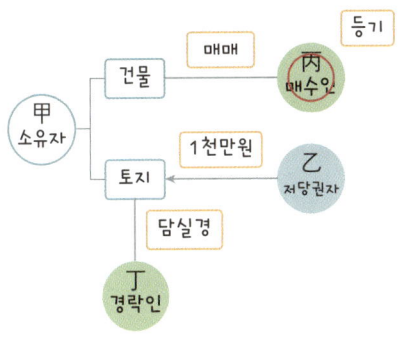

⑫ 담보권실행경매(임의경매)로 토지소유자와 건물소유자가 달라진 경우에는 제366조의 법정지상권이 성립하고, 통상의 강제집행(강제경매)으로 토지소유자와 건물소유자가 달라진 경우에는 관습법상의 법정지상권이 성립한다.
⑬ 법정지상권이 성립하는 시기는 매수인이 매각대금을 다 낸 때(경락인이 경락대금을 완납한 때)이다.
⑭ 법정지상권을 취득할 때에는 등기를 요하지 않으나, 이를 처분하는 경우에는 등기하여야 한다.
⑮ 지료는 당사자의 협의로 정하나, 협의가 이루어지지 않을 때에는 당사자의 청구에 의하여 법원이 결정한다.
⑯ 법정지상권자가 2년 이상 지료를 체납한 경우 토지소유자는 지상권소멸청구를 할 수 있다.
⑰ 지료에 관한 협의나 법원의 결정이 없어서 '지료에 관한 내용 자체'가 없는 경우에는 지료체납이 있을 수 없으므로 토지소유자는 지상권소멸청구를 할 수 없다.

8 법정지상권 성립 후의 법률관계

① 법정지상권 성립 후 토지소유자가 토지를 제3자에게 양도한 경우: 법정지상권자는 등기 없이도 토지양수인에게 법정지상권을 주장할 수 있다.

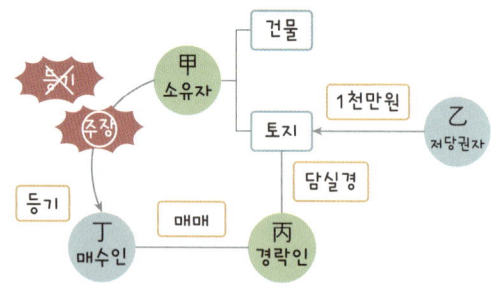

② 법정지상권 성립 후 건물소유자가 건물만 처분한 경우: 건물소유권이전의 합의 속에 법정지상권이전의 합의는 당연히 포함된다. 다만, 법정지상권부 건물의 양수인은 법정지상권에 관한 등기를 하여야 법정지상권을 취득한다. 이때 법정지상권부 건물의 양수인은 토지소유자에게 직접 자기 앞으로 법정지상권설정등기를 해 줄 것을 청구할 수는 없고, 양도인을 대위(代位)하여 토지소유자에게 양도인 앞으로 법정지상권설정등기를 해 줄 것을 청구할 수 있다. 따라서 토지소유자가 법정지상권부 건물의 양수인을 상대로 건물철거청구를 하는 것은 신의성실의 원칙에 반하므로 허용되지 않는다(지료 상당의 부당이득반환청구는 할 수 있음).

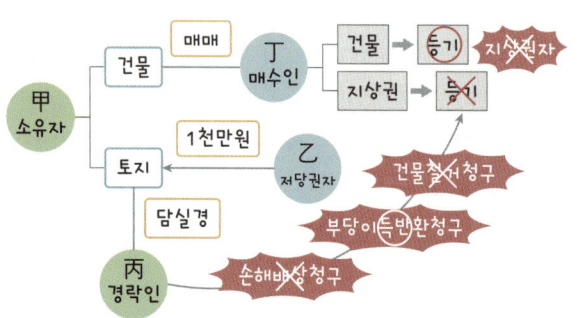

9 제365조의 일괄경매청구권

제365조【저당지상의 건물에 대한 경매청구권】토지를 목적으로 저당권을 설정한 후 그 설정자가 그 토지에 건물을 축조한 때에는 저당권자는 토지와 함께 그 건물에 대하여도 경매를 청구할 수 있다. 그러나 그 건물의 경매대가에 대하여는 우선변제를 받을 권리가 없다.

일괄경매청구권
① 저당권설정 당시에 토지 위에 건물이 **없을 것**
② **저당권설정자**가 건물을 **축조하여 소유**하고 있을 것

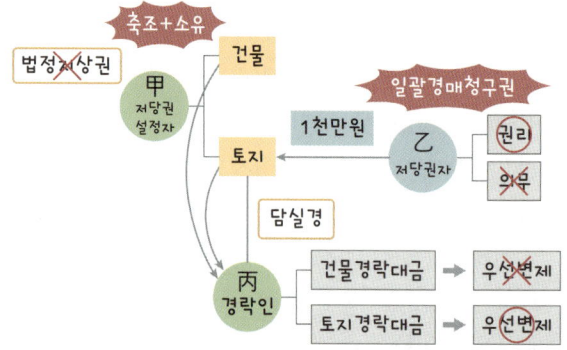

① '일괄경매청구권'이란 토지를 목적으로 저당권을 설정한 자가 저당권을 설정한 후 그 토지에 건물을 지은 경우 저당권자는 토지와 함께 그 건물에 대해서도 경매를 청구할 수 있는 권리이다(건물철거방지가 목적).
② 일괄경매청구권을 행사한 경우에도 저당권자는 토지의 경락대금에 대해서만 우선변제를 받을 수 있고, 건물의 경락대금에 대해서는 우선변제를 받을 수 없다.
③ 일괄경매청구권은 권리이지 의무가 아니다. 또한 토지만을 경매하여 그 경락대금으로부터 충분히 피담보채권의 변제를 받을 수 있다고 하더라도 일괄경매청구를 할 수 있다.
④ 저당권설정 당시 토지 위에 건물이 없는 경우에만 제365조의 일괄경매청구권이 문제되고, 저당권설정 당시에 토지 위에 건물이 있는 경우에는 제366조의 법정지상권이 문제된다.

⑤ 저당권설정자 이외의 제3자가 건물을 축조한 경우에는 원칙적으로 일괄경매청구권은 인정되지 않는다.
⑥ 저당권설정자가 건물을 축조한 후 이를 제3자에게 양도한 경우에도 일괄경매청구권은 인정되지 않는다.
⑦ 저당권설정자로부터 저당토지에 용익권을 설정받은 자가 그 토지에 건물을 축조한 경우라도 그후 저당권설정자가 그 건물의 소유권을 취득한 경우에는 일괄경매청구권이 인정된다.

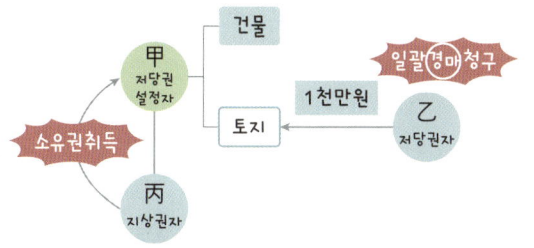

⑧ 토지와 그 지상건물의 소유자가 이에 대하여 공동저당권을 설정한 후 건물을 철거하고 그 토지 상에 새로 건물을 신축하여 소유하고 있는 경우에는 일괄경매청구권이 인정된다.

10 제3취득자의 지위 32회

제364조 【제3취득자의 변제】 저당부동산에 대하여 소유권, 지상권 또는 전세권을 취득한 제3자는 저당권자에게 그 부동산으로 담보된 채권을 변제하고 저당권의 소멸을 청구할 수 있다.

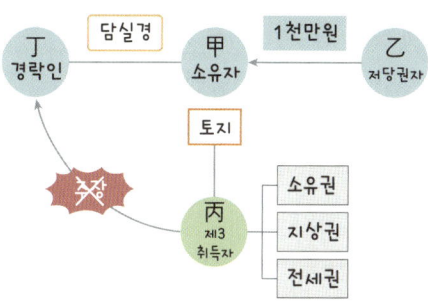

① **제3취득자**: 저당권이 설정된 후 저당부동산에 대하여 소유권, 지상권 또는 전세권을 취득한 자(후순위저당권자는 제3취득자 ✕)
② **경매인(競買人)이 될 수 있는 권리**: 저당물의 소유권을 취득한 제3자는 경매인이 될 수 있다.
③ **제3취득자의 변제권**: 저당부동산의 제3취득자는 저당권자에게 피담보채권을 변제하고 저당권의 소멸을 청구할 수 있다(지연배상은 1년분만 변제하면 됨).
④ **제3취득자의 비용상환청구권**: 저당물의 제3취득자가 그 부동산을 보존하거나 개량하기 위하여 필요비나 유익비를 지출한 경우에는 저당물의 경매대가에서 그 비용을 우선하여 상환받을 수 있다.
⑤ **담보책임**: 제3취득자가 저당권의 실행으로 자신의 권리를 상실한 경우 저당권의 행사로 인한 담보책임(제576조)을 물을 수 있다.

11 저당권 침해에 대한 구제방법

① **물권적 청구권**: 저당권의 경우에는 방해제거청구권과 방해예방청구권만 인정되고, 반환청구권은 인정되지 않는다.
② **불법행위로 인한 손해배상청구권**: 저당권자가 피담보채권의 완전한 만족을 얻을 수 없을 때에만 손해배상을 청구할 수 있다.
③ **담보물보충청구권**: 저당권설정자의 책임 있는 사유로 인하여 저당물의 가액이 현저히 감소된 때에는 저당권자는 저당권설정자에 대하여 그 원상회복 또는 상당한 담보제공을 청구할 수 있다.
④ **기한이익 상실로 인한 즉시변제청구권**: 채무자가 담보를 손상·감소시킨 경우에는 저당권자는 기한이익 상실을 이유로 즉시변제를 청구할 수 있다.

12 저당권의 처분과 소멸

① 저당권은 종된 권리이므로 주된 권리인 피담보채권과 분리하여 타인에게 양도할 수 없다.
② **저당권부 채권의 양도**: 채권자는 채무자에게 채권양도사실을 통지하여야 하고, 저당권을 양수받은 자는 저당권이전의 부기등기를 하여야 저당권을 취득한다.

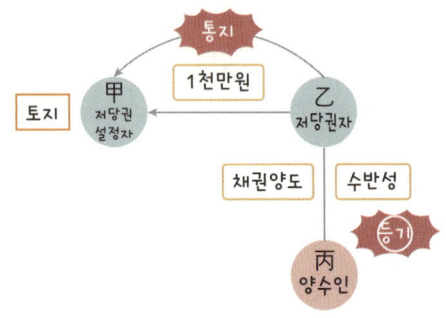

③ 피담보채권이 변제, 소멸시효의 완성 기타 사유로 인하여 소멸한 때에는 저당권도 말소등기 없이 소멸한다(피담보채권 소멸 후 저당권이전의 부기등기를 경료하더라도 저당권을 취득할 수 없음).

④ 저당권이 설정된 후 저당부동산의 소유권이 제3자에게 이전된 경우 현재의 소유자는 자신의 소유권에 기하여 피담보채무의 소멸을 원인으로 저당권등기의 말소를 청구할 수 있고, 저당권설정자인 종전의 소유자도 저당권설정계약상의 권리에 기초하여 저당권등기의 말소를 청구할 수 있다.

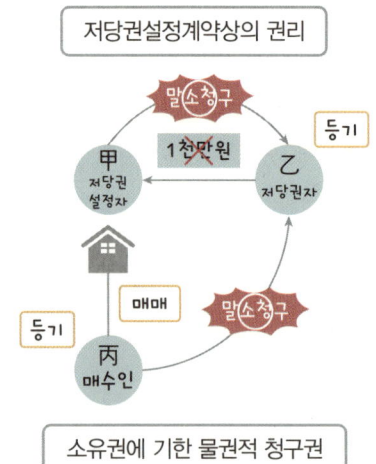

⑤ 저당권이전의 부기등기가 경료된 경우 피담보채무의 소멸 또는 저당권설정등기의 원인무효를 이유로 한 저당권설정등기 말소청구의 상대방은 양수인이다.

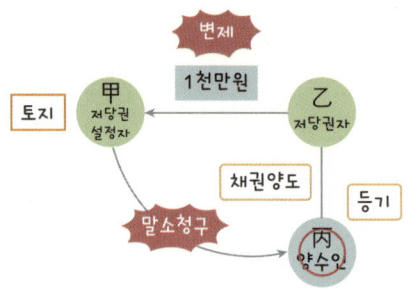

⑥ 전세권을 목적으로 저당권이 설정된 경우 전세권의 존속기간이 만료한 때에는 저당권자는 전세권 자체에 대해서는 저당권을 실행할 수 없다(이 경우에는 전세금반환청구권에 대해 물상대위를 하면 됨).

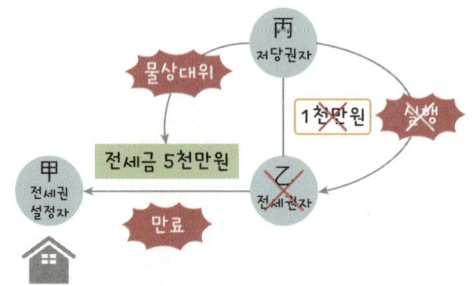

13 공동저당
— 목적물의 수만큼 저당권이 존재하는 경우

① 동일한 채권의 담보로 수개의 부동산에 저당권을 설정한 경우에 그 부동산의 경매대가를 동시에 배당하는 때에는 각 부동산의 경매대가에 비례하여 그 채권의 분담을 정한다.

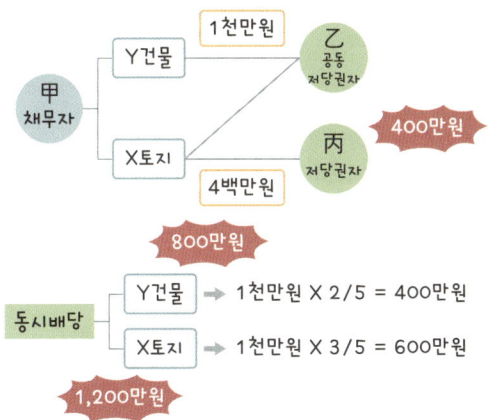

② 동시배당에 관한 규정은 공동저당부동산의 후순위저당권자가 없는 경우에도 적용된다.

③ 동시배당에 관한 규정은 채무자 소유의 수개의 부동산에 저당권이 설정된 경우에만 적용된다. 따라서 채무자 소유의 부동산과 물상보증인 소유의 부동산의 경매대가를 동시에 배당하는 때에는 공동저당권자는 먼저 채무자 소유의 부동산의 경매대가로부터 채권의 변제를 받아야 하고, 부족분이 생길 때에만 물상보증인 소유의 부동산의 경매대가에서 변제를 받아야 한다.

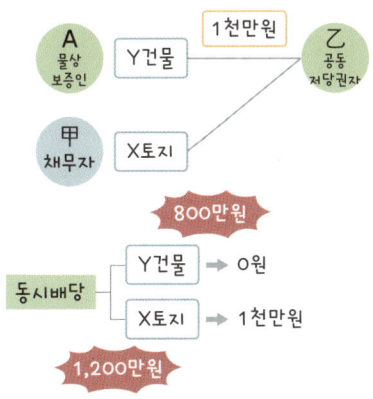

④ 공동저당부동산 중 일부의 경매대가를 먼저 배당하는 경우에는 그 대가에서 그 채권 전부의 변제를 받을 수 있다. 이 경우에 그 경매한 부동산의 차순위저당권자는 선순위저당권자가 전항의 규정에 의하여 다른 부동산의 경매대가에서 변제를 받을 수 있는 금액의 한도에서 선순위자를 대위하여 저당권을 행사할 수 있다.

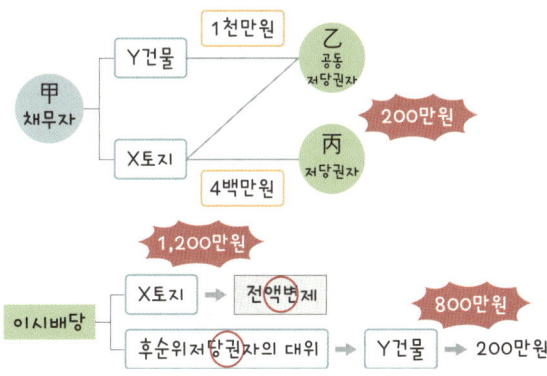

⑤ 후순위저당권자의 대위에 관한 규정은 채무자 소유의 수개의 부동산에 저당권이 설정된 경우에만 적용된다. 따라서 채무자와 물상보증인 소유의 부동산에 대해 각각 1번 저당권을 가진 자가 채무자 소유의 부동산에 대해 경매를 실행한 경우 채무자 소유의 부동산에 대한 후순위저당권자는 물상보증인 소유의 부동산에 대해 대위권을 행사할 수 없다.

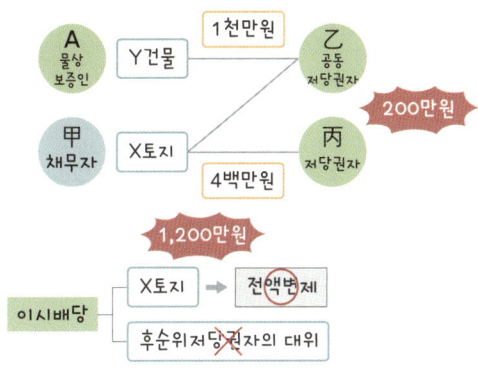

⑥ 채무자와 물상보증인 소유의 부동산에 대해 각각 1번 저당권을 가진 자가 물상보증인 소유의 부동산에 대해 경매를 실행한 경우 물상보증인은 채무자에 대해 구상권을 취득함과 동시에 변제자대위규정에 의하여 채무자 소유의 부동산에 대한 저당권을 취득한다. 한편 물상보증인 소유의 부동산에 대한 후순위저당권자는 물상보증인이 대위취득한 1번 저당권에 대하여 물상대위를 할 수 있다.

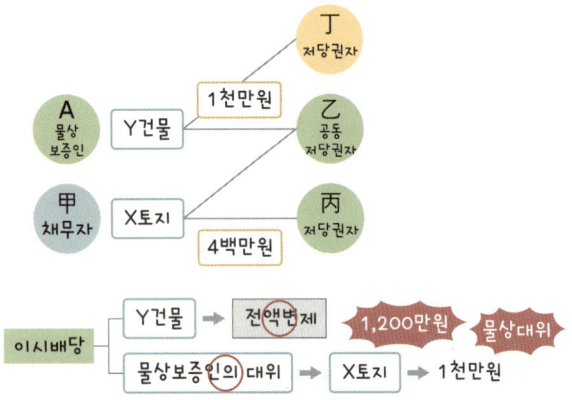

⑦ 동일한 채권의 담보로 부동산과 선박에 대하여 저당권이 설정된 경우에는 후순위저당권자의 대위에 관한 규정을 유추적용할 수 없다.

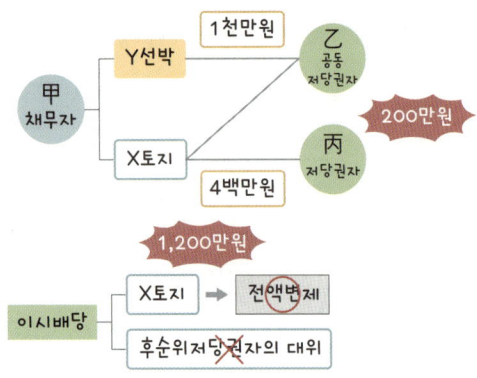

14 근저당

34회·35회

제357조【근저당】① 저당권은 그 담보할 채무의 최고액만을 정하고 채무의 확정을 장래에 보류하여 이를 설정할 수 있다. 이 경우에는 그 확정될 때까지의 채무의 소멸 또는 이전은 저당권에 영향을 미치지 아니한다.
② 전항의 경우에는 채무의 이자는 최고액 중에 산입한 것으로 본다.

근저당
① 계속적 거래관계로부터 발생하는
② 장래의 불특정채권을
③ 채권최고액까지 담보하는 제도

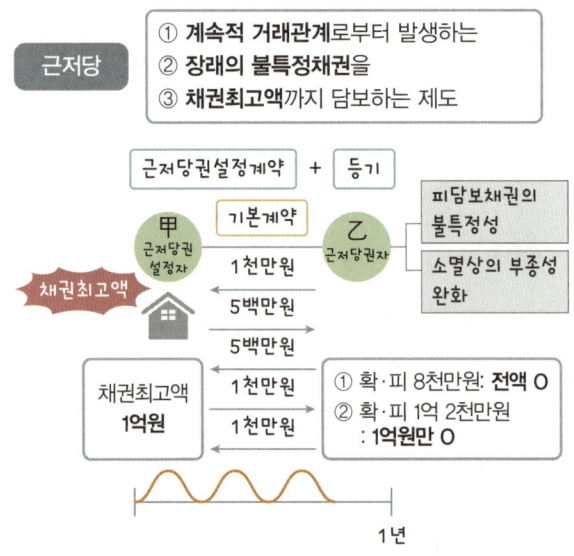

① 근저당권이 유효하기 위해서는 근저당권설정행위와 별도로 근저당권의 피담보채권을 성립시키는 법률행위가 필요하다.
② '채권최고액'이란 담보목적물로부터 우선변제를 받을 수 있는 한도액이지 책임의 한도액이 아니다.
③ 근저당권설정등기 시에는 근저당이라는 취지, 채권최고액, 채무자 및 근저당권자를 반드시 등기하여야 한다(필요적 등기사항). 근저당권의 존속기간과 계속적 거래관계의 결산기는 약정이 있는 때에만 등기할 수 있다(임의적 등기사항). 한편 이자, 위약금, 변제기는 등기사항이 아니다.
④ 원본, 이자, 위약금 모두 채권최고액에 포함되며, 지연배상도 1년분에 한하지 않는다(근저당권실행비용은 채권최고액에 포함 ✕).
⑤ 근저당권의 피담보채무가 확정되기 전에는 채무자나 채무의 범위를 변경할 수 있다.

⑥ 근저당권의 피담보채권이 확정되는 경우

㉠ 존속기간의 만료
㉡ 결산기의 도래
㉢ 기본계약 또는 근저당권설정계약의 해제·해지
㉣ 채무자 또는 물상보증인의 파산선고
㉤ 근저당권자가 경매를 신청하는 경우: 경매신청 시에 확정
㉥ 후순위근저당권자가 경매를 신청하는 경우: 선순위 근저당권자의 피담보채권은 매수인이 매각대금을 다 낸 때(경락인이 경락대금을 완납한 때)에 확정된다.

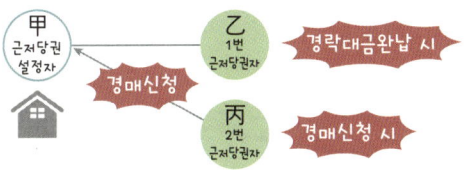

⑦ 피담보채권이 확정되면 근저당권은 일반저당권으로 전환되므로 그 이후에 발생하는 채권은 더 이상 근저당권에 의하여 담보되지 않는다.

심's 출제포인트

❶ 확정된 피담보채권액이 채권최고액을 초과하는 경우 근저당권을 말소시키기 위하여 변제하여야 할 금액의 범위는 다음과 같다.

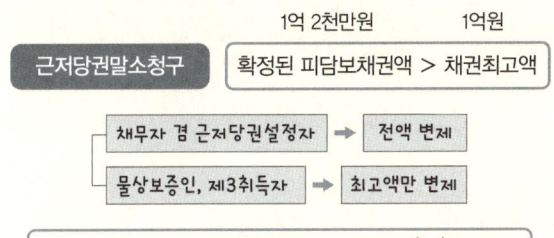

❷ 선순위근저당권의 확정된 피담보채권액이 채권최고액을 초과하는 경우, 후순위근저당권자는 채권최고액을 변제하더라도 선순위근저당권의 소멸을 청구할 수 없다.

에듀윌이
너를
지지할게
ENERGY

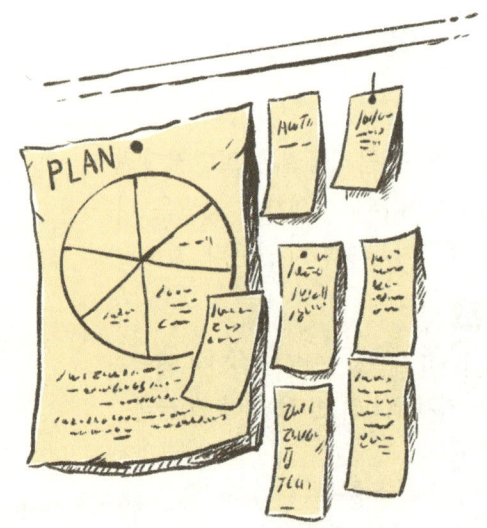

오늘은
어제 생각한 결과이다.
우리의 내일은
오늘 무슨 생각을 하느냐에 달려있다.

– 존 맥스웰(John Maxwell)

PART 3 계약법

POINT 01 계약의 성립
POINT 02 계약의 효력
POINT 03 계약의 해제·해지
POINT 04 매매
POINT 05 교환
POINT 06 임대차

POINT 01 계약의 성립

1 약관에 의한 계약성립 32회

① **약관**: 명칭·형태·범위를 불문하고 계약의 당사자 일방이 다수의 상대방과 계약을 체결하기 위하여 일정한 형식으로 미리 마련한 계약의 내용
② **약관구속력의 근거**: 당사자의 합의
③ **사업자의 명시·설명의무**: 사업자는 계약을 체결할 때에는 고객에게 약관의 내용을 계약의 종류에 따라 일반적으로 예상되는 방법으로 명시하고, 약관에 정하여져 있는 중요한 내용을 고객이 이해할 수 있도록 설명하여야 한다. 사업자가 명시·설명의무를 위반하여 계약을 체결한 경우에는 해당 약관을 계약의 내용으로 주장할 수 없다.
④ **개별약정 우선의 원칙**: 약관에서 정하고 있는 사항에 관하여 사업자와 고객이 약관의 내용과 다르게 합의한 사항이 있을 때에는 그 합의사항은 약관보다 우선한다.
⑤ **신의성실의 원칙**: 약관은 신의성실의 원칙에 따라 공정하게 해석되어야 한다.
⑥ **객관적 해석의 원칙**: 약관은 고객에 따라 다르게 해석되어서는 안 된다.
⑦ **작성자불리의 원칙**: 약관의 뜻이 명백하지 아니한 경우에는 고객에게 유리하게 해석되어야 한다.
⑧ **축소해석의 원칙**: 약관내용 중 사업자에게 유리한 조항은 축소하여 해석하여야 한다.
⑨ **일부무효의 특칙**: 약관의 전부 또는 일부의 조항이 명시·설명의무 위반으로 계약의 내용이 되지 못하는 경우나 불공정약관조항에 해당하여 무효인 경우 계약은 나머지 부분만으로 유효하게 존속한다. 다만, 유효한 부분만으로는 계약의 목적 달성이 불가능하거나 그 유효한 부분이 일방 당사자에게 부당하게 불리한 경우에는 그 계약 전부를 무효로 한다.

심's 출제포인트

사업자의 명시·설명의무가 면제되는 경우
❶ 이미 법령에 의하여 정하여진 것을 약관에 부연하는 정도에 불과한 경우
❷ 고객이나 대리인이 이미 약관내용을 충분히 잘 알고 있는 경우
❸ 약관내용이 별도의 설명 없이도 충분히 예상할 수 있는 경우
❹ 약관조항이 당사자 사이의 약정의 취지를 명백히 하기 위한 확인적 규정에 불과한 경우

2 계약의 종류 33회·35회·36회

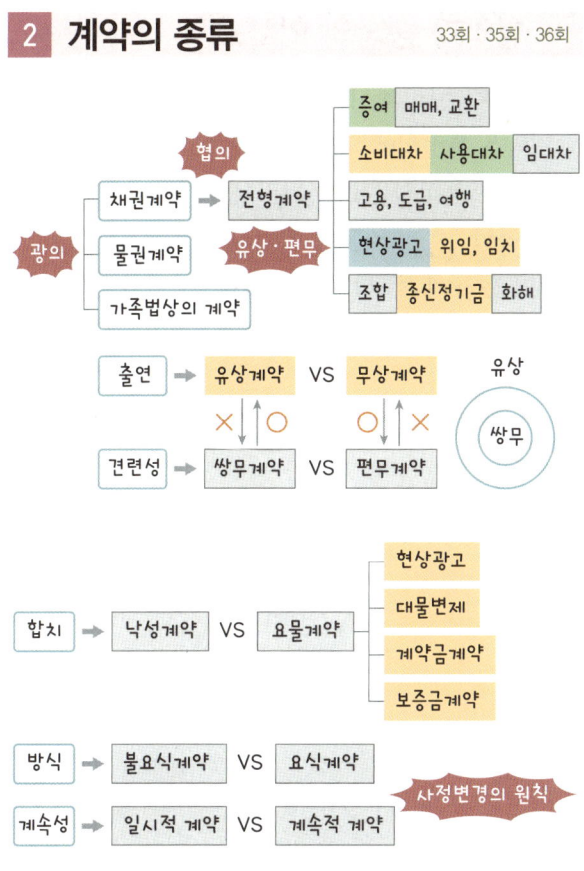

증여	당사자 일방이 상대방에게 재산을 무상으로 준다는 의사를 표시하고, 상대방이 이를 승낙함으로써 성립하는 계약	무상
매매	당사자 일방이 재산권을 상대방에게 이전하기로 약정하고, 상대방이 그 대금을 지급하기로 약정함으로써 성립하는 계약	유상
교환	당사자 쌍방이 금전 외의 재산권을 서로 이전하기로 약정함으로써 성립하는 계약	
소비 대차	당사자 일방이 금전이나 그 밖의 대체물의 소유권을 상대방에게 이전하기로 약정하고, 상대방이 그와 같은 종류, 품질 및 수량으로 반환하기로 약정함으로써 성립하는 계약	유상+무상
사용 대차	당사자 일방이 상대방에게 무상으로 사용·수익하게 하기 위하여 목적물을 인도하기로 약정하고, 상대방이 사용·수익한 후에 그 목적물을 반환하기로 약정함으로써 성립하는 계약	무상
임대차	당사자 일방이 상대방에게 목적물을 사용·수익하게 하기로 약정하고, 상대방이 그에 대하여 차임을 지급하기로 약정함으로써 성립하는 계약	
고용	당사자 일방이 상대방에게 노무를 제공하기로 약정하고, 상대방이 그에 대하여 보수를 지급하기로 약정함으로써 성립하는 계약	
도급	당사자 일방이 어떤 일을 완성하기로 약정하고, 상대방이 그 일의 결과에 대하여 보수를 지급하기로 약정함으로써 성립하는 계약	유상
여행	당사자 한쪽이 상대방에게 운송, 숙박, 관광 또는 그 밖의 여행 관련 용역을 결합하여 제공하기로 약정하고, 상대방이 그 대금을 지급하기로 약정함으로써 성립하는 계약	
현상 광고	광고자가 어느 행위를 한 자에게 일정한 보수를 지급할 의사를 표시하고, 그에 응한 자가 그 광고에서 정한 행위를 완료함으로써 성립하는 계약	
위임	당사자 일방이 상대방에게 사무의 처리를 위탁하고, 상대방이 이를 승낙함으로써 성립하는 계약	유상+무상
임치	당사자 일방이 상대방에게 금전이나 유가증권, 그 밖의 물건의 보관을 위탁하고, 상대방이 이를 승낙함으로써 성립하는 계약	유상+무상
조합	2인 이상이 서로 출자하여 공동사업을 경영하기로 약정함으로써 성립하는 계약	유상
종신 정기금	당사자 일방이 자기, 상대방 또는 제3자의 종신까지 정기적으로 금전이나 그 밖의 물건을 상대방이나 제3자에게 지급하기로 약정함으로써 성립하는 계약	유상+무상
화해	당사자가 서로 양보하여 당사자 간의 분쟁을 끝내기로 약정함으로써 성립하는 계약	유상

3 계약의 성립

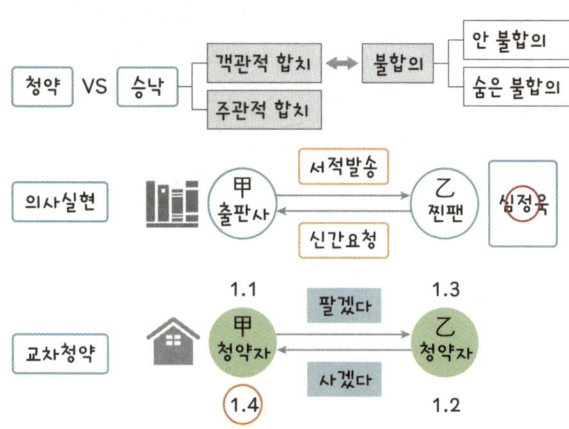

① 객관적 합치: 청약의 내용과 승낙의 내용이 서로 일치하는 것
② 주관적 합치: 상대방이 서로 일치하는 것
③ 안 불합의(의식적 불합의): 청약의 내용과 승낙의 내용이 서로 일치하지 않는 것을 당사자가 서로 아는 경우
④ 숨은 불합의(무의식적 불합의): 청약의 내용과 승낙의 내용이 서로 일치하지 않는 것을 당사자가 서로 모르는 경우
⑤ 의사표시의 합치는 계약의 성립요건의 문제이고, 착오는 성립을 전제로 한 계약의 효력요건의 문제이므로 항상 불합의 여부를 먼저 검토하여야 한다.
⑥ 의사실현에 의한 계약성립: 청약자의 의사표시나 관습에 의하여 승낙의 통지가 필요하지 아니한 경우에는 계약은 승낙의 의사표시로 인정되는 사실이 있는 때에 계약이 성립한다.
⑦ 교차청약에 의한 계약성립: 당사자 간에 동일한 내용의 청약이 상호교차된 경우에는 양 청약이 상대방에게 도달한 때에 계약이 성립한다.

4 청약과 승낙의 의사표시

(1) 청약의 의사표시

① 청약은 특정인에 의하여 행해져야 한다.
② 청약은 특정인뿐만 아니라 불특정다수인에 대해서도 할 수 있다(예 자판기 설치).
③ 청약은 구체적·확정적 의사표시이어야 한다.
④ 청약은 상대방에게 도달한 때에 효력이 발생한다.
⑤ 청약자가 청약의 의사표시를 발신한 후 사망하거나 제한능력자가 되어도 청약의 효력에 영향을 미치지 않는다.
⑥ 계약의 청약은 이를 철회하지 못한다(이를 '구속력'이라 함).
⑦ 청약이 상대방에게 도달하기 전에는 청약자가 이를 철회할 수 있다. 또한 청약자가 처음부터 철회의 자유를 유보(留保)한 경우에도 청약을 철회할 수 있다.
⑧ 청약은 그에 대응하는 승낙만 있으면 곧바로 계약을 성립시킬 수 있는 힘이 있다(이를 '승낙적격'이라 함).

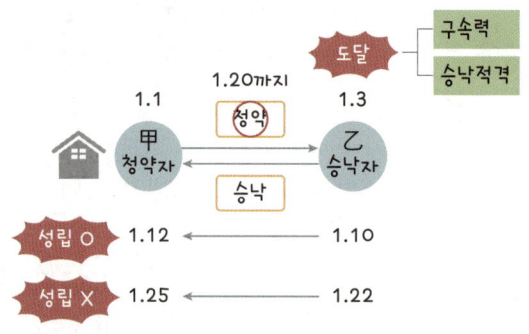

⑨ 승낙기간을 정한 계약의 청약은 청약자가 그 기간 내에 승낙의 통지를 받지 못한 때에는 그 효력을 잃는다.
⑩ 승낙기간을 정하지 아니한 계약의 청약은 청약자가 상당한 기간 내에 승낙의 통지를 받지 못한 때에는 그 효력을 잃는다.
⑪ 청약자의 상대방은 청약을 받았다는 사실로부터 아무런 법률상의 의무를 부담하지 않는다.
⑫ 청약자가 "회답이 없으면 승낙한 것으로 본다."라는 문구를 덧붙여 청약하였더라도 이는 상대방을 구속하지 않는다.

⑬ 청약자가 물건을 송부하면서 "구입하지 않으면 반송하라. 반송하지 않으면 구입한 것으로 보겠다."라고 한 경우에도 물건을 수령하거나 반송할 의무가 없다.

(2) 승낙의 의사표시

① 승낙은 청약에 대하여 동의를 준다는 내심의 결의로는 부족하고 청약자에게 표시되어야 한다.
② 승낙자가 청약에 대하여 조건을 붙이거나 변경을 가하여 승낙한 때에는 청약거절과 동시에 새로 청약한 것으로 본다.

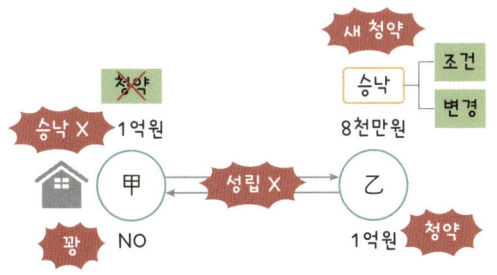

③ 승낙은 특정의 청약자에 대하여 하여야 한다. 따라서 불특정 다수인에 대한 승낙은 있을 수 없다.

(3) 계약의 성립시기

① 대화자 간의 계약은 승낙의 의사표시가 도달한 때에 성립한다.
② 격지자 간의 계약은 승낙의 통지를 발송한 때에 성립한다.

심's 출제포인트

계약의 성립

❶ 계약이 성립하기 위해서는 계약의 본질적 사항이나 중요사항에 관한 합의가 있으면 되고, 세부사항에 관한 합의까지는 필요 없다.
❷ 청약에는 계약의 내용을 결정할 수 있는 사항이 반드시 포함되어야 한다.
❸ 구인광고와 상품목록의 배부는 청약의 유인에 해당하고, 정찰가격을 붙인 상품의 진열과 자동판매기의 설치는 청약에 해당한다.

❹ 예금자가 예금의 의사를 표시하면서 금융기관에 돈을 제공하고 금융기관이 그 돈을 받아 확인을 하면 곧바로 예금계약이 성립한다. 따라서 금융기관의 직원이 그 받은 돈을 금융기관에 입금하지 아니하고 이를 횡령하였더라도 예금계약의 성립에는 영향을 미치지 아니한다.
❺ 매도인이 매수인에게 매매계약을 합의해제할 것을 청약하였으나 매수인이 그 청약에 대하여 조건을 붙여 승낙한 경우 매도인의 청약은 거절된 것으로 본다.

심's 출제포인트

연착된 승낙

❶ 아예 늦게 보내서 승낙이 연착된 경우에는 계약이 성립하지 않는다. 다만, 연착된 승낙은 청약자가 이를 새 청약으로 볼 수 있다.
❷ 승낙의 통지가 승낙기간 후에 도달한 경우에 보통 그 기간 내에 도달할 수 있는 발송인 때에는 청약자는 지체 없이 상대방에게 연착의 통지를 하여야 한다(미리 지연의 통지를 발송한 경우에는 따로 연착의 통지를 할 필요 없음). 청약자가 연착의 통지를 하지 않은 경우에는 승낙은 연착되지 않은 것으로 본다.
∴ 제때 도달한 것으로 간주되어 계약이 성립한다.

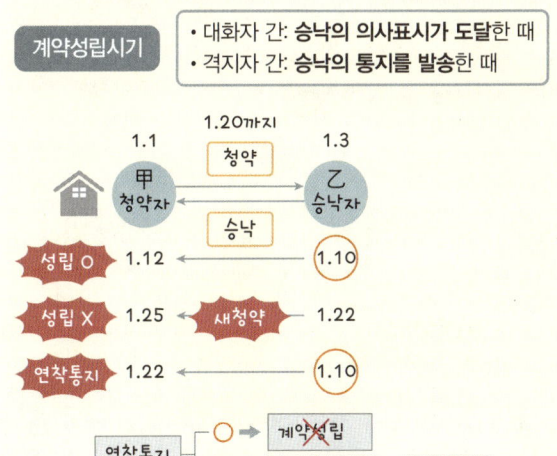

5 계약체결상의 과실책임 35회

제535조 【계약체결상의 과실】 ① 목적이 불능한 계약을 체결할 때에 그 불능을 알았거나 알 수 있었을 자는 상대방이 그 계약의 유효를 믿었음으로 인하여 받은 손해를 배상하여야 한다. 그러나 그 배상액은 계약이 유효함으로 인하여 생길 이익액을 넘지 못한다.
② 전항의 규정은 상대방이 그 불능을 알았거나 알 수 있었을 경우에는 적용하지 아니한다.

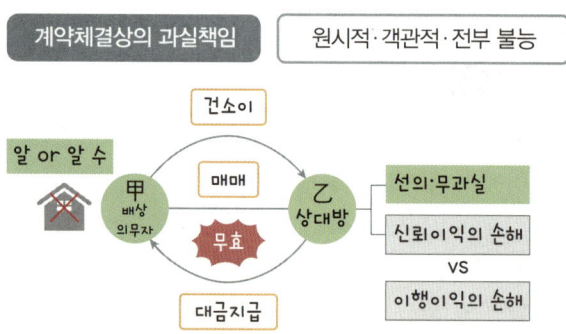

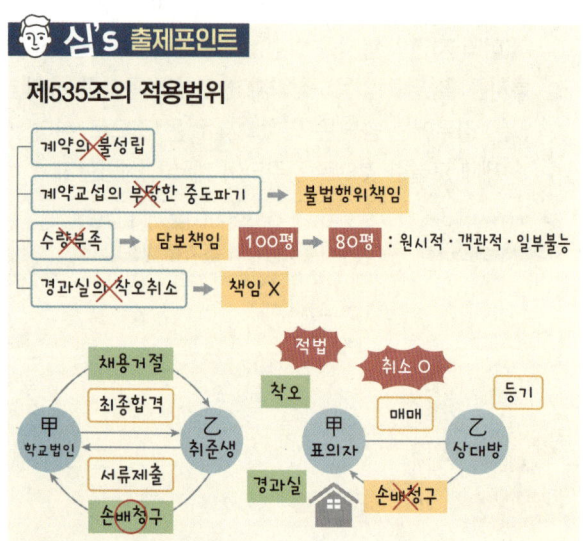

① 의사표시의 불합치로 계약이 성립하지 않은 때에는 계약체결상의 과실책임을 물을 수 없다.
② 학교법인(전주우석대학)이 사무직원 채용통지를 한 후 여러 번 발령을 미루다가 결국 채용거절통지를 보낸 경우 학교법인은 불법행위자로서 상대방이 최종합격자 통지와 계속된 발령약속을 신뢰하여 직원으로 채용되기를 기대하면서 다른 취직의 기회를 포기함으로써 입은 손해를 배상하여야 한다.
③ 계약교섭의 부당한 중도파기가 불법행위를 구성하는 경우 그러한 불법행위로 인한 손해는 일방이 신의에 반하여 상당한 이유 없이 계약교섭을 파기함으로써 계약체결을 신뢰한 상대방이 입게 된 상당인과관계 있는 손해로서 계약이 유효하게 체결된다고 믿었던 것에 의하여 입었던 손해에 한정된다.
④ 수량을 지정한 부동산매매계약에 있어서 실제면적이 계약면적에 미달한 경우 담보책임을 묻는 것 외에 별도로 부당이득반환청구를 하거나 계약체결상의 과실책임을 물을 수 없다.

POINT 02 계약의 효력

1 쌍무계약의 특질
↳ 이행기에 쌍으로 의무를 부담하는 계약

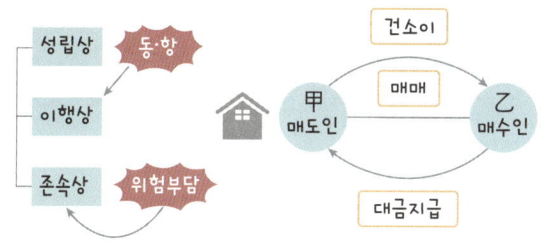

① **성립상의 견련성**: 일방의 채무가 성립하여야만 타방의 채무도 성립한다. 따라서 어느 일방의 의사표시가 무효나 취소가 되어 그의 채무가 성립하지 않는 경우에는 다른 일방의 의사표시가 완전 유효하더라도 그의 채무는 성립하지 않는다.
② **이행상의 견련성**: 일방의 채무가 이행될 때까지는 타방의 채무를 이행하지 않아도 된다(이행상의 견련성에서 동시이행의 항변권이 도출됨).
③ **존속상의 견련성**: 일방의 채무가 채무자의 책임 없는 사유로 인하여 후발적 불능이 되어 소멸한 경우 타방의 채무도 같이 소멸한다(존속상의 견련성에서 위험부담의 문제가 발생함).

2 동시이행의 항변권 32회·33회·35회·36회

> 제536조 【동시이행의 항변권】 ① 쌍무계약의 당사자 일방은 상대방이 그 채무이행을 제공할 때까지 자기의 채무이행을 거절할 수 있다. 그러나 상대방의 채무가 변제기에 있지 아니하는 때에는 그러하지 아니하다.
> ② 당사자 일방이 상대방에게 먼저 이행하여야 할 경우에 상대방의 이행이 곤란할 현저한 사유가 있는 때에는 전항 본문과 같다.

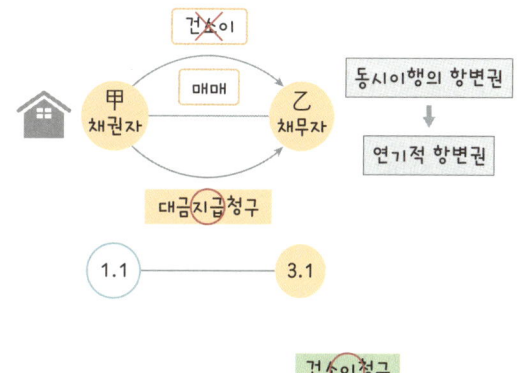

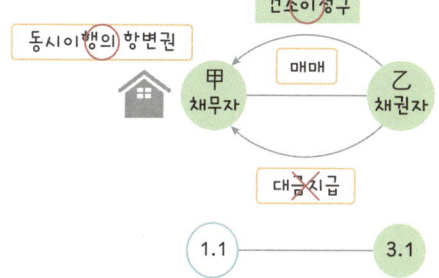

(1) 의의
① 동시이행의 항변권은 채권자가 자기 채무를 이행하지 않고 채무자에게 이행을 청구한 경우 채무자는 일시적으로 자기 채무의 이행을 거절할 수 있는 권리이다.
② 동시이행의 항변권은 연기적 항변권에 해당한다.

(2) 성립요건

> ① **쌍무계약**일 것
> ② 상대방 채무의 **변제기가 도래**할 것
> ③ 상대방이 자기 채무의 **이행 또는 이행제공**을 하지 않고 청구할 것

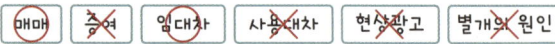

① 증여나 사용대차와 같은 편무계약에는 원칙적으로 동시이행의 항변권이 인정되지 않는다.
② 쌍방이 서로 채무를 부담하여도 그 채무가 별개의 원인에 의해 생긴 경우에는 원칙적으로 동시이행의 항변권이 인정되지 않는다.
③ 동시이행의 항변권은 원칙적으로 쌍무계약의 당사자 사이에서 인정된다. 그러나 채권양도·채무인수·상속·전부명령으로 당사자가 변경되는 경우에도 채권·채무의 동일성이 유지되므로 동시이행의 항변권이 인정된다(경개의 경우에는 동일성이 유지되지 않으므로 동시이행의 항변권이 소멸함).

> 동시이행의 항변권은 **쌍무계약**을 체결한 당사자 사이에서만 인정된다. (×)

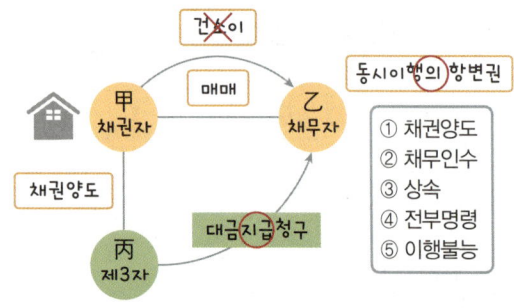

④ 당사자 일방의 채무가 이행불능으로 인해 손해배상채무로 성질이 변경되더라도 채무의 동일성이 유지되므로 동시이행의 항변권은 존속한다.

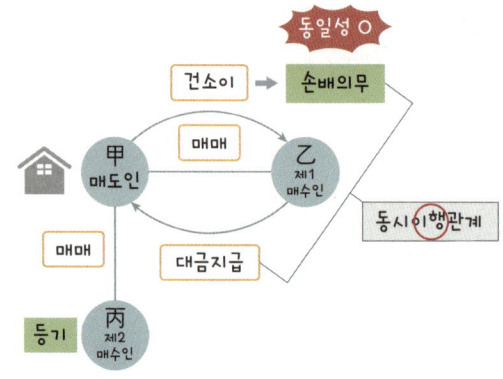

⑤ 동시이행의 항변권은 주된 급부의무 사이에서만 인정되고, 부수적 의무에 대해서는 원칙적으로 동시이행의 항변권이 인정되지 않는다.
⑥ 상대방 채무의 변제기가 도래하지 않은 경우에는 자기 채무를 먼저 이행하여야 하므로 선이행의무자는 원칙적으로 동시이행의 항변권을 행사할 수 없다.
⑦ **불안의 항변권**: 당사자 일방이 상대방에게 채무를 먼저 이행하여야 할 경우에 상대방의 이행이 곤란할 현저한 사유가 있는 때에는 자기의 채무이행을 거절할 수 있다.

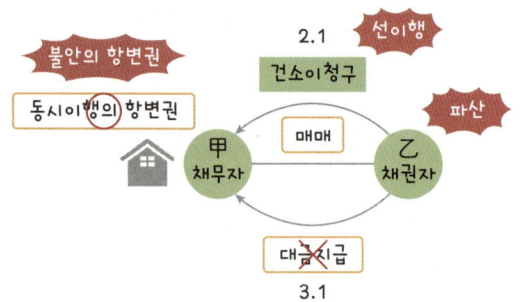

⑧ 중도금판례: 매수인이 선이행하여야 할 중도금지급을 하지 아니한 채 잔금지급기일을 경과한 경우에는 매수인의 중도금 및 이에 대한 지급일 다음 날부터 잔금지급일까지의 지연손해금과 잔금지급채무는 매도인의 등기서류교부와 동시이행관계가 된다.

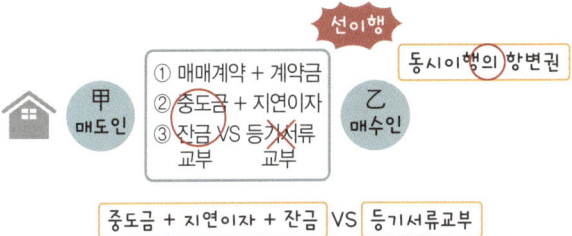

⑨ 쌍무계약의 당사자 일방이 먼저 한 번 현실의 제공을 하고 상대방을 수령지체에 빠지게 하였다 하더라도 그 이행의 제공이 계속되지 않은 경우에는 과거에 한 번 이행의 제공이 있었다는 사실만으로 상대방이 가진 동시이행의 항변권이 소멸하지는 않는다.

(3) 효력

① 이행거절권능

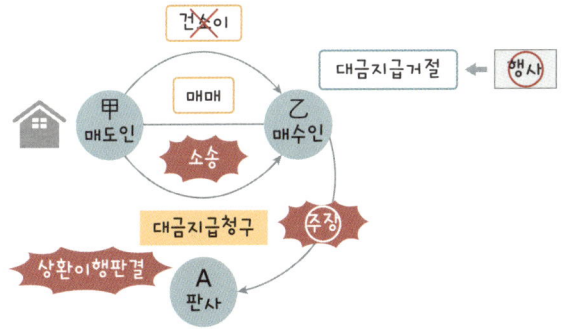

㉠ 채무자는 상대방이 그 채무이행을 제공할 때까지 자기 채무의 이행을 거절할 수 있다.
㉡ 채무자가 자기 채무의 이행을 거절하기 위해서는 동시이행의 항변권을 행사하여야 한다.
㉢ 원고(채권자)의 이행청구소송에 대해 피고(채무자)가 동시이행의 항변권을 원용한 경우 법원은 상환이행판결(상환급부판결, 원고일부승소판결, 원고일부승소·일부패소판결)을 한다.

② 이행지체저지효

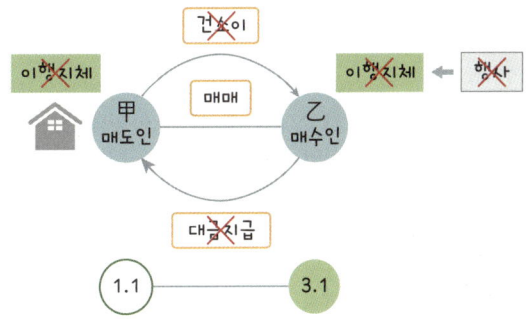

㉠ 동시이행의 항변권을 가지는 채무자는 이행기에 이행을 하지 않더라도 이행지체책임을 지지 않는다.
㉡ 채무자가 자기 채무에 대해 이행지체책임을 면하기 위해서는 동시이행의 항변권을 행사할 필요가 없다.

③ 상계금지효
㉠ 동시이행의 항변권이 붙은 채권을 자동채권으로 하여 상계할 수 없다.
㉡ 동시이행의 항변권이 붙은 채권을 자동채권으로 하여 상계하도록 하면 상계자의 일방적 의사표시에 의하여 상대방이 가지는 항변권이 부당하게 상실되기 때문이다.

심's 출제포인트

❶ 동시이행관계인 경우

명문규정	㉠ 전세권이 소멸한 경우에 있어서 전세권설정자의 전세금반환의무와 전세권자의 목적물인도 및 전세권설정등기의 말소에 필요한 서류의 교부의무 ㉡ 계약해제에 있어서 각 당사자의 원상회복의무 ㉢ 매매에 있어서 매도인의 재산권이전의무와 매수인의 대금지급의무 ㉣ 매도인의 담보책임과 매수인의 목적물 반환의무 ㉤ 가등기담보에 있어서 채권자의 청산금지급채무와 채무자의 목적물인도 및 등기의무
해석상	㉠ 임대차에 있어서 보증금반환의무와 목적물반환의무 ㉡ 매매계약이 무효 또는 취소된 경우 각 당사자의 부당이득반환의무 ㉢ 부동산매매 시 매수인이 양도소득세를 부담하기로 한 경우에 매도인의 소유권이전등기의무와 매수인의 양도소득세 납부의무 ㉣ 토지임대차에서 토지임차인이 지상물매수청구권을 행사한 경우 임차인의 지상물인도의무와 임대인의 매매대금지급의무 ㉤ 가압류된 부동산의 매매계약에서 매도인의 가압류등기말소 및 소유권이전의무와 매수인의 대금지급의무

❷ 동시이행관계가 아닌 경우

㉠ 피담보채무의 변제와 저당권설정등기의 말소(피담보채무의 변제가 언제나 선이행의무임)
㉡ 보증금반환의무와 임차권등기명령에 의해 등기된 임차권등기의 말소의무
㉢ 임대차계약 종료에 따른 임차인의 임차목적물 반환의무와 임대인의 권리금회수 방해로 인한 손해배상의무
㉣ 토지거래허가 신청절차협력의무와 매수인의 대금지급의무

㉤ 저당권실행을 위한 경매가 무효가 된 경우, 낙찰자의 채무자에 대한 소유권이전등기말소의무와 저당권자의 낙찰자에 대한 배당금반환의무

① VS ②: **동시이행관계 O**
② VS ③: **동시이행관계 X**

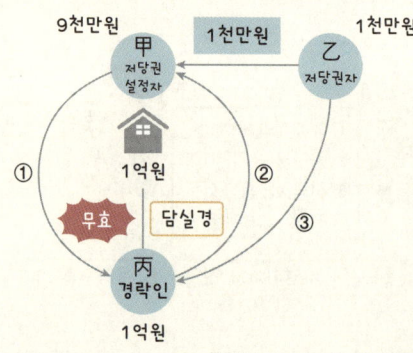

㉥ 임대차계약 해제에 따른 임차인의 목적물반환의무와 임대인의 목적물을 사용·수익하게 할 의무 불이행에 대하여 손해배상하기로 한 약정에 따른 의무

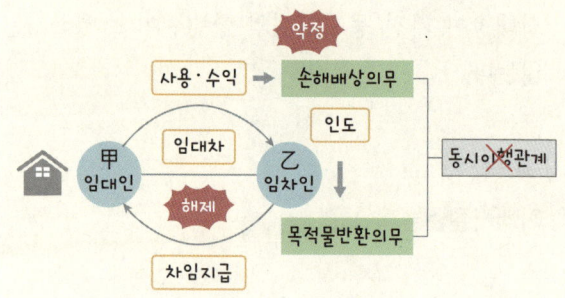

3 위험부담

제537조【채무자위험부담주의】쌍무계약의 당사자 일방의 채무가 당사자 쌍방의 책임 없는 사유로 이행할 수 없게 된 때에는 채무자는 상대방의 이행을 청구하지 못한다.

제538조【채권자 귀책사유로 인한 이행불능】① 쌍무계약의 당사자 일방의 채무가 채권자의 책임 있는 사유로 이행할 수 없게 된 때에는 채무자는 상대방의 이행을 청구할 수 있다. 채권자의 수령지체 중에 당사자 쌍방의 책임 없는 사유로 이행할 수 없게 된 때에도 같다.
② 전항의 경우에 채무자는 자기의 채무를 면함으로써 이익을 얻은 때에는 이를 채권자에게 상환하여야 한다.

위험부담
① **쌍무계약**에 있어서
② 채무자의 **책임 없는 사유**로
③ **후발적 불능**이 되었을 때 생기는 문제

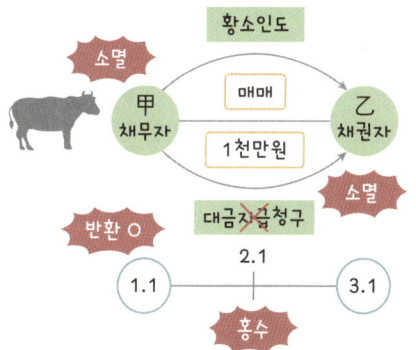

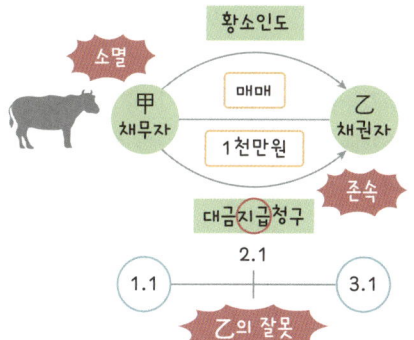

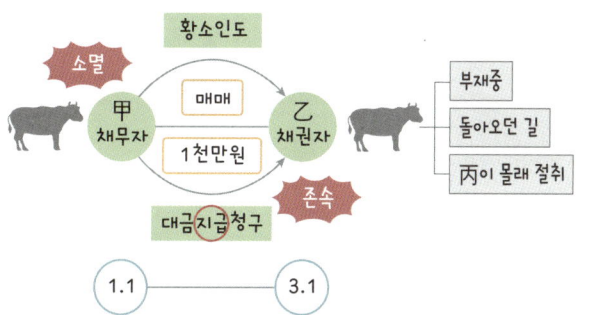

심's 출제포인트

❶ 위험부담에 관한 규정은 임의규정이므로 당사자의 특약으로 달리 정할 수 있다.

❷ 채무자가 위험을 부담하는 경우 채무자는 이미 반대급부(계약금 등)를 이행받았다면 이를 부당이득으로 채권자에게 반환하여야 한다.

❸ 채무자가 위험을 부담하는 경우 채권자는 대상청구권을 행사하여 채무자가 지급받은 화재보험금, 수용보상금청구권의 양도를 청구할 수 있다(이 경우 채권자도 자기 채무를 이행하여야 함).

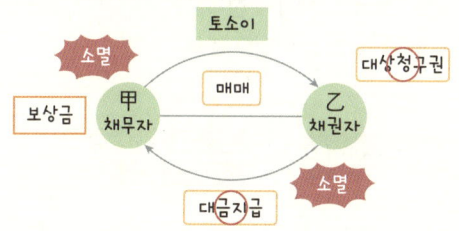

❹ 채권자가 위험을 부담하는 경우 채무자는 자기 채무를 면함으로써 얻은 이익을 채권자에게 상환하여야 한다.

❺ 사용자의 귀책사유로 인하여 해고된 근로자가 해고기간 중에 다른 직장에서 근무하여 지급받은 임금('중간수입'이라 함)은 근로자가 자기의 채무를 면함으로써 얻은 이익에 해당하므로, 사용자는 근로자에게 해고기간 중의 임금을 지급함에 있어 중간수입을 공제할 수 있다.

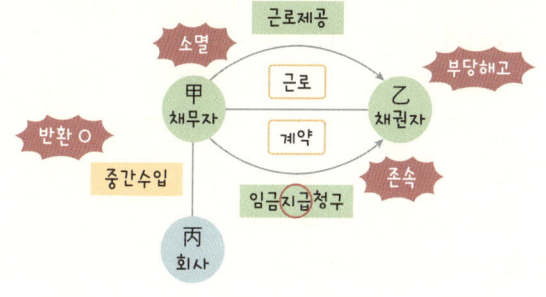

4 제3자를 위한 계약
32회·33회·34회·35회

제539조【제3자를 위한 계약】① 계약에 의하여 당사자 일방이 제3자에게 이행할 것을 약정한 때에는 그 제3자는 채무자에게 직접 그 이행을 청구할 수 있다.
② 전항의 경우에 제3자의 권리는 그 제3자가 채무자에 대하여 계약의 이익을 받을 의사를 표시한 때에 생긴다.
제540조【채무자의 제3자에 대한 최고권】 전조의 경우에 채무자는 상당한 기간을 정하여 계약의 이익의 향수여부의 확답을 제3자에게 최고할 수 있다. 채무자가 그 기간 내에 확답을 받지 못한 때에는 제3자가 계약의 이익을 받을 것을 거절한 것으로 본다.

① 제3자의 권리는 제3자가 낙약자에 대하여 수익의 의사표시를 함과 동시에 발생한다.
→ 수익의 의사표시는 제3자를 위한 계약의 성립요건 X
② 제3자를 위한 계약의 당사자는 요약자와 낙약자이고 제3자는 당사자가 아니다.
③ 제3자는 낙약자의 요약자에 대한 사기·강박을 이유로 계약을 취소할 수 없으며, 낙약자의 채무불이행을 이유로 계약을 해제할 수 없다.
④ 낙약자의 채무불이행을 이유로 요약자가 계약을 해제하는 경우 제3자는 낙약자에게 손해배상을 청구할 수 있다.
⑤ 제3자를 위한 계약이 성립하기 위해서는 보상관계가 유효하여야 하고, 제3자 수익약정이 있어야 한다.
⑥ 보상관계의 흠결이나 하자는 제3자를 위한 계약에 영향을 미친다.
⑦ 대가관계의 흠결이나 하자는 제3자를 위한 계약에 영향을 미치지 않는다.

심's 출제포인트

❶ 제3자가 취득할 수 있는 권리의 종류에는 제한이 없다(채권 + 물권).
❷ 제3자는 계약체결 당시에는 현존·특정될 필요가 없으므로 태아나 설립 중인 법인도 제3자가 될 수 있다(수익의 의사를 표시할 때에는 현존·특정되어야 함).
❸ 제3자가 낙약자에 대하여 수익의 의사표시를 하여 제3자의 권리가 생긴 후에는 당사자는 이를 변경 또는 소멸시키지 못한다. 따라서 제3자의 권리가 발생한 후에는 당사자는 계약을 합의해제할 수 없다. 그러나 요약자와 낙약자는 채무불이행을 이유로 계약을 해제할 수 있고, 착오나 사기·강박을 이유로 계약을 취소할 수 있다.
❹ 당사자의 합의에 의하여 제3자의 권리를 변경·소멸시킬 수 있음을 미리 유보하였거나, 제3자의 동의가 있는 경우에는 제3자의 권리를 변경 또는 소멸시킬 수 있다.
❺ 제3자가 수익의 의사표시를 한 후에도 요약자는 계약을 해제할 때에 제3자의 동의를 얻을 필요는 없다.
❻ 낙약자의 행위가 불법행위가 되거나 보상관계가 무효인 경우에는 제3자는 손해배상을 청구할 수 없다.
❼ 보상관계를 이루는 계약이 해제된 경우 낙약자는 이미 제3자에게 급부한 것에 대해 제3자를 상대로 반환을 청구할 수 없다.
❽ 요약자가 낙약자에 대해 사기·강박을 한 경우 낙약자는 언제나 자신의 의사표시를 취소할 수 있고, 취소로써 선의의 제3자(수익자)에게 대항할 수 있다.

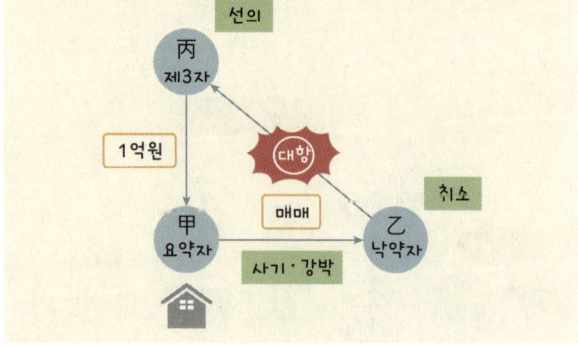

❾ 채무자와 인수인 사이의 채무인수 계약: 면책적 채무인수는 제3자를 위한 계약에 해당하지 않으나, 병존적 채무인수는 제3자를 위한 계약에 해당한다.

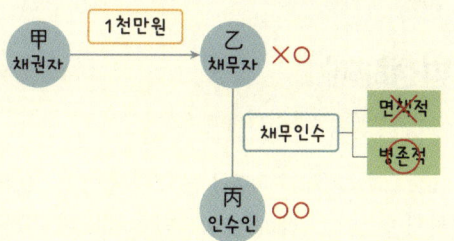

❿ 계약의 당사자가 제3자에 대하여 가진 채권에 관하여 채무를 면제하는 계약도 제3자를 위한 계약에 해당한다.

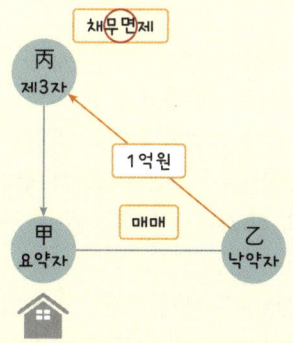

⓫ 낙약자는 요약자와의 계약에 기한 항변(보상관계에 기한 항변, 기본관계에 기한 항변)으로 제3자에게 대항할 수 있다.

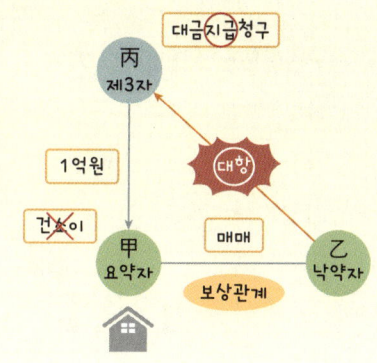

POINT 03 계약의 해제·해지

1 해제와 해지의 비교

- 계약의 해제·해지 — 단독행위
- ① 해제: **완전유효**한 계약을 **소급적으로** 소멸시키는 것
- ② 해지: **완전유효**한 계약을 **장래에 대하여** 소멸시키는 것

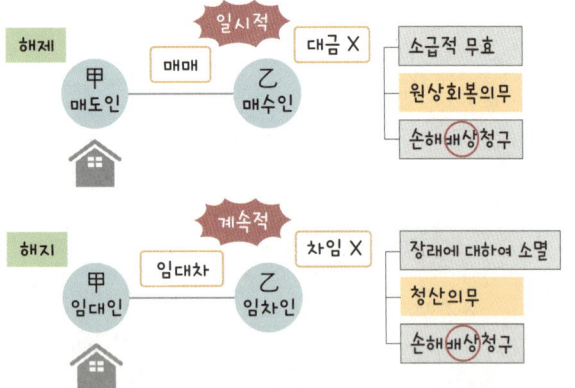

구분	해제	해지
적용범위	일시적 계약에서 인정	계속적 계약에서 인정
효력	계약이 소급적으로 소멸	계약은 장래에 대하여 소멸
의무	원상회복의무를 부담	청산의무를 부담
공통점	① 형성권 ② 약정 또는 법률규정에 의해 발생 ③ 손해배상청구 가능 ④ 철회 불가 ⑤ 행사상·소멸상의 불가분성	

2 약정해제

→ 약정사유가 발생하여 계약을 해제하는 경우

건축허가를 받지 못하면 계약을 해제하기로 약정

3 법정해제   34회·35회·36회

→ 채무불이행을 원인으로 계약을 해제하는 경우

제544조【이행지체와 해제】당사자 일방이 그 채무를 이행하지 아니하는 때에는 상대방은 상당한 기간을 정하여 그 이행을 최고하고 그 기간 내에 이행하지 아니한 때에는 계약을 해제할 수 있다. 그러나 채무자가 미리 이행하지 아니할 의사를 표시한 경우에는 최고를 요하지 아니한다.

제545조【정기행위와 해제】계약의 성질 또는 당사자의 의사표시에 의하여 일정한 시일 또는 일정한 기간 내에 이행하지 아니하면 계약의 목적을 달성할 수 없을 경우에 당사자 일방이 그 시기에 이행하지 아니한 때에는 상대방은 전조의 최고를 하지 아니하고 계약을 해제할 수 있다.

제546조【이행불능과 해제】채무자의 책임 있는 사유로 이행이 불능하게 된 때에는 채권자는 계약을 해제할 수 있다.

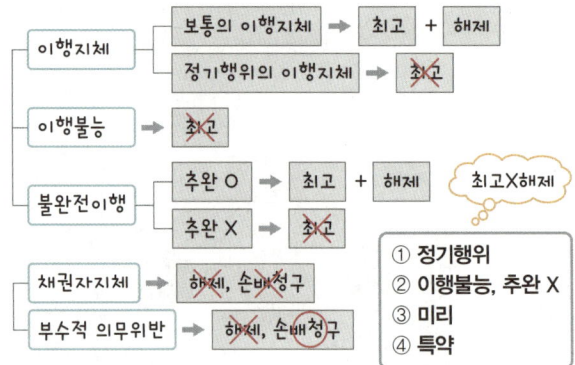

심's 출제포인트

최고 없이 해제할 수 있는 경우

❶ 정기행위의 이행지체: 해제의 의사표시는 해야 함 (자동해제 X)
❷ 이행불능과 추완이 불가능한 불완전이행
❸ 채무자가 미리 이행하지 아니할 의사를 표시한 경우
❹ 최고배제의 특약이 있는 경우

심's 출제포인트

1. 계약조항상의 부수적 의무위반을 이유로 약정해제권을 행사한 경우 손해배상을 청구할 수 없다.
2. 약정해제와 법정해제는 전혀 별개의 제도이므로 약정해제는 법정해제권의 성립에 영향을 미치지 않는다.
3. 이행지체에 있어서 과다최고도 원칙적으로 본래 이행하여야 할 금액의 범위에서 최고로서의 효력이 인정된다.
4. 이행지체에 있어서 상당하지 않은 기간을 정한 최고와 기간을 정하지 않은 최고도 최고로서의 효력이 인정된다.
5. 채무자가 미리 이행하지 아니할 의사를 명백히 표시한 경우에는 채권자는 최고 없이 곧바로 자기 채무를 이행하지 않고 계약을 해제할 수 있다.
6. 이행거절의 의사표시가 적법하게 철회된 경우에는 상당한 기간을 정하여 이행을 최고하여야 채무불이행을 이유로 계약을 해제할 수 있다.
7. 매도인의 소유권이전등기의무의 이행불능을 이유로 매수인이 계약을 해제하는 경우 잔금지급의무의 이행제공을 할 필요가 없다.
8. 일부 이행불능의 경우, 이행이 가능한 나머지 부분만의 이행으로 계약의 목적을 달성할 수 없는 경우에는 계약 전부를 해제할 수 있다.
9. 매수인의 귀책사유로 매도인의 소유권이전의무가 이행불능이 된 경우 매수인은 이행불능을 이유로 계약을 해제할 수 없다.
10. 부수적 의무의 불이행을 이유로 계약을 해제할 수 없다.
11. 매도인의 채무불이행을 이유로 계약을 해제한 매수인이 계약이 존속함을 전제로 매도인에게 계약상의 의무이행을 구하는 경우 매도인은 그 이행을 거절할 수 있다.

4 해제권의 행사

제543조【해지, 해제권】① 계약 또는 법률의 규정에 의하여 당사자의 일방이나 쌍방이 해지 또는 해제의 권리가 있는 때에는 그 해지 또는 해제는 상대방에 대한 의사표시로 한다.
② 전항의 의사표시는 철회하지 못한다.
제547조【해지, 해제권의 불가분성】① 당사자의 일방 또는 쌍방이 수인인 경우에는 계약의 해지나 해제는 그 전원으로부터 또는 전원에 대하여 하여야 한다.
② 전항의 경우에 해지나 해제의 권리가 당사자 1인에 대하여 소멸한 때에는 다른 당사자에 대하여도 소멸한다.

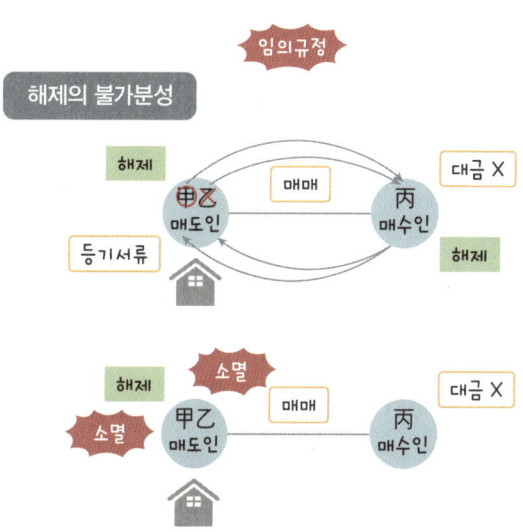

5 해제의 효과 33회·35회

제548조【해제의 효과, 원상회복의무】① 당사자 일방이 계약을 해제한 때에는 각 당사자는 그 상대방에 대하여 원상회복의 의무가 있다. 그러나 제3자의 권리를 해하지 못한다.
② 전항의 경우에 반환할 금전에는 그 받은 날로부터 이자를 가하여야 한다.
제549조【원상회복의무와 동시이행】제536조의 규정은 전조의 경우에 준용한다.
제551조【해지, 해제와 손해배상】계약의 해지 또는 해제는 손해배상의 청구에 영향을 미치지 아니한다.

① 1.1 계약금 1천만원 O
② 1.10 중도금 6천만원 O
③ 1.20 잔금 3천만원 ???

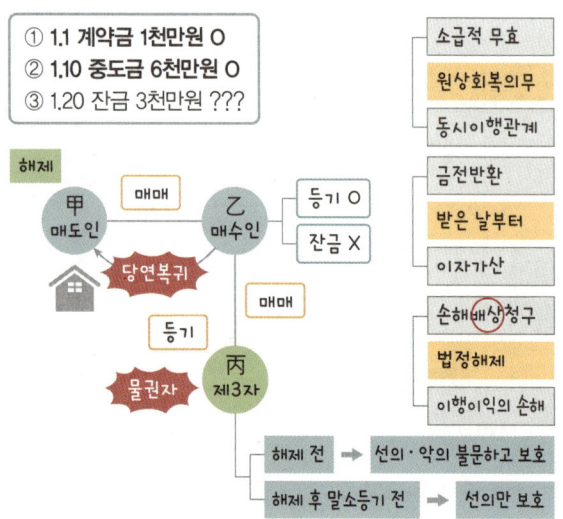

심's 출제포인트

① 부당이득반환의무 VS 원상회복의무

구분	부당이득반환의무	원상회복의무
적용범위	무효·취소	해제
반환범위	• 선의: 현존이익 • 악의: 전손해배상	선의·악의 불문하고 받은 급부의 전부
과실취득권	선의 O	선의 X
이자가산	받은 날의 다음 날	받은 날

② 계약해제로 인한 원상회복의 대상에는 매매대금은 물론 매매계약의 존속을 전제로 수령한 지연손해금도 포함된다.
③ 계약해제로 인한 원상회복의무의 이행으로서 이미 지급한 급부의 반환을 청구하는 경우에는 과실상계의 법리가 적용되지 않는다.

심's 출제포인트

계약해제의 소급효로부터 보호되는 제3자

❶ 부동산에 대한 매매계약이 해제되기 전에 그 부동산을 매수하고 소유권이전등기를 경료한 자는 제3자에 해당한다.

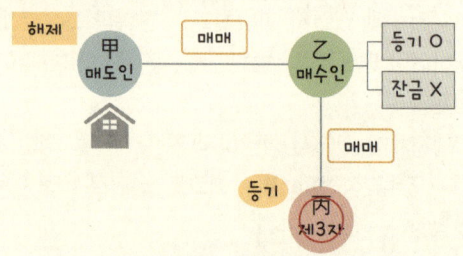

❷ 매수인과 매매예약을 체결한 후 그에 기한 소유권이전청구권보전을 위한 가등기를 마친 자도 제3자에 해당한다.

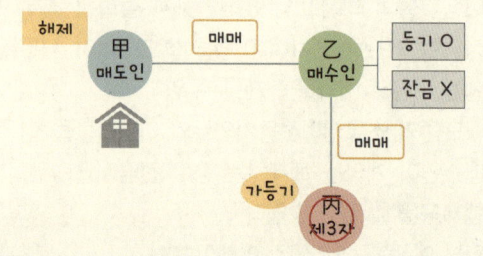

❸ 계약상의 채권을 양수한 자는 제3자에 해당하지 않는다.
❹ 계약이 해제되기 전에 계약상의 채권을 양수하여 이를 피보전권리로 하여 처분금지가처분결정을 받은 자는 제3자에 해당하지 않는다.
❺ 해제된 매매계약에 의하여 채무자의 책임재산이 된 부동산을 가압류한 자는 제3자에 해당한다.

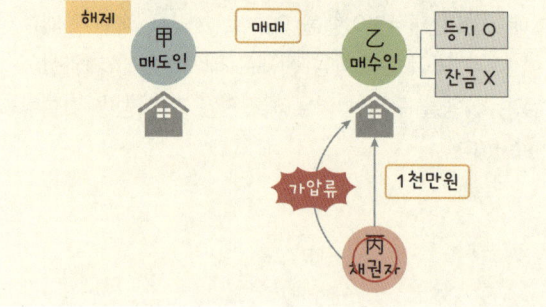

❻ 계약상의 채권을 압류 또는 전부한 채권자는 제3자에 해당하지 않는다.

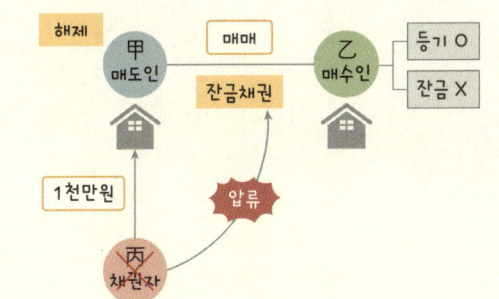

❼ 토지를 매도하였다가 대금지급을 받지 못하여 토지 매매계약이 해제된 경우 그 토지 위에 신축된 건물을 매수한 자는 제3자에 해당하지 않는다.

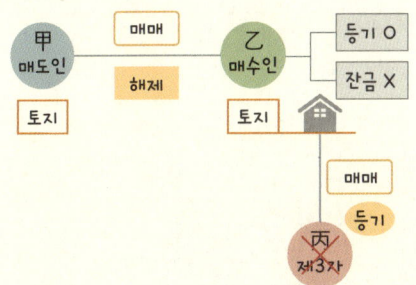

❽ 소유권을 취득하였다가 계약해제로 인하여 소유권을 상실하게 된 임대인으로부터 그 계약이 해제되기 전에 주택을 임차하여 대항요건을 갖춘 자는 제3자에 해당한다.

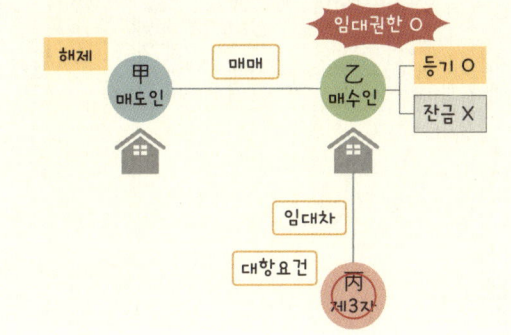

심's 출제포인트

사례연습문제

Q. 甲 소유의 X토지와 乙 소유의 Y주택에 대한 교환계약에 따라 각각 소유권이전등기가 마쳐진 후 그 계약이 해제되었다. 계약해제의 소급효로부터 보호되는 제3자에 해당하는 자를 모두 고른 것은?

> ㉠ 계약의 해제 전 乙로부터 X토지를 매수하여 소유권이전등기를 경료한 자
> ㉡ 계약의 해제 전 乙로부터 X토지를 매수하여 그에 기한 소유권이전청구권보전을 위한 가등기를 마친 자
> ㉢ 계약의 해제 전 甲으로부터 Y주택을 임차하여 「주택임대차보호법」상의 대항력을 갖춘 임차인
> ㉣ 계약의 해제 전 X토지상의 乙의 신축건물을 매수한 자

❶ ㉠, ㉡　　　❷ ㉡, ㉢
❸ ㉠, ㉡, ㉢　❹ ㉠, ㉡, ㉣
❺ ㉡, ㉢, ㉣

해설 | ㉣ 토지를 매도하였다가 대금지급을 받지 못하여 그 매매계약을 해제한 경우에 있어 그 토지 위에 신축된 건물의 매수인은 제548조 제1항 단서에서 말하는 제3자에 해당하지 않는다.

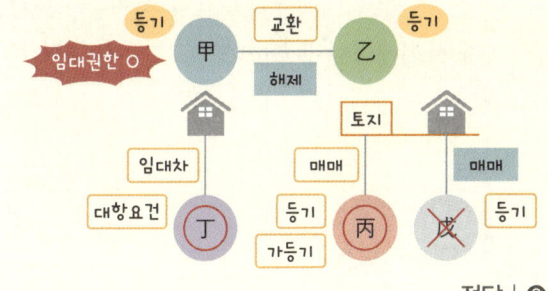

정답 | ❸

6 합의해제와 합의해지

① 합의해제(해제계약): 기존 계약을 해소하기로 하는 당사자 사이의 계약
② 계약자유의 원칙상 당사자 쌍방은 자기 채무의 이행제공 없이 합의에 의하여 계약을 해제할 수 있다.
③ 매도인이 잔금기일 경과 후 해제를 주장하며 수령한 대금을 공탁하고 매수인이 이의 없이 수령한 경우 특별한 사정이 없는 한 매매계약은 합의해제된 것으로 본다.
④ 합의해제는 계약이므로 단독행위를 전제로 한 해제에 관한 규정은 원칙적으로 적용되지 않는다.
⑤ 합의해제(합의해지)로 인하여 반환할 금전에는 그 받은 날로부터 이자를 가하여야 할 의무가 없다.
⑥ 합의해제의 경우에는 원칙적으로 손해배상을 청구할 수 없다.
⑦ 매매계약이 합의해제된 경우 매수인에게 이전되었던 소유권은 당연히 매도인에게 복귀한다.
⑧ 합의해제의 경우에도 제3자의 권리를 해하지 못한다.
⑨ 매매계약을 합의해제한 후 그 합의해제를 무효화시키고, 해제된 매매계약을 부활시키는 약정도 당사자 사이에서는 유효하다.

POINT 04 매매

1 매매의 예약

33회·34회·36회

① 예약완결권: **형성권, 양도성 O**
② 행사기간: **10년의 제척기간**
③ 제척기간 도과 여부는 **법원의 직권조사사항**

① 본계약은 채권계약일 수도 있고, 물권계약일 수도 있고, 가족법상의 계약일 수도 있지만, 예약은 언제나 채권계약이다.
② 편무예약과 쌍무예약: 예약상의 권리자가 본계약 체결의 의사를 표시했을 때 상대방의 승낙이 있어야 본계약이 성립하는 예약을 말한다. 당사자의 일방만이 예약상의 권리를 가지고 상대방은 본계약체결의 승낙의무만 부담하기로 하는 경우를 '편무예약'이라 하고, 당사자 쌍방 모두 예약상의 권리도 가지고 본계약체결의 승낙의무도 부담하기로 하는 경우를 '쌍무예약'이라 한다.
③ 일방예약과 쌍방예약: 예약상의 권리자가 본계약 체결의 의사를 표시했을 때 상대방의 승낙이 없어도 본계약이 성립하는 예약을 말한다. 당사자가 일방적으로 본계약을 성립시킬 수 있는 권리를 '예약완결권'이라고 하는데, 예약완결권을 당사자의 일방만 가지면 '일방예약'이라 하고, 당사자 쌍방이 모두 가지면 '쌍방예약'이라 한다.
④ 예약은 특약 또는 관습이 없는 한 일방예약으로 추정한다.
⑤ 매매의 일방예약은 상대방이 매매를 완결할 의사를 표시하는 때에 매매의 효력이 생긴다.
⑥ 예약완결권의 행사기간: 당사자가 자유롭게 정할 수 있으나, 특약이 없는 경우 예약이 성립한 때로부터 10년의 제척기간에 걸린다. 예약완결권의 제척기간 경과 여부는 법원의 직권조사사항이다.
⑦ 예약완결권의 행사기간에 대하여 당사자 사이의 약정이 없는 경우 예약완결권자의 상대방은 상당한 기간을 정하여 예약완결권자에게 매매완결 여부의 확답을 최고할 수 있다. 예약완결권자의 상대방이 상당한 기간 내에 확답을 받지 못한 경우에는 예약은 효력을 잃는다.
⑧ 예약완결권 행사기간 도과 전에 예약완결권자가 예약목적물인 부동산을 인도받았더라도 그 기간이 도과한 때에는 예약완결권은 소멸한다.

2 해약금에 의한 계약해제

34회

(1) 계약금계약

① '계약금'이란 계약을 체결하면서 그에 부수하여 당사자 일방이 상대방에 대하여 지급하는 금전 기타 유가물이다(계약금은 금전에 한하지 않음).
② 계약금계약은 종된 계약이자 요물계약이다.

(2) 계약금의 성질

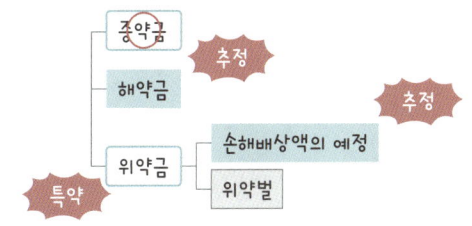

① **증약금**: 계약체결의 증거로서의 성질(계약금은 언제나 증약금으로서의 성질을 가짐)
② **해약금**: 계약해제수단으로서의 성질(계약금은 해약금으로 추정함)

③ 위약금: 계약위반에 대한 손해배상의 성질(위약금을 손해배상액의 예정으로 추정함)
  ㉠ 손해배상액의 예정: 채무불이행이 있는 경우 실손해를 묻지 않고 청구할 수 있는 금액(손해배상 예정액이 부당하게 과도한 경우 법원이 직권으로 감액 ○)
  ㉡ 위약벌: 채무불이행이 있는 경우 채무자가 채권자에게 내는 벌금(위약벌이 과도해도 법원이 직권으로 감액 ✕)

(3) 해약금에 의한 계약해제

> 제565조【해약금】① 매매의 당사자 일방이 계약 당시에 금전 기타 물건을 계약금, 보증금 등의 명목으로 상대방에게 교부한 때에는 당사자 간에 다른 약정이 없는 한 당사자의 일방이 이행에 착수할 때까지 교부자는 이를 포기하고 수령자는 그 배액을 상환하여 매매계약을 해제할 수 있다.
> ② 제551조의 규정은 전항의 경우에 이를 적용하지 아니한다.

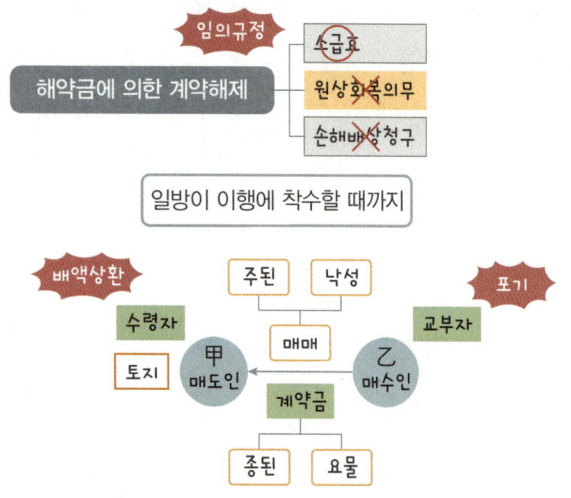

① '당사자의 일방'이란 매매당사자의 '쌍방' 중 어느 일방을 말한다(매도인이 이행에 착수한 바가 없더라도 매수인이 이행에 착수한 경우에는 매도인과 매수인 모두 해약금에 의한 계약해제를 할 수 없음).
② '이행의 착수'란 채무이행의 일부를 행하거나 이행에 필요한 전제행위를 하는 것을 말하고 이행의 준비만으로는 부족하다.

이행착수 ○	㉠ 중도금 지급 ㉡ 중도금 일부에 갈음하여 대여금채권 양도약정 + 채무자 참석 ㉢ 잔금준비 + 등기소 동행촉구
이행착수 ✕	㉠ 인도할 물건 구입 ㉡ 이행청구 + 소제기 ㉢ 협력의무의 소제기 ㉣ 계약금만 받은 상태에서 토지거래허가를 받은 경우

심's 출제포인트

❶ 해약금에 의한 계약해제에 관한 규정은 임의규정이므로 해약금에 의한 계약해제를 배제하기로 하는 약정은 유효하다.
❷ 계약금을 지급하기로 약정만 한 단계에서는 해약금에 의한 계약해제를 할 수 없다.
❸ 매수인이 약정한 계약금의 일부만을 지급한 경우, 매도인은 실제 교부받은 계약금의 배액을 상환하고 매매계약을 해제할 수는 없다.
❹ 매도인이 계약금의 배액을 상환하고 계약을 해제하려면 계약해제 의사표시 이외에 계약금 배액의 이행의 제공을 하면 족하고 매수인이 이를 수령하지 않더라도 공탁까지 할 필요는 없다.
❺ 특별한 사정이 없는 한 이행기 전에 이행에 착수할 수 있다.
❻ 해약금에 의한 계약해제와 법정해제는 전혀 별개의 제도이므로, 해약금에 의한 계약해제는 법정해제권의 성립에 영향을 미치지 않는다.

3 매매 일반

> 제563조 【매매의 의의】 매매는 당사자 일방이 재산권을 상대방에게 이전할 것을 약정하고 상대방이 그 대금을 지급할 것을 약정함으로써 그 효력이 생긴다.

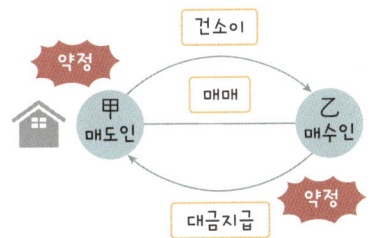

① 세부사항에 관한 합의는 필요 X
② 타인 소유의 물건도 매매의 목적물 O
③ 대금은 금전에 한한다.

유상·쌍무·낙성·불요식·일시적

① 매매계약이 성립하기 위해서는 먼저 매도인과 매수인이 구체적으로 특정되어야 하고, 재산권이전과 대금지급에 관한 합의가 있어야 한다. 매매목적물과 대금은 반드시 계약체결 당시에 구체적으로 특정할 필요는 없고 이를 사후에라도 구체적으로 특정할 수 있는 방법과 기준이 정해져 있으면 충분하다. 따라서 매매대금을 일정기간 후 시가에 의하도록 하여도 매매계약이 성립할 수 있다. 한편 계약성립에 필요한 합의는 계약의 본질적 사항이나 중요사항에 관한 합의만으로 충분하므로, 계약비용, 이행시기, 이행장소, 담보책임 등에 관한 합의가 없더라도 매매계약이 성립할 수 있다.
② 타인 소유의 물건이나 권리도 매매의 목적물이 될 수 있고, 장래에 생길 물건이나 권리도 매매의 목적물이 될 수 있다.
③ 매매에 있어서 반대급부는 금전에 한한다.
④ 매매계약에 관한 비용은 당사자 쌍방이 균분하여 부담한다(계약서작성비용, 감정평가비용, 측량비용은 매매계약비용에 해당하나, 등기비용은 매매계약비용이 아님).
⑤ 매매계약비용 부담에 관한 규정은 임의규정이므로 매매비용을 매수인이 전부 부담하기로 하는 약정은 유효하다.
⑥ 매도인은 매수인에 대하여 매매의 목적이 된 권리를 이전하여야 하며, 매수인은 매도인에게 그 대금을 지급하여야 한다.
⑦ 매도인의 재산권이전의무와 매수인의 대금지급의무는 특별한 약정이나 관습이 없으면 동시에 이행하여야 한다.

매도인의 재산권 이전의무	ⓐ 매도인은 부동산의 경우에는 등기와 인도를, 동산의 경우에는 인도를, 채권의 경우에는 대항요건을 갖추어 주어야 한다. ⓑ 타인의 토지에 건물을 소유하고 있는 자가 건물을 매도한 경우 토지에 대한 사용권(지상권, 전세권, 임차권 등)도 함께 매수인에게 이전해 주어야 한다. ⓒ 매도인이 주물(주된 권리)을 매매한 경우 종물(종된 권리)도 함께 이전해 주어야 한다. ⓓ 타인의 권리를 매매한 경우에 매도인은 그 권리를 취득하여 매수인에게 이전하여야 한다. ⓔ 매매의 목적이 된 부동산에 압류·가압류 등기 및 저당권·근저당권설정등기가 경료되어 있는 경우에는 매도인은 이와 같은 등기도 말소하여 아무런 부담이 없는 완전한 권리를 이전해 주어야 한다.

⑧ 매매의 당사자 일방에 대한 의무이행의 기한이 있는 때에는 상대방의 의무이행에 대하여도 동일한 기한이 있는 것으로 추정한다.
⑨ 매매 목적물의 인도와 동시에 대금을 지급할 경우에는 그 인도장소에서 이를 지급하여야 한다.
⑩ 매수인은 목적물을 인도받은 날부터 대금의 이자를 지급하여야 한다.
⑪ 매매의 목적물에 대하여 권리를 주장하는 자가 있는 경우에 매수인이 매수한 권리의 전부나 일부를 잃을 염려가 있을 때에는 매수인은 그 위험의 한도에서 대금의 전부나 일부의 지급을 거절할 수 있다.

⑫ 매수인에게 위와 같은 대금지급거절권이 있는 경우에 매도인은 매수인에게 대금을 공탁할 것을 청구할 수 있다.
⑬ 근저당권설정등기가 있어 완전한 소유권이전을 받지 못할 우려가 있는 경우 매수인은 그 근저당권의 말소등기가 될 때까지 채권최고액에 상당하는 대금의 지급을 거절할 수 있다.
⑭ 매수인이 대금지급을 거절할 정당한 사유가 있는 경우에는 매매목적물을 미리 인도받았더라도 매매대금에 대한 이자를 지급할 의무가 없다.
⑮ 매매계약이 있은 후에도 인도하지 아니한 목적물로부터 생긴 과실은 매도인에게 속한다.

| 과실취득권 | ① **인도** 전의 과실은 **매도인**에게 속한다.
② 대금 **완납** 이후의 과실은 **매수인**에게 속한다. |

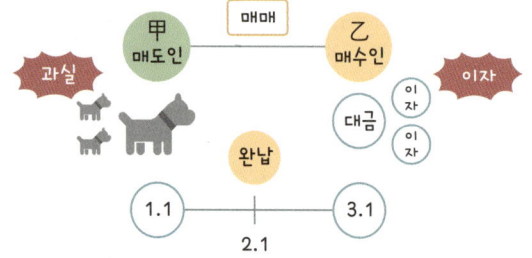

4 매도인의 담보책임 32회·33회·36회

(1) 의의
① '매도인의 담보책임'이란 매매목적물에 존재하는 권리의 하자 또는 물건의 하자에 대하여 매도인이 매수인에 대하여 부담하는 책임을 말한다.

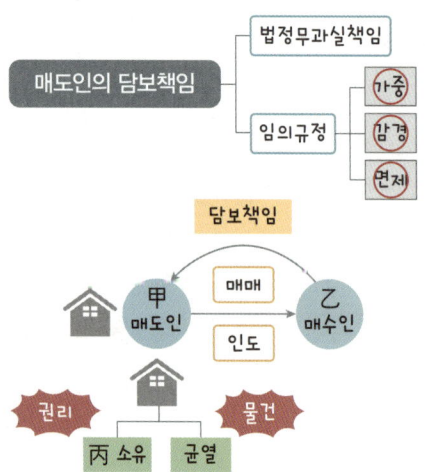

② 매도인의 담보책임은 법정무과실책임이다. 따라서 매도인의 담보책임은 채무불이행책임이 아니며, 매도인은 매매목적물에 존재하는 하자에 대하여 고의나 과실이 없어도 담보책임을 진다.
③ 매도인의 담보책임에 관한 규정은 임의규정이므로 담보책임의 내용을 가중·감경·면제하는 특약은 원칙적으로 유효하다. 다만, 담보책임 면제 특약을 맺은 경우 매도인은 하자를 알고도 고지하지 않은 때에는 담보책임을 진다.

(2) 담보책임 사례

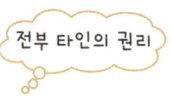

甲이 **丙 소유**의 건물에 대하여 乙과 매매계약을 체결하였으나 甲이 그 소유권을 취득하여 乙에게 이전할 수 없는 경우 乙은 甲에 대하여 어떠한 책임을 물을 수 있는가?

甲이 토지 100평을 乙에게 매각하였으나, 그중 80평은 甲의 소유이지만 **20평은 丙의 소유**이므로 甲이 그 소유권을 취득하여 乙에게 이전할 수 없는 경우에 乙은 甲에 대하여 어떠한 책임을 물을 수 있는가?

甲과 乙은 甲 소유의 토지가 100평인 줄 알고 **평당 100만원**씩 책정하여 매매계약을 체결하였으나, 실측을 해본 결과 **80평**밖에 되지 않는 경우 乙은 甲에 대하여 어떠한 책임을 물을 수 있는가?

甲이 창고가 딸린 건물을 乙에게 매도하는 계약을 체결하였으나 **그 창고가 매매계약 체결 전에** 이미 화재로 소실된 경우 乙은 甲에 대하여 어떠한 책임을 물을 수 있는가?

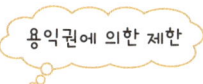

甲이 자기 소유의 건물을 乙에게 매도하였는데, 그 건물에 대해 **이미 丙이 전세권을 가지고 있는 경우** 乙은 甲에 대하여 어떠한 책임을 물을 수 있는가?

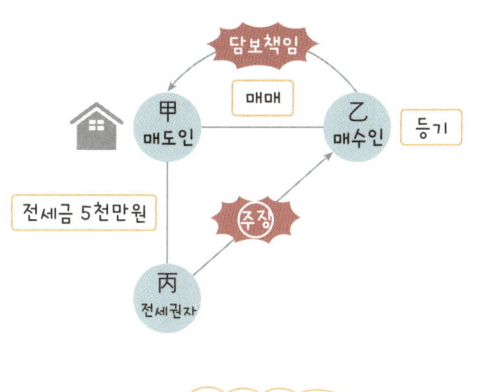

甲은 자신의 토지를 담보로 丙으로부터 1천만원을 차용하고 丙에게 저당권을 설정하여 주었다. 그 후 甲은 乙에게 자신의 토지를 매각하였으나, **甲의 채무불이행**으로 인해 丙이 **저당권을 실행**하여 丁에게 토지가 경락되었다. 이 경우 乙은 甲에 대하여 어떠한 책임을 물을 수 있는가?

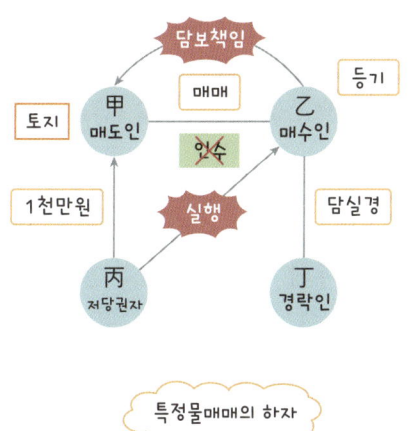

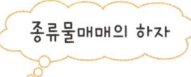

甲이 **자기 소유의 건물**을 乙에게 매각하였는데, 그 건물의 **바닥과 벽에 균열**이 있는 경우 乙은 甲에 대하여 어떠한 책임을 물을 수 있는가?

종류물매매의 하자

甲은 乙로부터 **주문**받은 그랜저자동차 한 대를 인도하였으나, 그 인도된 자동차의 **엔진에 결함**이 있는 경우 乙은 甲에 대하여 어떠한 책임을 물을 수 있는가?

심's 출제포인트

❶ 전부 타인 권리의 매매에 있어서, 선의의 매도인이 권리를 취득하여 매수인에게 이전할 수 없는 때에는 선의의 매수인에게 생긴 손해를 배상하고 계약을 해제할 수 있다(불능 당시를 표준으로 이행이익의 손해를 배상함).

❷ 수량을 지정한 매매계약 후에 수량부족이 발생한 경우에는 수량부족에 의한 담보책임을 물을 수 없다.

❸ 수량을 지정한 부동산매매계약에 있어서 실제면적이 계약면적에 미달한 경우 담보책임을 묻는 것 외에 별도로 부당이득반환청구를 하거나 계약체결상의 과실책임을 물을 수 없다.

❹ 매매의 목적이 된 부동산에 이미 전세권이 설정되어 있는 경우에는 용익권에 의한 제한에 관한 담보책임이 적용되고, 매매의 목적이 된 부동산에 설정된 전세권이 실행된 경우에는 저당권의 행사로 인한 담보책임이 적용된다.

❺ 저당권의 행사로 인한 담보책임에 있어서, 매수인이 피담보채무를 인수한 때에는 매도인에게 담보책임을 물을 수 없다.

❻ 벌채를 위하여 매수한 산림이 관계법규에 의하여 벌채를 하지 못하거나, 공장부지로서 매수한 토지가 관계법규에 의하여 공장을 세울 수 없는 경우와 같은 경우를 '법률상의 장애'라고 하는데, 법률상의 장애에 대해 판례는 물건의 하자로 본다.
❼ 매도인의 담보책임에 있어서, 하자의 발생 및 확대에 매수인에게 잘못이 있는 경우 이를 참작하여 매도인의 손해배상액수를 정할 수 있다.
❽ 하자담보책임에 기한 매수인의 손해배상청구권은 6개월의 제척기간의 적용 이외에 부동산을 인도받은 날부터 10년의 소멸시효에 걸린다.
❾ 타인 권리의 매매에 있어서 매도인의 귀책사유로 이행불능이 된 경우 매수인은 채무불이행을 이유로 계약을 해제하고 손해배상을 청구할 수 있다.
❿ 매매목적물의 하자로 인한 확대손해에 대하여 매도인에게 배상책임을 지우기 위해서는 매도인에게 귀책사유가 있어야 한다.

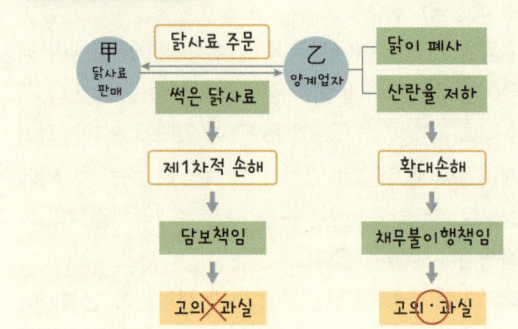

5 경매에 있어서의 담보책임

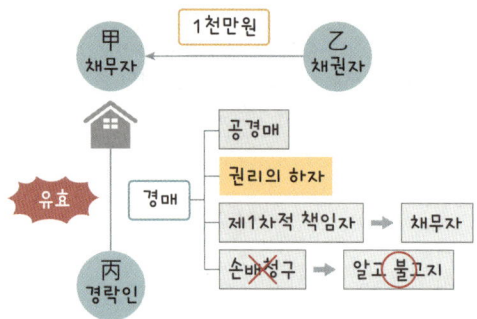

① 경매의 경우에는 권리의 하자에 대해서만 담보책임을 물을 수 있고, 물건의 하자에 대해서는 원칙적으로 담보책임을 물을 수 없다.
② 경락인은 원칙적으로 손해배상을 청구할 수 없고, 채무자가 권리의 흠결을 알고도 고지하지 아니하거나 채권자가 이를 알고도 경매를 청구한 때에만 손해배상을 청구할 수 있다.

6 환매   32회·33회·34회

> 제590조【환매의 의의】① 매도인이 매매계약과 동시에 환매할 권리를 보류한 때에는 그 영수한 대금 및 매수인이 부담한 매매비용을 반환하고 그 목적물을 환매할 수 있다.
> ② 전항의 환매대금에 관하여 특별한 약정이 있으면 그 약정에 의한다.
> ③ 전2항의 경우에 목적물의 과실과 대금의 이자는 특별한 약정이 없으면 이를 상계한 것으로 본다.

① 부동산: 5년, 동산: 3년, 연장: 불가
② 환매대금: 매매대금 + 매수인이 부담한 매매비용
③ 환매권: 형성권, 양도성 O, 상속성 O, 대위 O, 등기 O
④ 목적물의 과실과 대금의 이자는 상계한 것으로 간주

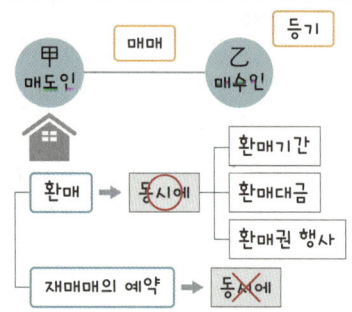

① 매도인이 환매기간 내에 환매의 의사표시를 하였더라도 환매에 의한 권리취득의 등기를 하지 않은 경우 매도인은 그 부동산의 가압류를 집행한 자에 대하여 권리취득을 주장할 수 없다.

② 환매권등기는 처분금지의 효력이 없으므로 매수인은 그로부터 다시 매수한 제3자에 대하여 환매특약의 등기사실을 들어 소유권이전등기절차의 이행을 거절할 수 없다.

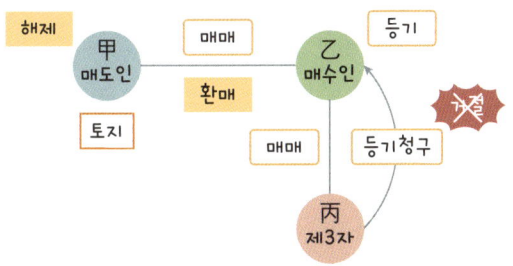

③ 부동산매매계약에서 당사자 사이의 환매특약에 따라 소유권이전등기와 함께 환매권등기가 마쳐진 경우 매도인이 환매기간 내에 적법하게 환매권을 행사하면 환매등기 후에 마쳐진 제3자의 근저당권 등 제한물권은 소멸한다.

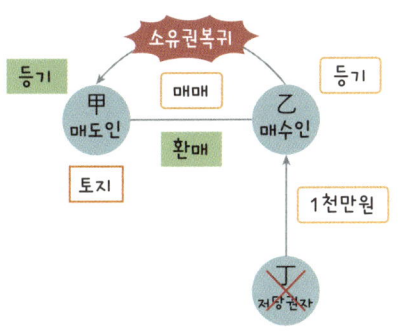

POINT 05 교환

1 교환 일반 32회·36회

제596조【교환의 의의】교환은 당사자 쌍방이 금전 이외의 재산권을 상호 이전할 것을 약정함으로써 그 효력이 생긴다.

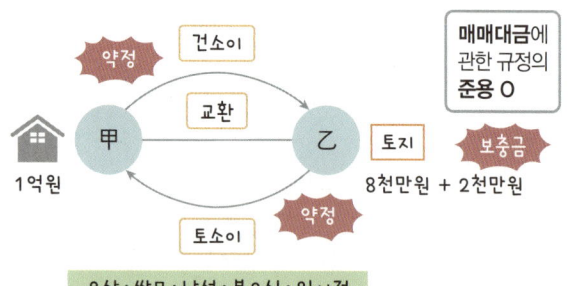

유상·쌍무·낙성·불요식·일시적

① 교환계약에도 매도인의 담보책임규정이 적용된다.
② 교환계약에도 동시이행의 항변권과 위험부담의 문제가 생긴다.
③ **보충금 지급약정**: 목적물을 인도받은 날로부터 보충금의 이자를 지급하여야 하고, 목적물의 인도와 동시에 보충금을 지급하기로 한 경우에는 그 인도장소에서 보충금을 지급하여야 한다.

POINT 06 임대차

1 임대차 일반
34회

제618조【임대차의 의의】임대차는 당사자 일방이 상대방에게 목적물을 사용·수익하게 할 것을 약정하고 상대방이 이에 대하여 차임을 지급할 것을 약정함으로써 그 효력이 생긴다.
제635조【기간의 약정 없는 임대차의 해지통고】① 임대차기간의 약정이 없는 때에는 당사자는 언제든지 계약해지의 통고를 할 수 있다.
② 상대방이 전항의 통고를 받은 날로부터 다음 각 호의 기간이 경과하면 해지의 효력이 생긴다.
1. 토지, 건물 기타 공작물에 대하여는 임대인이 해지를 통고한 경우에는 6월, 임차인이 해지를 통고한 경우에는 1월
2. 동산에 대하여는 5일

① 민법상 임대차의 목적물은 **물건**에 한한다.
② **농지**에 대한 임대차는 **원칙적으로** 금지된다.

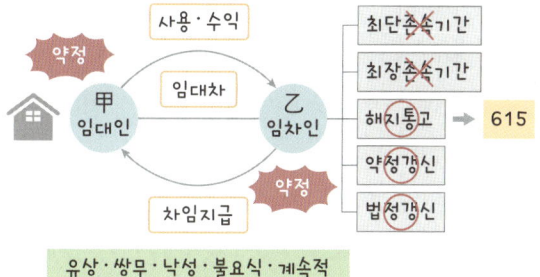

① 민법상 임대차의 목적물은 물건에 한한다.
② 임대차는 채권행위이므로 임대인에게 임대목적물에 대한 소유권 기타 임대권한이 없더라도 임대차계약이 성립할 수 있다.
③ 타인 소유의 부동산을 임대한 것이 임대차계약을 해지할 사유는 될 수 없고, 목적물이 반드시 임대인의 소유일 것을 특히 계약의 내용으로 삼은 경우이어야 착오를 이유로 임차인이 임대차계약을 취소할 수 있다.
④ 임대차의 존속기간은 당사자가 자유롭게 약정할 수 있고, 영구무한의 임대차계약도 원칙적으로 유효하다.
⑤ 약정한 존속기간이 만료한 경우 당사자는 합의로 존속기간을 자유로이 갱신할 수 있다.
⑥ 임대차기간이 만료한 후 임차인이 임차물의 사용·수익을 계속하는 경우에 임대인이 상당한 기간 내에 이의를 하지 아니한 때에는 전 임대차와 동일한 조건으로 다시 임대차한 것으로 본다.

법정갱신 ① 제3자가 제공한 담보는 기간만료로 소멸 O
② 법정갱신에 관한 규정은 **강행규정**

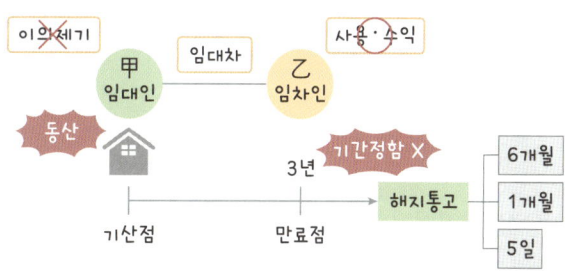

⑦ 법정갱신의 경우 종전의 임대차와 동일한 조건으로 다시 임대차한 것으로 보나, 존속기간은 약정하지 않은 것으로 본다. 따라서 이 경우 각 당사자는 언제든지 해지통고를 할 수 있다.
⑧ 법정갱신(묵시의 갱신)에 관한 규정은 강행규정이다.
⑨ 법정갱신의 경우 전 임대차에 대하여 제3자가 제공한 담보는 기간의 만료로 소멸한다.
⑩ 약정갱신의 경우 제3자가 제공한 담보는 기간이 만료하더라도 소멸하지 않는다.

2 임대차의 효력   33회

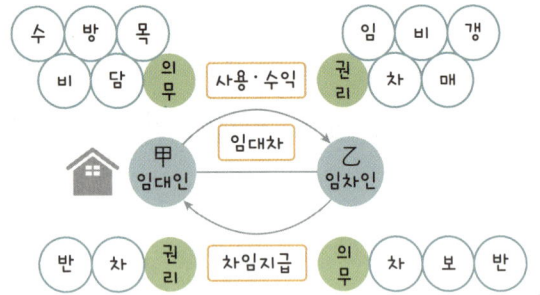

(1) 임대인의 권리와 의무

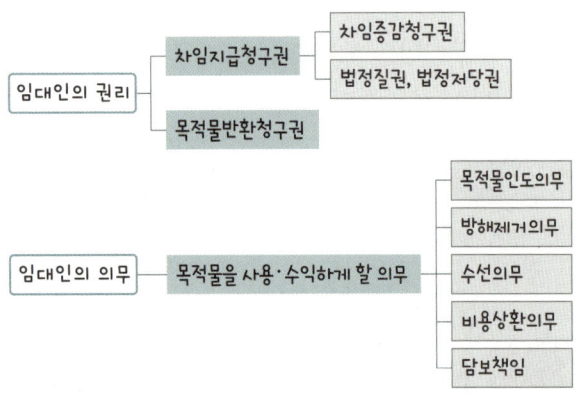

① 통상의 임대차에 있어서 임대인은 임차인에 대하여 안전배려 또는 도난방지 등의 보호의무까지 부담한다고 볼 수 없다.
② 일시사용을 위한 임대차에 해당하는 숙박계약에 있어서는 숙박업자는 투숙객에 대해 안전을 배려하여야 할 보호의무를 부담한다.
③ 임대인은 목적물이 통상의 사용·수익에 필요한 상태를 유지하여 주면 충분하고, 계약 당시 예상하지 아니한 임차인의 특별한 용도를 위한 사용·수익에 적합한 상태를 유지하게 할 의무는 없다.

(2) 임차인의 권리와 의무

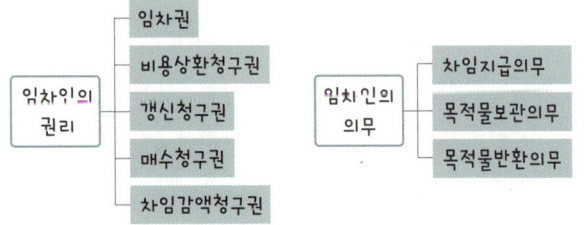

3 임대인의 수선의무

제623조【임대인의 의무】 임대인은 목적물을 임차인에게 인도하고 계약존속 중 그 사용, 수익에 필요한 상태를 유지하게 할 의무를 부담한다.
제624조【임대인의 보존행위, 인용의무】 임대인이 임대물의 보존에 필요한 행위를 하는 때에는 임차인은 이를 거절하지 못한다.
제625조【임차인의 의사에 반하는 보존행위와 해지권】 임대인이 임차인의 의사에 반하여 보존행위를 하는 경우에 임차인이 이로 인하여 임차의 목적을 달성할 수 없는 때에는 계약을 해지할 수 있다.

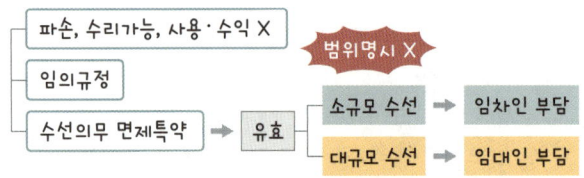

① 수선의무 발생요건: 파손 + 수리가능 + 사용·수익할 수 없는 상태
② 목적물인 방에 약간의 실금형태로 균열이 있고 외벽에 금이 가 있을 정도라면 임대인에게 수선의무가 없다.
③ 임차인이 가구전시장으로 임차하여 사용하던 건물 바닥에 결로현상이 발생한 경우는 임대인에게 수선의무가 있다.
④ 임대인의 수선의무에 관한 규정은 임의규정이므로 임대인의 수선의무는 당사자의 특약에 의해 면제될 수 있다.
⑤ 수선의무 면제특약에서 수선의무의 범위를 명시하지 않은 경우 임대인이 수선의무를 면하게 되는 것은 소규모의 수선에 한하고, 대규모 수선비용은 여전히 임대인이 부담한다.

심's 출제포인트

임대차에 있어서 임의규정

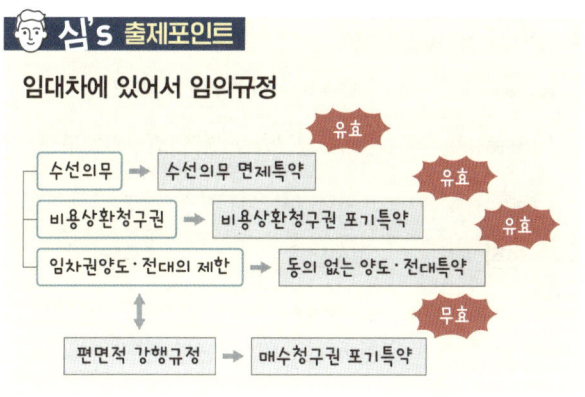

4 임차권의 대항력
32회

> 제621조【임대차의 등기】① 부동산임차인은 당사자 간에 반대약정이 없으면 임대인에 대하여 그 임대차등기절차에 협력할 것을 청구할 수 있다.
> ② 부동산임대차를 등기한 때에는 그때부터 제3자에 대하여 효력이 생긴다.
> 제622조【건물등기 있는 차지권의 대항력】① 건물의 소유를 목적으로 한 토지임대차는 이를 등기하지 아니한 경우에도 임차인이 그 지상건물을 등기한 때에는 제3자에 대하여 임대차의 효력이 생긴다.

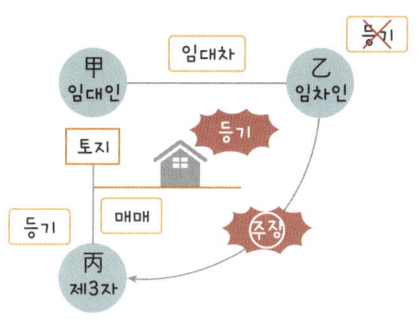

① 건물의 소유를 목적으로 한 토지임대차는 이를 등기하지 아니한 경우에도 임차인이 그 지상건물을 등기한 때에는 제3자에 대하여 임대차의 효력이 생긴다.

② 건물 소유를 목적으로 하는 토지임차인이 지상건물을 등기하기 전에 제3자가 토지에 관하여 물권취득의 등기를 한 경우, 그 이후에 지상건물을 등기하더라도 제3자에 대하여 토지임차권을 주장할 수 없다.

5 임차인의 비용상환청구권

> 제626조【임차인의 상환청구권】① 임차인이 임차물의 보존에 관한 필요비를 지출한 때에는 임대인에 대하여 그 상환을 청구할 수 있다.
> ② 임차인이 유익비를 지출한 경우에는 임대인은 임대차 종료 시에 그 가액의 증가가 현존한 때에 한하여 임차인의 지출한 금액이나 그 증가액을 상환하여야 한다. 이 경우에 법원은 임대인의 청구에 의하여 상당한 상환기간을 허여할 수 있다.

① 금수선(5만원): **통상의 필요비**
② 태풍으로 지붕수선(5만원): **특별필요비**
③ 보일러 교체(10만원): **유익비**

① 필요비: **즉시, 현존 X, 허여 X**
② 유익비: **종료 시, 현존 O, 허여 O 임대인 선택**
③ **유치권 성립 O**(허여 ⇨ **유치권 X**)

① 임차인이 목적물에 필요비를 지출한 때에는 즉시, 유익비를 지출한 때에는 임대차 종료 시에 각각 임대인에게 그 비용의 상환을 청구할 수 있다.
② 인테리어비, 간판설치비는 필요비 또는 유익비에 해당하지 않는다.
③ 임차인의 비용상환청구권은 임대인이 목적물을 반환받은 날부터 6개월 내에 행사하여야 한다.
④ 임차인의 비용상환청구권에 관한 규정은 임의규정이므로 비용상환청구권 포기특약은 유효하다.
⑤ 임대차계약에서 원상복구의 특약을 한 경우 또는 임차인이 자신의 비용을 들여 증축한 부분을 임대인의 소유로 귀속시키기로 하는 약정은 유익비상환청구권 포기특약으로서 이는 유효하다.

6 건물임차인의 부속물매수청구권

제646조【임차인의 부속물매수청구권】① 건물 기타 공작물의 임차인이 그 사용의 편익을 위하여 임대인의 동의를 얻어 이에 부속한 물건이 있는 때에는 임대차의 종료 시에 임대인에 대하여 그 부속물의 매수를 청구할 수 있다.
② 임대인으로부터 매수한 부속물에 대하여도 전항과 같다.

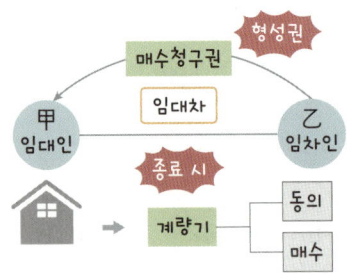

① 부속물이 되기 위한 요건: 객관적 가치 증가 + 독립성 ○ + 임차인의 소유
② 오로지 임차인이 자신의 특수한 목적에 사용하기 위하여 부속시킨 물건은 매수청구의 대상이 될 수 없다.
③ 기존 건물과 분리되어 독립한 소유권의 객체가 될 수 없는 증축부분이나 임대인의 소유에 속하기로 한 부속물은 매수청구의 대상이 될 수 없다.
④ 임차인의 채무불이행으로 임대차계약이 해지된 경우에는 부속물매수청구권을 행사할 수 없다.
⑤ 부속물매수청구권에 관한 규정은 편면적 강행규정이므로 부속물매수청구권 포기특약은 원칙적으로 무효이다.
⑥ 부속물매수청구권 포기특약을 하였더라도 보증금과 차임이 파격적으로 저렴한 경우에는 그 특약은 유효하다.

심's 출제포인트

부속물매수청구권과 유익비상환청구권의 비교

구분	부속물매수청구권	유익비상환청구권
공통점	투하자본의 회수 수단	
성질	형성권	청구권
행사요건	부속물이 건물과는 독립한 물건일 것	부속물이 건물의 구성부분으로 될 것
	임대인의 동의를 얻어 부속시킨 것이거나 임대인으로부터 매수한 것에 대해서만 인정됨	제한 없음
	임차인의 의무 위반 시 인정되지 않음	제한 없음
청구시기	임대차 종료 시	임대차 종료 시
효과	편면적 강행규정	임의규정
	유치권 성립 X	유치권 성립 ○

7. 토지임차인의 갱신청구권과 지상물매수청구권

34회·35회·36회

제643조 【임차인의 갱신청구권, 매수청구권】 건물 기타 공작물의 소유 또는 식목, 채염, 목축을 목적으로 한 토지임대차의 기간이 만료한 경우에 건물, 수목 기타 지상시설이 현존한 때에는 제283조의 규정을 준용한다.

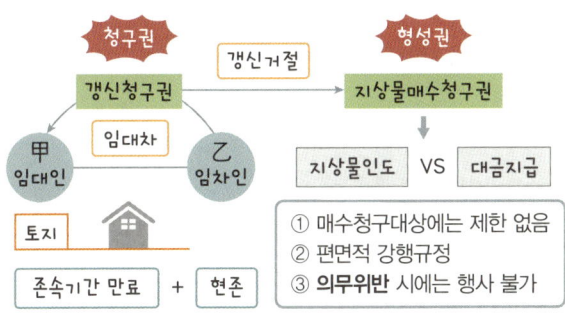

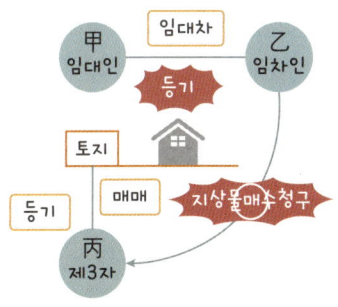

① 지상물매수청구권은 지상물의 소유자에 한하여 행사할 수 있다. 따라서 토지임대차의 존속기간이 만료하기 전에 지상물을 제3자에게 양도한 자는 지상물매수청구권을 행사할 수 없다.

② 지상물의 소유권을 양수한 제3자는 지상물의 양수뿐만 아니라 토지임차권도 함께 양수받고 토지임차권 양도에 대해 임대인의 승낙이 있는 경우에 한하여 지상물매수청구권을 행사할 수 있다.

③ 지상물매수청구의 상대방은 원칙적으로 임차권 소멸 당시의 토지소유자인 임대인이다.

④ 임대인이 제3자에게 토지소유권을 양도한 경우, 임대인의 지위가 승계되거나 임차인이 신토지소유자에게 임차권으로 대항할 수 있는 때에는 임차인은 신토지소유자에게 지상물매수청구권을 행사할 수 있다.

⑤ 지상물매수청구권의 대상이 되는 건물은 임대차계약 당시의 기존 건물이거나 임대인의 동의를 얻어 신축한 것에 한하지 않는다.

⑥ 지상건물이 객관적으로 경제적 가치가 없거나 임대인에게 효용이 없더라도 매수청구의 대상이 될 수 있다.

⑦ 무허가·미등기건물도 매수청구의 대상이 될 수 있다.

⑧ 임차인이 자신의 특수한 용도나 사업을 위하여 설치한 물건이나 시설은 매수청구의 대상이 될 수 없다.

⑨ 임차인 소유 건물이 임차토지 외에 임차인 또는 제3자 소유의 토지 위에 걸쳐 있는 경우 임차인은 임차지 상에 서 있는 건물부분 중 구분소유의 객체가 될 수 있는 부분에 한하여 매수청구권을 행사할 수 있다.

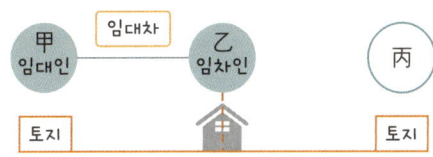

⑩ 임차인이 지상물매수청구권을 행사하여 매매계약이 성립한 경우 임대인이 지급하여야 할 매매대금은 매수청구권 행사 당시의 시가이다.

⑪ 지상물매수청구권은 재판상으로뿐만 아니라 재판 외에서도 행사할 수 있다.

⑫ 기간의 약정이 없는 토지임대차에 있어서 임대인이 해지통고를 한 경우 임차인은 갱신청구권을 행사하지 않고 곧바로 지상물매수청구권을 행사할 수 있다.

⑬ 토지전세권자도 존속기간이 만료하고 지상물이 현존하는 경우에는 지상물의 매수를 청구할 수 있다.
⑭ 임차인의 채무불이행으로 임대차계약이 해지된 경우에는 지상물매수청구권을 행사할 수 없고, 임대인과 임차인의 합의로 임대차계약을 해지하고 임차인이 지상건물을 철거하기로 약정한 경우에도 지상물매수청구권을 행사할 수 없다.
⑮ 지상물매수청구권에 관한 규정은 편면적 강행규정이므로 지상물매수청구권 포기특약은 원칙적으로 무효이다.
⑯ 지상물매수청구권 포기특약을 하였더라도 차임이 파격적으로 저렴한 경우 그 특약은 유효하다.
⑰ 임대인의 동의를 받아 전대차한 경우에는 전차인에게도 갱신청구권과 지상물매수청구권이 인정된다.

8 임차인의 차임감액청구권

> 제627조【일부멸실 등과 감액청구, 해지권】① 임차물의 일부가 임차인의 과실 없이 멸실 기타 사유로 인하여 사용·수익할 수 없는 때에는 임차인은 그 부분의 비율에 의한 차임의 감액을 청구할 수 있다.
> ② 전항의 경우에 그 잔존부분으로 임차의 목적을 달성할 수 없는 때에는 임차인은 계약을 해지할 수 있다.

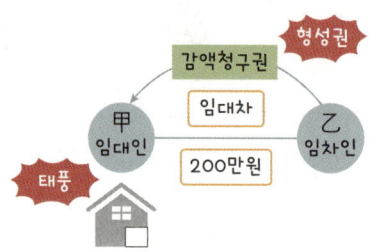

9 임차인의 의무

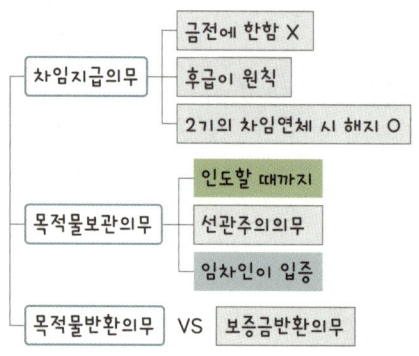

① 법정질권: 건물 기타 공작물의 임대인이 임대차에 관한 채권에 의하여 그 건물 기타 공작물에 부속한 임차인 소유의 동산을 압류한 때에는 질권과 동일한 효력이 있다. 토지임대인이 임대차에 관한 채권에 의하여 임차지에 부속 또는 그 사용의 편익에 공용한 임차인의 소유 동산 및 그 토지의 과실을 압류한 때에는 질권과 동일한 효력이 있다.
② 법정저당권: 토지임대인이 변제기를 경과한 최후 2년의 차임채권에 의하여 그 지상에 있는 임차인 소유의 건물을 압류한 때에는 저당권과 동일한 효력이 있다.
③ 임대물에 대한 공과부담의 증감 기타 경제사정의 변동으로 인하여 약정한 차임이 상당하지 아니하게 된 때에는 당사자는 장래에 대한 차임의 증감을 청구할 수 있다.
④ 법원이 임대인의 사정변경으로 인한 차임증액청구가 상당하다고 인정한 경우에 증액청구 시에 증액의 효력이 발생한다.
⑤ 차임불증액의 특약이 있더라도 그 특약을 그대로 유지시키는 것이 신의칙에 반한다고 인정될 정도의 사정변경이 있는 경우에는 임대인은 차임의 증액을 청구할 수 있다.
⑥ 수인이 공동으로 물건을 임치한 경우에는 임차인이 연대하여 차임지급의무를 부담한다.

10 임차권의 양도와 전대

제629조【임차권의 양도, 전대의 제한】① 임차인은 임대인의 동의 없이 그 권리를 양도하거나 임차물을 전대하지 못한다.
② 임차인이 전항의 규정에 위반한 때에는 임대인은 계약을 해지할 수 있다.

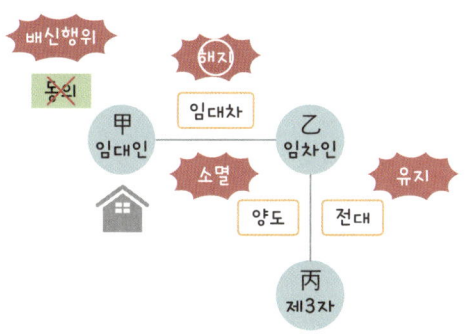

① **임차권의 양도**: 임차인이 제3자에게 임차권을 이전시키는 계약(임차인으로서의 지위는 소멸함)
② **임차물의 전대**: 임차인이 제3자에게 임차물을 사용·수익하게 하는 계약(임차인으로서의 지위가 그대로 유지됨)
③ 임차인이 임대인의 동의 없이 임차권을 양도하거나 전대한 경우 이는 임대인에 대한 배신행위이므로 임대인은 임대차계약을 해지할 수 있다.
④ 임차인의 무단양도·전대행위가 임대인에 대한 배신행위가 아니라는 특별한 사정이 있는 경우 임대인은 임대차계약을 해지할 수 없다.
⑤ 임차권을 무단으로 양도한 경우라도 임차권의 양수인이 임차인과 부부로서 임차건물에 동거하면서 함께 가구점을 경영하고 있는 경우에는 임대인은 임대차계약을 해지할 수 없다.

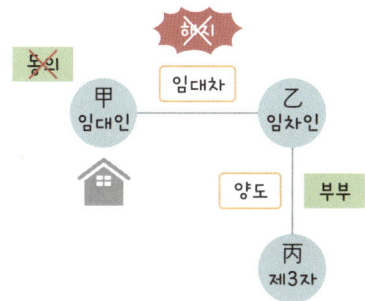

⑥ 건물의 소유를 목적으로 토지를 임차한 자가 건물을 신축한 후 그 건물에 저당권을 설정한 경우, 건물저당권이 실행되어 경락인이 건물소유권과 함께 토지임차권을 취득하여 자신의 임차권취득이 임대인에 대한 배신행위가 아니라는 것을 입증한 때에는, 임대인은 자신의 동의 없이 임차권이 이전되었다는 것을 이유로 임대차계약을 해지할 수 없다.

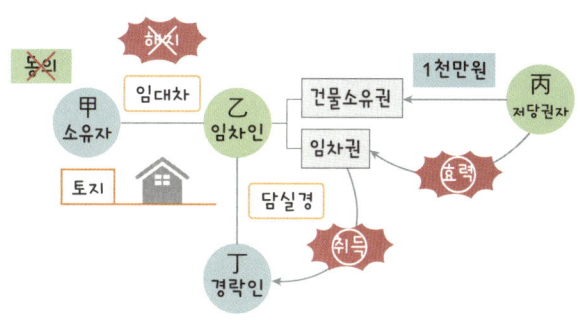

11 동의 있는 전대의 법률관계 32회

제630조【전대의 효과】① 임차인이 임대인의 동의를 얻어 임차물을 전대한 때에는 전차인은 직접 임대인에 대하여 의무를 부담한다. 이 경우에 전차인은 전대인에 대한 차임의 지급으로써 임대인에게 대항하지 못한다.
② 전항의 규정은 임대인의 임차인에 대한 권리행사에 영향을 미치지 아니한다.

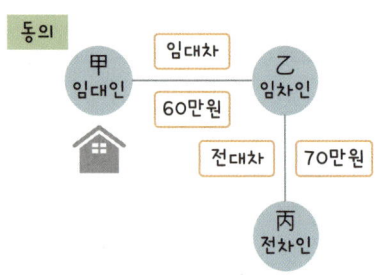

① 전차인은 직접 임대인에 대하여 의무를 부담한다.
② 전차인은 임차인에 대한 차임의 지급으로써 임대인에게 대항할 수 없다.
③ 임대인과 임차인의 합의로 계약이 종료되더라도 전차인의 권리는 소멸하지 않는다.
④ 임대차계약이 해지통고로 종료된 경우 임대인은 이를 전차인에게 통지하여야 한다.
⑤ 적법한 전대차의 경우에는 건물전차인에게도 부속물매수청구권이 인정되고 토지전차인에게도 갱신청구권과 지상물매수청구권이 인정된다.

12 무단전대의 법률관계 36회

① 차임지급청구: X
② 소유권에 기한 물권적 청구권: O
③ 불법행위로 인한 손해배상청구권: X

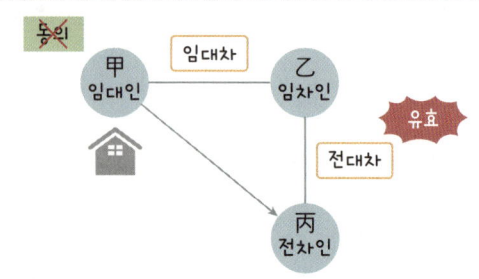

① 전대차계약은 임대인의 동의 유무와 관계없이 항상 유효하고, 임차인은 전차인에게 임대인의 동의를 얻어 줄 의무를 부담한다.
② 임대인은 전차인에게 차임의 지급을 청구할 수 없다.
③ 임대인은 전차인에게 소유권에 기한 물권적 청구권을 행사할 수 있다.
④ 임대인은 임대차계약을 해지하지 않는 한 전차인에게 불법행위로 인한 손해배상을 청구할 수 없다.
→ 부당이득반환청구도 불가

PART 4 민사특별법

POINT 01 주택임대차보호법
POINT 02 상가건물 임대차보호법
POINT 03 집합건물의 소유 및 관리에 관한 법률
POINT 04 가등기담보 등에 관한 법률
POINT 05 부동산 실권리자명의 등기에 관한 법률

POINT 01 주택임대차보호법

1 입법목적과 적용범위

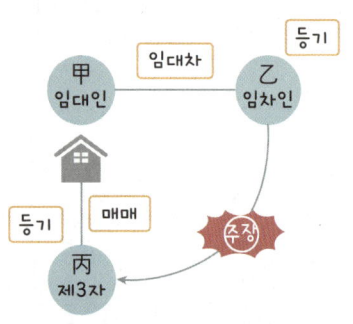

① **매매는 임대차를 깨뜨린다.**
② 부동산임차인은 당사자 간에 **반대약정이 없으면** 임대인에 대하여 그 임대차등기절차에 협력할 것을 청구할 수 있고, 부동산임대차를 등기한 때에는 그때부터 제3자에 대하여 효력이 생긴다.
③ 임대차는 그 등기가 없는 경우에도 임차인이 **주택의 인도와 주민등록**을 마친 때에는 그 다음 날부터 제3자에 대하여 효력이 생긴다.

입법목적	주택임차인을 보호 → 국민의 주거생활 안정보장
법적 성격	① 민법상 임대차의 특별법 ② 편면적 강행규정
물적 적용범위	① 주택(주거용 건물)의 전부 또는 일부에 대한 임대차: ○ ② 주택(주거용 건물)의 일부가 주거 외의 목적으로 사용되는 경우: ○ ③ 비주거용 건물의 일부가 주거의 목적으로 사용되는 경우: ✕ 　↳ ∴ 다방의 내실을 주거용으로 사용하더라도 「주택임대차보호법」 적용 ✕ ④ 등기하지 아니한 전세계약: ○ ⑤ 일시사용을 위한 임대차: ✕
인적 적용범위	① 자연인: ○ ② 법인: 원칙적으로 적용되지 않으나, 대통령령이 정한 일정한 법인에게는 적용 ○ 　㉠ 한국토지주택공사 + 지방공사: 적용 ○ 　㉡ 「중소기업기본법」상의 중소기업에 해당하는 법인: 적용 ○

① 주거용 건물에 해당하는지 여부는 공부상의 표시만을 기준으로 할 것이 아니라 실지 용도에 따라서 판단하여야 한다.
② 「주택임대차보호법」이 적용되는지의 여부는 임대차계약 체결 당시를 기준으로 판단하여야 한다(임대차계약 체결 당시에는 주거용 건물부분이 존재하지 아니하였는데 임차인이 그 후 임의로 주거용으로 개조한 경우 임대인이 그 개조를 승낙하였다는 등의 특별한 사정이 없는 한 주택임대차보호법의 적용은 있을 수 없음).
③ 미등기·무허가건물도 「주택임대차보호법」이 적용되므로 미등기주택의 임차인은 임차주택 대지의 환가대금에 대하여 우선변제권을 행사할 수 있다.
④ 점포 및 사무실로 사용되던 건물에 근저당권이 설정된 후 그 건물이 주거용 건물로 용도변경되어 이를 임차한 소액임차인도 특별한 사정이 없는 한 보증금 중 일정액을 근저당권자보다 우선하여 변제받을 권리가 있다.
⑤ 주택의 소유자는 아니지만 적법한 임대권한을 가진 사람(명의신탁자, 매매계약의 이행으로 주택을 인도받은 매수인 등)과 주택임대차계약을 체결한 경우에도 「주택임대차보호법」이 적용된다.
⑥ 법인이 주택을 임차하면서 그 소속직원 명의로 주민등록을 하고 확정일자를 구비하였더라도 법인은 「주택임대차보호법」상의 우선변제권을 주장할 수 없다.
⑦ 주택임차인이 법인인 경우 임차주택의 양수인은 임대인의 지위를 당연히 승계하는 것이 아니므로 임대인의 법인에 대한 임차보증금반환채무는 소멸하지 않는다.

2 대항력

32회·35회·36회

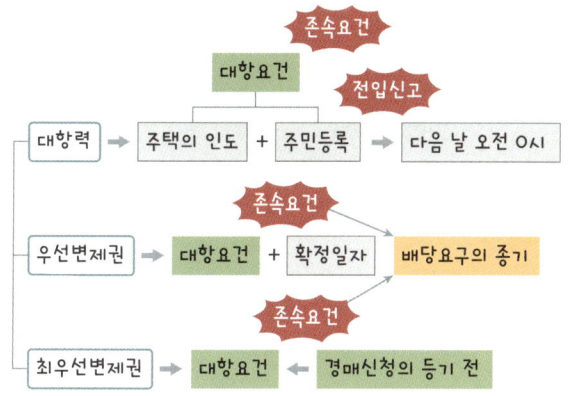

(1) 대항력

대항력의 요건	주택의 인도 + 주민등록(전입신고) → 다음 날 오전 0시부터 대항력을 취득한다.
대항력의 내용	⊙ 대항력을 취득한 후에 임차주택의 소유권을 취득한 양수인에 대해 임차인은 임차권을 주장할 수 있다. ⓒ 임차주택의 양수인은 임대인의 지위를 승계한 것으로 본다.

① 乙이 A회사 소유 임대아파트의 임차인인 甲으로부터 아파트를 임차하여 전입신고를 마치고 거주하던 중, 甲이 A회사로부터 위 아파트를 분양받아 자기 명의로 소유권이전등기를 경료한 후 丙에게 근저당권을 설정한 경우에 乙은 甲 명의로 소유권이전등기가 경료되는 즉시 대항력을 취득한다.

② 주민등록의 신고는 행정청에 도달하기만 하면 신고로서의 효력이 발생하는 것이 아니라 행정청이 수리한 경우에 비로소 신고의 효력이 발생한다.

③ 대항요건은 대항력의 취득 시에만 구비하면 충분한 것이 아니고 대항력을 유지하기 위하여 계속 존속하여야 한다.

④ 「주택임대차보호법」상의 대항요건인 주민등록에는 임차인 본인뿐만 아니라 배우자나 자녀의 주민등록도 포함된다.

⑤ 임차인이 대항력을 취득한 후 가족과 함께 일시 다른 곳으로 주민등록을 이전하였다가 재전입한 경우에는 원래의 대항력은 소멸하고 재전입한 때로부터 새로운 대항력을 취득한다.

⑥ 임차인이 가족과 함께 주택에 대한 점유를 계속하고 있으면서 가족의 주민등록은 그대로 둔 채 임차인만 주민등록을 일시 다른 곳으로 옮긴 경우에는 대항력을 상실하지 않는다.

⑦ 주택임차인이 임대인의 승낙을 얻어 임차주택을 전대한 경우 전차인이 주택을 인도받아 자신의 주민등록을 마친 때에는 그때로부터 임차인은 제3자에 대하여 대항력을 취득한다.

⑧ 다가구용 단독주택의 경우 「주택임대차보호법」상의 대항요건을 갖추기 위해 지번만 기재하면 된다. 다가구용 단독주택 일부의 임차인이 대항력을 취득한 후에 건축물 대장상으로 다가구용 단독주택이 다세대 주택으로 변경된 경우 이미 취득한 대항력은 그대로 유지된다.

⑨ 다세대주택·연립주택·아파트와 같은 공동주택의 경우에는 지번뿐만 아니라 동·호수까지 정확히 기재하여야 대항력을 취득할 수 있다.

⑩ 임차인이 착오로 임대차건물의 지번과 다른 지번에 주민등록(전입신고)을 하였다가 그 후 관계공무원이 직권정정을 하여 실제지번에 맞게 주민등록이 정리되었다면 임차인은 주민등록이 정리된 이후에 비로소 대항력을 취득하게 된다.

⑪ 주민등록이 주택임차인의 의사에 의하지 않고 제3자에 의하여 임의로 이전되었고 그와 같이 주민등록이 잘못 이전된 데 대하여 주택임차인에게 책임을 물을 만한 사유도 없는 경우에는 주택임차인이 이미 취득한 대항력은 주민등록의 이전에도 불구하고 그대로 유지된다.

⑫ 임차인이 올바르게 전입신고를 하였으나, 담당공무원의 착오로 주민등록표상에 신거주지 지번이 다소 틀리게 기재된 경우에는 「주택임대차보호법」상의 대항력을 취득한다.

⑬ 정확한 지번과 동·호수로 주민등록 전입신고서를 작성·제출하였는데 담당공무원이 착오로 수정을 요구하여, 임차인이 잘못된 지번으로 수정하고 동·호수 기재를 삭제한 주민등록 전입신고서를 다시 작성·제출하여 그대로 주민등록이 된 경우에는 대항력이 인정되지 않는다.

⑭ 자기 명의의 주택을 매도하면서 동시에 그 주택을 임차하는 경우 매도인이 임차인으로서 가지는 대항력은 매수인 명의의 소유권이전등기가 경료된 다음 날부터 효력이 발생한다.

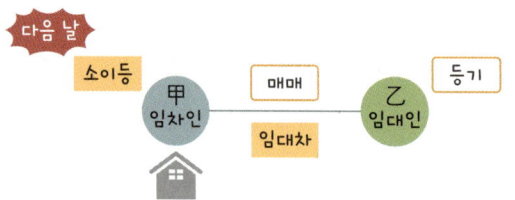

⑮ 주택임차인의 의사와 무관하게 임차인의 주민등록이 행정기관에 의해 직권말소된 경우에도 원칙적으로 임차권은 대항력을 상실한다.

⑯ 주민등록 직권말소 후 「주민등록법」 소정의 이의절차에 의하여 재등록이 이루어진 경우, 그 재등록이 이루어지기 전에 임차주택에 새로운 이해관계를 맺은 선의의 제3자에 대해서도 기존의 주택임차권의 대항력은 유지된다.

⑰ 주민등록이 직권말소된 후 임차인이 「주민등록법」 소정의 이의절차에 의하여 말소된 주민등록을 회복한 것이 아니라면, 직권말소 후 재등록이 이루어지기 이전에 이해관계를 맺은 선의의 제3자에 대하여는 임차권으로 대항할 수 없다.

⑱ 부동산등기부상 '에이(A)'동이라고 표시된 연립주택의 임차인이 '가'동이라고 전입신고를 한 경우, 임차인의 주민등록은 유효한 공시방법으로 볼 수 있다.

⑲ 당해 임대차계약이 통정허위표시에 의한 계약이어서 무효라는 등의 특별한 사정이 있는 경우는 별론으로 하고 임대차계약 당사자가 기존 채권을 임대차보증금으로 전환하여 임대차계약을 체결하였다는 사정만으로 임차인이 「주택임대차보호법」 제3조 제1항 소정의 대항력을 갖지 못한다고 볼 수는 없다.

⑳ 주택임차인이 그 지위를 강화하고자 별도로 전세권설정등기를 마친 경우, 주택임차인이 「주택임대차보호법」상의 대항요건을 상실하면 이미 취득한 「주택임대차보호법」상의 대항력과 우선변제권을 상실한다.

㉑ 주택임차인에게 대항력이 발생하는 시점은 주택의 인도와 주민등록을 모두 갖춘 다음 날의 오전 0시부터이다.

㉒ 임차인이 주택의 인도를 받고 전입신고와 확정일자를 받은 익일에 동일자로 저당권이 설정되고 그 저당권이 실행된 경우에도 임차인은 경락인에게 임차권을 주장할 수 있다.

(2) 임차주택의 양수인

① 주택임차인이 제3자에 대한 대항력을 갖춘 후 임차주택의 소유권이 양도되어 그 양수인이 임대인의 지위를 승계하는 경우에는 보증금반환채무도 부동산소유권과 결합하여 일체로서 이전하는 것(면책적 채무인수에 해당함)이므로 양도인의 임대인으로서의 지위나 보증금반환채무는 소멸한다.

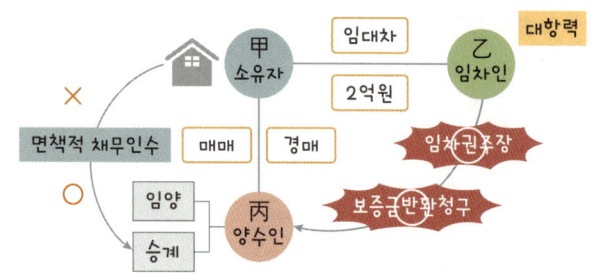

② 임차주택의 양수인이 임대인의 지위를 승계하더라도 임차주택의 양도 전에 발생한 연체차임이나 관리비는 원칙적으로 양수인에게 승계되지 않는다.

③ 임차주택의 양수인이 주택의 소유권을 취득한 후 임대차관계가 종료되어 임차인에게 보증금을 반환하여야 하는 경우에 임대인의 지위를 승계하기 전에 발생한 연체차임은 보증금에서 당연히 공제된다.

④ 임차주택의 양수인이 임차보증금반환채무를 부담하게 된 이후에 임차인이 주민등록을 옮기더라도 이미 발생한 임차보증금반환채무가 소멸하는 것은 아니다.

⑤ 대항력 있는 주택임대차에 있어 기간만료나 당사자의 합의 등으로 임대차가 종료된 상태에서 임차주택이 양도되었으나 임차인이 임대인의 지위 승계를 원하지 않는 경우, 임차인이 임차주택의 양도사실을 안 때로부터 상당한 기간 내에 이의를 제기하면 양도인의 임차인에 대한 보증금반환채무는 소멸하지 않는다.
⑥ 「주택임대차보호법」상 대항력을 갖춘 임차인의 임대차보증금반환채권이 가압류된 상태에서 임대주택이 양도된 경우, 양수인은 채권가압류의 제3채무자 지위를 승계하고, 이 경우 가압류채권자는 양수인에 대하여만 가압류의 효력을 주장할 수 있다.
⑦ 소유권을 취득하였다가 주택에 대한 매매계약의 해제로 인하여 소유권을 상실하게 된 임대인으로부터 그 계약이 해제되기 전에 주택을 임차받아 「주택임대차보호법」상의 대항요건을 갖춘 임차인에 대하여 계약해제로 소유권을 회복한 제3자는 임차주택의 양수인으로서 임대인의 지위를 승계하므로 보증금반환채무를 부담한다.
⑧ 임대차의 목적이 된 주택을 담보목적으로 「신탁법」에 따라 신탁한 경우에 수탁자는 임대인의 지위를 승계한다.
⑨ 후순위저당권의 실행으로 목적부동산이 경락된 경우에는 선순위저당권까지도 당연히 소멸하는 것이므로 소멸된 선순위저당권보다 뒤에 등기되었거나 대항력을 갖춘 임차권은 함께 소멸한다. 따라서 그 경락인은 「주택임대차보호법」 제3조에서 말하는 임차주택의 양수인 중에 포함된다고 할 수 없을 것이므로 임차인은 경락인에 대하여 그 임차권의 효력을 주장할 수 없다.
⑩ 부동산의 경매절차에 있어서 「주택임대차보호법」상의 대항요건을 갖춘 임차권보다 선순위의 근저당권이 있는 경우는, 낙찰로 인하여 선순위근저당권이 소멸하면 그보다 후순위의 임차권도 그 대항력을 상실하는 것이지만, 낙찰대금지급기일 이전에 선순위근저당권이 다른 사유로 소멸한 경우에는 임차권의 대항력이 소멸하지 않는다.
⑪ 가압류등기 후 부동산을 임차한 주택임차인은 경락인에 대하여 자신의 주택임차권을 주장할 수 없다.
⑫ 임차주택의 대지만을 경락받은 자는 임차주택의 양수인에 해당하지 않는다.
⑬ 임차주택의 양도담보권자는 임차주택의 양수인에 해당하지 않는다.

3 우선변제권과 최우선변제권 33회·34회

요건 검토	① 우선변제권: 대항요건 + 확정일자 ② 최우선변제권: 대항요건만 필요(확정일자 불요) ③ 우선변제권과 최우선변제권 모두 배당요구채권에 해당한다.
의미 검토	① 우선변제의 의미: 대항요건과 확정일자를 갖춘 주택임차인은 임차주택(대지 포함)의 환가대금에서 후순위권리자 기타 채권자보다 우선하여 보증금을 변제받을 권리가 있다. ② 최우선변제의 의미: 임차인은 보증금 중 일정액을 다른 담보물권자보다 우선하여 변제받을 권리가 있다.
우선 변제권의 행사	① 임차인이 임차주택에 대하여 보증금반환청구소송의 확정판결 기타 이에 준하는 집행권원에 기한 경매를 신청하는 경우에는 반대의무의 이행 또는 이행의 제공을 집행개시의 요건으로 하지 아니한다. ② 임차인은 임차주택을 양수인에게 인도하지 아니하면 보증금을 우선변제받을 수 없다(이는 임차인이 보증금을 수령하기 위해서는 임차주택을 명도한 증명을 하여야 한다는 의미이지 주택인도의무가 보증금반환의무보다 선이행되어야 한다는 의미가 아님).

우선 변제권의 승계	① 일정한 금융기관이 우선변제권을 취득한 임차인의 보증금반환채권을 계약으로 양수한 경우에는 양수한 금액의 범위에서 우선변제권을 승계한다. ② 우선변제권을 승계한 금융기관은 임차인이 대항요건을 상실한 경우와 임차권등기명령에 따른 임차권등기가 말소된 경우 및 민법상 임대차등기가 말소된 경우에는 우선변제권을 행사할 수 없다. ③ 우선변제권을 승계한 금융기관이더라도 우선변제권을 행사하기 위하여 임차인을 대리하거나 대위하여 임대차를 해지할 수는 없다.
최우선 변제의 범위	① 최우선변제를 받을 임차인 및 보증금 중 일정액의 범위와 기준은 주택가액의 2분의 1의 범위 안에서 대통령령으로 정한다. ② 최우선변제의 범위

구분	보증금의 범위	최우선 변제금액
서울특별시	1억 6,500만원 이하	5,500만원
과밀억제권역	1억 4,500만원 이하	4,800만원
광역시 등	8,500만원 이하	2,800만원
기타 지역	7,500만원 이하	2,500만원

(1) 우선변제권

① 주택임차인이 주택의 인도와 주민등록을 마친 당일 또는 그 이전에 임대차계약증서상에 확정일자를 갖춘 경우 우선변제권의 발생시기는 주택의 인도와 주민등록을 마친 다음 날이다.

주택인도 + 주민등록	확정일자	대항력	우선변제권
5.1.	5.1.	5.2. 오전 0시	5.2.
5.6.	5.1.	5.7. 오전 0시	5.7.
5.1.	5.6.	5.2. 오전 0시	5.6.

② 「주택임대차보호법」상의 대항력과 우선변제권을 모두 가지고 있는 임차인이 보증금을 반환받기 위하여 보증금반환청구소송의 확정판결 등 집행권원을 얻어 임차주택에 대하여 스스로 강제경매를 신청하였다면 특별한 사정이 없는 한 대항력과 우선변제권 중 우선변제권을 선택하여 행사한 것으로 보아야 하고, 이 경우 우선변제권을 인정받기 위하여 배당요구의 종기까지 별도로 배당요구를 하여야 하는 것은 아니다.

③ 「주택임대차보호법」상의 임차주택에는 건물뿐만 아니라 그 대지도 포함된다.

④ 주택임차인이 임차권의 대항력을 취득하고 임대차계약서상에 확정일자를 갖춘 후 다른 곳으로 주민등록을 이전하였다가 재전입한 경우, 임차인은 다시 확정일자를 받을 필요 없이 재전입 이후에 그 주택에 관하여 담보물권을 취득한 자보다 우선하여 보증금을 변제받을 수 있다.

⑤ 「주택임대차보호법」상의 대항요건과 확정일자를 갖춘 임차인은 임차주택의 양수인에게 대항하여 보증금의 반환을 받을 때까지 임대차관계의 존속을 주장할 수 있는 권리와 보증금에 관하여 임차주택의 가액으로부터 우선변제를 받을 수 있는 권리를 겸유하므로 위 두 가지 권리 중 하나를 선택하여 행사할 수 있다.

⑥ 대항력과 우선변제권을 겸유하고 있는 임차인이 배당요구를 하였으나 순위에 따른 배당이 실시되더라도 배당받을 수 없는 보증금 잔액이 있는 경우, 그 잔액에 대하여 경락인에게 대항하여 이를 반환받을 때까지 임대차관계의 존속을 주장할 수 있다.

⑦ 대항력과 우선변제권을 겸유하고 있는 임차인이 배당요구를 하였으나 보증금 전액을 배당받지 못한 경우, 후행 경매절차에서는 우선변제권에 의한 배당을 받을 수 없다.

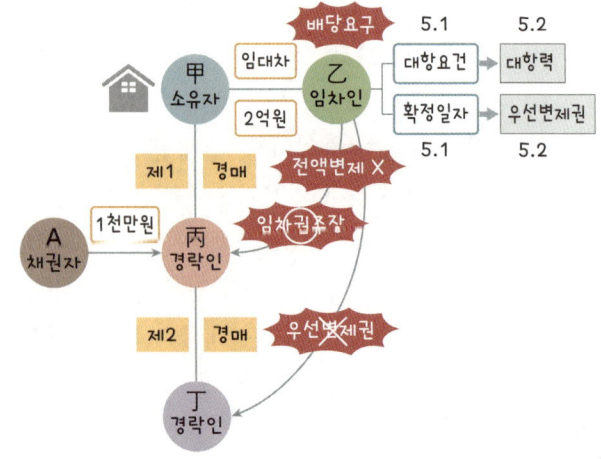

⑧ 우선변제권을 갖는 주택임차인과 선순위의 가압류채권자와의 배당관계는 평등배당이다.
⑨ 대항력을 갖춘 임차인이 저당권설정등기 이후에 임대인과의 합의에 의하여 보증금을 증액한 경우 보증금 중 증액부분에 관해서는 저당권에 기하여 건물을 경락받은 소유자에게 대항할 수 없다.
⑩ 주택임대차로서의 우선변제권을 취득한 것처럼 외관을 만들었을 뿐 실제 주택을 주거용으로 사용·수익할 목적을 갖지 아니한 계약에는 「주택임대차보호법」이 정하고 있는 우선변제권이 인정되지 않는다.

(2) 최우선변제권

① 다가구용 단독주택의 대지 및 건물에 관한 근저당권자가 그 대지 및 건물에 관한 경매를 신청하였다가 그중 건물에 대한 경매신청만을 취하함으로써 이를 제외한 대지부분만이 낙찰되었다고 하더라도, 그 주택의 소액임차인은 그 대지에 관한 낙찰대금 중에서 소액보증금을 담보물권자보다 우선하여 변제받을 수 있다.
② 「주택임대차보호법」상의 소액보증금반환채권은 배당요구가 필요한 배당요구채권에 해당하므로, 적법한 배당요구를 하지 아니하여 배당에서 제외된 경우 배당받은 후순위채권자를 상대로 부당이득반환청구를 할 수 없다.
③ 소액보증금의 우선변제는 대지에 관한 저당권설정 당시에 이미 주택이 존재하는 경우에만 적용될 수 있는 것이고, 대지에 관한 저당권설정 후 지상에 주택이 신축된 경우 건물의 소액임차인에게는 그 저당권실행에 따른 대지의 환가대금에 대한 우선변제권이 없다.
④ 임대차계약의 주된 목적이 주택을 사용·수익하려는 데 있는 것이 아니고 소액임차인으로 보호받아 기존 채권을 회수하려는 데에 있는 경우에는 「주택임대차보호법」상의 소액임차인으로 보호받을 수 없다.

4 임차권등기명령

① 임대차가 끝난 후 보증금이 반환되지 아니한 경우 임차인은 임차주택의 소재지를 관할하는 지방법원·지방법원지원 또는 시·군 법원에 임차권등기명령을 신청할 수 있다. 우선변제권을 승계한 금융기관은 임차인을 대위하여 임차권등기명령을 신청할 수 있다.
② 임차권등기명령의 집행에 의한 임차권등기를 마치면 임차인은 대항력과 우선변제권을 취득한다. 다만, 임차인이 임차권등기 이전에 이미 대항력 또는 우선변제권을 취득한 경우에는 그 대항력 또는 우선변제권은 그대로 유지되며, 임차권등기 이후에는 대항요건을 상실하더라도 이미 취득한 대항력 또는 우선변제권을 상실하지 않는다.
③ 임차권등기명령의 집행에 따른 임차권등기가 끝난 주택을 그 이후에 임차한 임차인은 최우선변제를 받을 권리가 없다.
④ 임차인은 임차권등기명령의 신청 및 그에 따른 임차권등기와 관련하여 든 비용을 임대인에게 청구할 수 있다.
⑤ 임대인의 보증금반환의무는 임차인의 임차권등기명령에 의한 임차권등기말소의무보다 먼저 이행되어야 할 의무이다.
⑥ 임차권등기명령에 의하여 임차권등기를 한 임차인은 배당요구를 하지 않아도 우선변제를 받을 수 있다.

5 존속기간

존속기간	① 최단존속기간 제한규정 ○: 기간을 정하지 아니하거나 2년 미만으로 정한 임대차는 그 기간을 2년으로 본다. ② 임차인은 2년 미만으로 정한 기간이 유효함을 주장할 수 있다. ③ 임대차기간이 끝난 경우에도 임차인이 보증금을 반환받을 때까지는 임대차관계가 존속되는 것으로 본다.
계약갱신요구권	① 임차인은 임대차기간이 만료되기 6개월 전부터 2개월 전까지 임대인에게 임대차계약의 갱신을 요구할 수 있다. ② 1회에 한하여 갱신을 요구할 수 있고, 이 경우 갱신되는 임대차의 존속기간은 2년으로 본다. ③ 계약갱신요구권의 행사에 의하여 갱신되는 임대차의 경우 임차인은 언제든지 임대인에게 계약해지의 통고를 할 수 있고, 임대인이 그 통고를 받은 날부터 3개월이 지나면 해지의 효력이 발생한다. ④ 임대인의 동의를 받고 전대차계약을 체결한 전차인은 임차인의 계약갱신요구권 행사기간 이내에 임차인을 대위하여 임대인에게 계약갱신요구권을 행사할 수 있다. → 상가임대차에는 전차인의 계약갱신요구권 대위행사가 있으나 주택임대차에는 없음

임대인이 임차인의
계약갱신요구를
거절할 수 있는 경우
	① 임차인이 2기의 차임액에 해당하는 금액에 이르도록 차임을 연체한 사실이 있는 경우
	② 임차인이 거짓이나 그 밖의 부정한 방법으로 임차한 경우
	③ 서로 합의하여 임대인이 임차인에게 상당한 보상을 제공한 경우
	④ 임차인이 임대인의 동의 없이 목적 주택의 전부 또는 일부를 전대한 경우
	⑤ 임차인이 임차한 주택의 전부 또는 일부를 고의나 중대한 과실로 파손한 경우
	⑥ 임차한 주택의 전부 또는 일부가 멸실되어 임대차의 목적을 달성하지 못할 경우
	⑦ 임대인이 다음의 어느 하나에 해당하는 사유로 목적 주택의 전부 또는 대부분을 철거하거나 재건축하기 위하여 목적 주택의 점유를 회복할 필요가 있는 경우
	    ㉠ 임대차계약 체결 당시 공사시기 및 소요기간 등을 포함한 철거 또는 재건축계획을 임차인에게 구체적으로 고지하고 그 계획에 따르는 경우
	    ㉡ 건물이 노후·훼손 또는 일부 멸실되는 등 안전사고의 우려가 있는 경우
	    ㉢ 다른 법령에 따라 철거 또는 재건축이 이루어지는 경우
	⑧ 임대인(임대인의 직계존속·직계비속을 포함)이 목적 주택에 실제 거주하려는 경우
	⑨ 그 밖에 임차인이 임차인으로서의 의무를 현저히 위반하거나 임대차를 계속하기 어려운 중대한 사유가 있는 경우

법정갱신	① 임대인이 임대차기간이 끝나기 6개월 전부터 2개월 전까지의 기간에 임차인에게 갱신거절의 통지를 하지 아니하거나 계약조건을 변경하지 아니하면 갱신하지 아니한다는 뜻의 통지를 하지 아니한 경우에는 그 기간이 끝난 때에 전 임대차와 동일한 조건으로 다시 임대차한 것으로 본다. ② 임차인이 임대차기간이 끝나기 2개월 전까지 통지하지 아니한 경우에도 또한 같다. ③ 주택임대차가 법정갱신된 경우 임대차의 존속기간은 2년으로 본다. ④ 임차인은 언제든지 임대인에게 계약해지의 통고를 할 수 있고, 임대인이 그 통고를 받은 날부터 3개월이 지나면 해지의 효력이 발생한다. ⑤ 2기의 차임액에 달하도록 연체하거나 그 밖에 임차인으로서의 의무를 현저히 위반한 임차인에 대하여는 법정갱신이 인정되지 않는다.

심's 출제포인트

❶ 임차인이 계약갱신요구권 행사기간 내에 계약갱신을 요구하였더라도, 임차주택의 양수인은 이 기간 내에는 실거주를 이유로 임차인의 계약갱신요구를 거절할 수 있다.

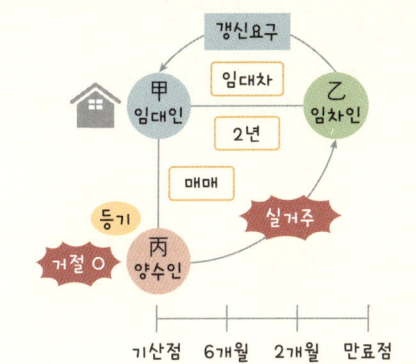

❷ 계약갱신요구권을 행사한 주택임차인의 계약해지통지가 갱신된 임대차계약기간이 개시되기 전에 임대인에게 도달한 경우, 그 효력은 갱신된 임대차계약기간이 개시된 때로부터 3개월이 지난 때가 아니라 해지통지가 임대인에게 도달한 때로부터 3개월이 지난 때에 발생한다.

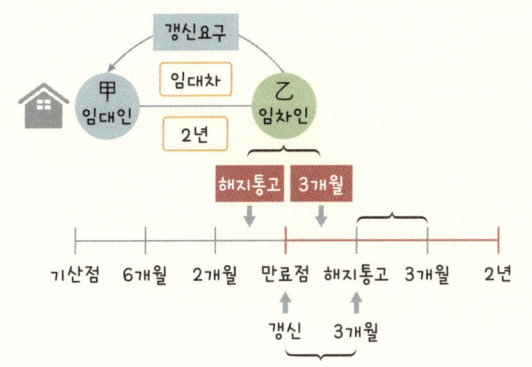

6 차임증감청구권

① 당사자는 약정한 차임이나 보증금이 임차주택에 관한 조세, 공과금, 그 밖의 부담의 증감이나 경제사정의 변동으로 인하여 적절하지 아니하게 된 때에는 장래에 대하여 그 증감을 청구할 수 있다. 그러나 차임 등의 증액청구는 약정한 차임이나 보증금의 20분의 1의 금액을 초과하지 못한다.

② 임차인이 증액비율을 초과하여 차임 또는 보증금을 지급한 경우에는 초과 지급된 차임 또는 보증금 상당금액의 반환을 청구할 수 있다.

③ 이 경우 증액청구는 임대차계약 또는 약정한 차임이나 보증금의 증액이 있은 후 1년 이내에는 하지 못한다.

④ 보증금의 전부 또는 일부를 월 단위의 차임으로 전환하는 경우에는 대통령령으로 정하는 비율(연 1할)과 한국은행에서 공시한 기준금리에 대통령령으로 정하는 이율(연 2%)을 더한 비율 중 낮은 비율을 곱한 월차임의 범위를 초과할 수 없다.

7 임차권의 승계

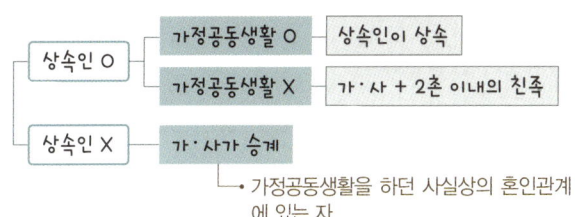

POINT 02 상가건물 임대차보호법

1 입법목적과 적용범위

입법목적	상가임차인을 보호 ⇨ 국민의 경제생활 안정보장
법적 성격	① 민법상 임대차의 특별법 ② 편면적 강행규정
물적 적용범위	① 상가건물의 임대차: ○ ② 임대차 목적물의 주된 부분을 영업용으로 사용하는 경우: ○ └ 사실행위와 더불어 영리활동이 함께 이루어진 경우에는 적용 ○ ③ 등기하지 아니한 전세계약: ○ ④ 일시사용을 위한 임대차: ✕

보증금의 제한	① 「상가건물 임대차보호법」의 적용을 받기 위해서는 환산보증금이 다음 금액 이하이어야 한다. └ 보증금 + (차임 × 100)
	
	    │ 서울특별시 │ 9억원 이하 │
	    │ 수도권 과밀억제권역 및 부산광역시 │ 6억 9천만원 이하 │
	    │ 광역시 등 │ 5억 4천만원 이하 │
	    │ 기타 │ 3억 7천만원 이하 │
	
	② 환산보증금이 위 금액을 초과하더라도 인정되는 것들: 대항력, 계약갱신요구권, 차임연체와 해지, 권리금보호, 표준권리금계약서 작성, 감염병(코로나) 예방을 위한 집합제한 조치에 따른 폐업으로 인한 해지권은 인정된다.
	③ 환산보증금이 위 금액을 초과한 경우 계약갱신요구권에 있어서 주의할 점
	    ㉠ 경제사정 변동 시 5%를 초과해서 차임증액청구를 할 수 있다.
	    ㉡ 임대차기간을 정하지 않은 경우에는 계약갱신요구권을 행사할 수 없다.

2 대항력

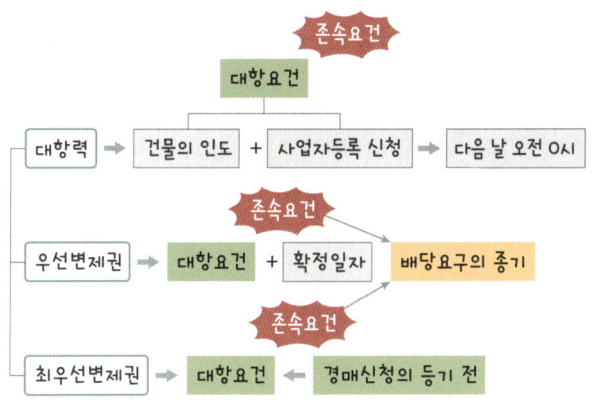

대항력의 요건	건물의 인도 + 사업자등록 신청 → 다음 날 오전 0시부터 대항력을 취득한다.
대항력의 내용	① 대항력을 취득한 후에 상가건물의 소유권을 취득한 양수인에 대해 임차인은 임차권을 주장할 수 있다. ② 임차건물의 양수인은 임대인의 지위를 승계한 것으로 본다.

① 상가건물을 임차하고 사업자등록을 마친 사업자가 임차건물을 전대차한 경우에도 전차인이 건물을 인도받아 자신의 명의로 사업자등록을 하면 임차인은 대항력을 취득한다.

② 사업자등록을 마친 사업자가 폐업신고를 하였다가 다시 같은 상호 및 등록번호로 사업자등록을 하였더라도 「상가건물 임대차보호법」상의 대항력 및 우선변제권이 그대로 존속한다고 할 수 없다.

③ 소유권이전등기청구권을 보전하기 위한 가등기가 경료된 후에 「상가건물 임대차보호법」상 대항력을 취득한 임차인은 그 가등기에 기하여 본등기를 경료한 자에 대하여 임대차의 효력으로써 대항할 수 없다(가등기 이후에 대항요건을 갖춘 사안임. ∴ 가등기 전에 이미 대항요건을 갖추고 가등기 후에 임차권등기가 된 경우에는 본등기를 경료한 자에게 대항할 수 있다).

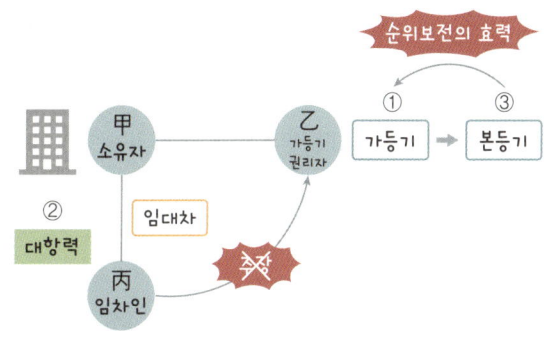

④ 「상가건물 임대차보호법」 소정의 대항요건을 갖춘 상가건물임차인은 그에 앞서 담보권을 취득한 담보권자 또는 그 담보권에 기한 환가절차에서 당해 주택을 취득하는 취득자에 대하여 자신의 임차권을 주장할 수 없다.

⑤ 임차건물의 양수인이 임대인의 지위를 승계하면, 양수인은 임차인에게 보증금반환의무를 부담하고 임차인은 양수인에게 차임지급의무를 부담한다.

⑥ 임차건물의 소유권이 이전되기 전에 이미 발생한 연체차임이나 관리비 등은 별도의 채권양도절차가 없는 한 원칙적으로 임차건물의 양수인에게 이전되지 않는다.

⑦ 「상가건물 임대차보호법」이 적용되는 상가건물의 임대차가 기간만료나 당사자의 합의, 해지 등으로 종료된 경우 보증금을 반환받을 때까지 임차 목적물을 계속 점유하면서 사용·수익한 임차인은 종전 임대차계약에서 정한 차임을 지급할 의무를 부담할 뿐, 시가에 따른 차임에 상응하는 부당이득금을 지급할 의무를 부담하는 것은 아니다.

3 우선변제권과 최우선변제권

요건 검토	① 우선변제권: 대항요건 + 확정일자 ② 최우선변제권: 대항요건만 필요(확정일자 불요) ③ 우선변제권과 최우선변제권 모두 배당요구채권에 해당한다.
의미 검토	① 우선변제의 의미: 대항요건과 확정일자를 갖춘 임차인은 임차건물(대지 포함)의 환가대금에서 후순위권리자 기타 채권자보다 우선하여 보증금을 변제받을 권리가 있다. ② 최우선변제의 의미: 임차인은 보증금 중 일정액을 다른 담보물권자보다 우선하여 변제받을 권리가 있다.
우선변제권의 행사	① 임차인이 임차건물에 대하여 보증금반환청구소송의 확정판결, 그 밖에 이에 준하는 집행권원에 기한 경매를 신청하는 경우에는 반대의무의 이행 또는 이행의 제공을 집행개시의 요건으로 하지 아니한다. ② 임차인은 임차건물을 양수인에게 인도하지 아니하면 보증금을 우선변제받을 수 없다.
우선변제권의 승계	① 일정한 금융기관이 우선변제권을 취득한 임차인의 보증금반환채권을 계약으로 양수한 경우에는 양수한 금액의 범위에서 우선변제권을 승계한다. ② 우선변제권을 승계한 금융기관은 임차인이 대항요건을 상실한 경우와 임차권등기명령에 따른 임차권등기가 말소된 경우 및 민법상 임대차등기가 말소된 경우에는 우선변제권을 행사할 수 없다. ③ 우선변제권을 승계한 금융기관이더라도 우선변제권을 행사하기 위하여 임차인을 대리하거나 대위하여 임대차를 해지할 수는 없다.
최우선변제의 범위	① 최우선변제를 받을 임차인 및 보증금 중 일정액의 범위와 기준은 임대건물가액의 2분의 1의 범위 안에서 대통령령으로 정한다. ② 최우선변제의 범위 | 구분 | 보증금*의 범위 | 최우선변제금액 | |---|---|---| | 서울특별시 | 6,500만원 이하 | 2,200만원 | | 과밀억제권역 | 5,500만원 이하 | 1,900만원 | | 광역시 등 | 3,800만원 이하 | 1,300만원 | | 기타 지역 | 3,000만원 이하 | 1,000만원 | * 환산보증금을 기준으로 함

4 임차권등기명령제도

① 임대차가 종료된 후 보증금이 반환되지 아니한 경우 임차인은 임차건물의 소재지를 관할하는 법원에 임차권등기명령을 신청할 수 있다(우선변제권을 승계한 금융기관은 임차인을 대위하여 임차권등기명령을 신청할 수 있음).

② 임차권등기명령의 집행에 따른 임차권등기를 마치면 임차인은 대항력과 우선변제권을 취득한다.

③ 임차인이 임차권등기 이전에 이미 대항력 또는 우선변제권을 취득한 경우에는 그 대항력 또는 우선변제권이 그대로 유지되며, 임차권등기 이후에는 대항요건을 상실하더라도 이미 취득한 대항력 또는 우선변제권을 상실하지 않는다.

④ 임차권등기명령의 집행에 따른 임차권등기를 마친 건물을 그 이후에 임차한 임차인은 최우선변제를 받을 권리가 없다.

⑤ 임차인은 임차권등기명령의 신청 및 그에 따른 임차권등기와 관련하여 든 비용을 임대인에게 청구할 수 있다.

5 존속기간

존속기간	① 최단존속기간 제한규정 ○: 기간을 정하지 아니하거나 1년 미만으로 정한 임대차는 그 기간을 1년으로 본다. ② 임차인은 1년 미만으로 정한 기간이 유효함을 주장할 수 있다. ③ 임대차가 종료한 경우에도 임차인이 보증금을 돌려받을 때까지는 임대차관계는 존속하는 것으로 본다.
계약갱신요구권	① 임대인은 임차인이 임대차기간이 만료되기 6개월 전부터 1개월 전까지 사이에 계약갱신을 요구할 경우 정당한 사유 없이 거절하지 못한다. ② 임차인의 계약갱신요구권은 최초의 임대차기간을 포함한 전체 임대차기간이 10년을 초과하지 아니하는 범위에서만 행사할 수 있다(법정갱신에는 적용 X). ③ 임차인의 계약갱신요구권 행사에 의해 갱신되는 임대차는 전 임대차와 동일한 조건으로 다시 계약된 것으로 본다. 다만, 차임과 보증금은 제11조에 따른 범위에서 증감할 수 있다. ④ 임차인은 언제든지 임대인에게 계약해지의 통고를 할 수 있고, 임대인이 그 통고를 받은 날부터 3개월이 지나면 해지의 효력이 발생한다. • 주택임대차가 계약갱신요구권 행사에 의해 갱신된 경우에는 임차인의 해지통고규정이 있으나 상가임대차에는 없음

임대인이 임차인의 계약갱신요구를 거절할 수 있는 경우	① 임차인이 3기의 차임액에 해당하는 금액에 이르도록 차임을 연체한 사실이 있는 경우
	② 임차인이 거짓이나 그 밖의 부정한 방법으로 임차한 경우
	③ 서로 합의하여 임대인이 임차인에게 상당한 보상을 제공한 경우
	④ 임차인이 임대인의 동의 없이 목적 건물의 전부 또는 일부를 전대한 경우
	⑤ 임차인이 임차한 건물의 전부 또는 일부를 고의나 중대한 과실로 파손한 경우
	⑥ 임차한 건물의 전부 또는 일부가 멸실되어 임대차의 목적을 달성하지 못할 경우
	⑦ 임대인이 다음의 어느 하나에 해당하는 사유로 목적 건물의 전부 또는 대부분을 철거하거나 재건축하기 위하여 목적 건물의 점유를 회복할 필요가 있는 경우
	    ㉠ 임대차계약 체결 당시 공사시기 및 소요기간 등을 포함한 철거 또는 재건축계획을 임차인에게 구체적으로 고지하고 그 계획에 따르는 경우
	    ㉡ 건물이 노후·훼손 또는 일부 멸실되는 등 안전사고의 우려가 있는 경우
	    ㉢ 다른 법령에 따라 철거 또는 재건축이 이루어지는 경우: 임대차 종료 시 「도시 및 주거환경정비법」상 관리처분계획인가·고시가 이루어졌다면, 임대인은 임차인의 계약갱신요구를 거절할 수 있지만, 사업시행인가·고시가 이루어졌다는 사정만으로는 임차인의 계약갱신요구를 거절할 수 없다.
	⑧ 그 밖에 임차인이 임차인으로서의 의무를 현저히 위반하거나 임대차를 계속하기 어려운 중대한 사유가 있는 경우

법정갱신	① 임대인이 임대차기간이 만료되기 6개월 전부터 1개월 전까지의 기간에 임차인에게 갱신거절의 통지 또는 조건변경의 통지를 하지 아니한 경우에는 그 기간이 만료된 때에 전 임대차와 동일한 조건으로 다시 임대차한 것으로 본다. ② 임차인이 임대차기간이 만료되기 1개월 전까지 통지하지 아니한 경우에도 또한 같다. 　→ 주택임대차에는 임차인의 갱신거절통지기간에 제한이 있으나 상가임대차에는 임차인의 갱신거절통지기간에 제한이 없음 ③ 상가건물 임대차가 법정갱신된 경우 임대차의 존속기간은 1년으로 본다. ④ 임차인은 언제든지 임대인에게 계약해지의 통고를 할 수 있고, 임대인이 그 통고를 받은 날부터 3개월이 지나면 해지의 효력이 발생한다. ⑤ 3기의 차임액에 달하도록 연체하거나 그 밖에 임차인으로서의 의무를 현저히 위반한 임차인에 대하여는 법정갱신이 인정되지 않는다. 　→ 주택임대차에는 차임연체 시 법정갱신 배제규정이 있으나 상가임대차에는 없음

심's 출제포인트

① 「상가건물 임대차보호법」이 적용되는 상가건물의 임차인은 언제든지 갱신거절의 통지를 할 수 있고, 갱신거절의 통지를 한 때에는 법정갱신이 인정되지 않고 임대차기간의 만료일에 임대차가 종료한다.
② 「상가건물 임대차보호법」이 적용되는 상가건물의 임대차가 기간만료나 당사자의 합의, 해지 등으로 종료된 경우 보증금을 반환받을 때까지 임차 목적물을 계속 점유하면서 사용·수익한 임차인은 종전 임대차계약에서 정한 차임을 지급할 의무를 부담할 뿐, 시가에 따른 차임에 상응하는 부당이득금을 지급할 의무를 부담하는 것은 아니다.

6 차임증감청구권

① 차임 또는 보증금이 임차건물에 관한 조세, 공과금 그 밖의 부담의 증감이나 「감염병의 예방 및 관리에 관한 법률」 제2조 제2호에 따른 제1급 감염병 등에 의한 경제사정의 변동으로 인하여 상당하지 아니하게 된 경우에는 당사자는 장래의 차임 또는 보증금에 대하여 증감을 청구할 수 있다. 그러나 증액의 경우에는 청구 당시의 차임 또는 보증금의 100분의 5를 초과할 수 없다.
② 임차인이 증액비율을 초과하여 차임 또는 보증금을 지급한 경우에는 초과 지급된 차임 또는 보증금 상당금액의 반환을 청구할 수 있다.
③ 차임 등의 증액청구는 임대차계약 또는 약정한 차임 등의 증액이 있은 후 1년 이내에는 할 수 없다.
④ 보증금의 전부 또는 일부를 월 단위의 차임으로 전환하는 경우에는 그 전환되는 금액에, 대통령령으로 정하는 비율(연 1할 2푼)과 한국은행에서 공시한 기준금리에 대통령령으로 정하는 배수(4.5배)를 곱한 비율 중 낮은 비율을 곱한 월차임의 범위를 초과할 수 없다.

7 권리금보호

① 임대인은 임대차기간이 끝나기 6개월 전부터 임대차 종료 시까지 다음의 어느 하나에 해당하는 행위를 함으로써 권리금계약에 따라 임차인이 주선한 신규임차인이 되려는 자로부터 권리금을 지급받는 것을 방해하여서는 아니 된다.

> ㉠ 임차인이 주선한 신규임차인이 되려는 자에게 권리금을 요구하거나 임차인이 주선한 신규임차인이 되려는 자로부터 권리금을 수수하는 행위
> ㉡ 임차인이 주선한 신규임차인이 되려는 자로 하여금 임차인에게 권리금을 지급하지 못하게 하는 행위
> ㉢ 임차인이 주선한 신규임차인이 되려는 자에게 상가건물에 관한 조세, 공과금, 주변 상가건물의 차임 및 보증금, 그 밖의 부담에 따른 금액에 비추어 현저히 고액의 차임과 보증금을 요구하는 행위
> ㉣ 그 밖에 정당한 사유 없이 임대인이 임차인이 주선한 신규임차인이 되려는 자와 임대차계약의 체결을 거절하는 행위

② 임대인이 임차인이 주선한 신규임차인이 되려는 자와 임대차계약 체결을 거절할 수 있는 경우

> ㉠ 임차인이 주선한 신규임차인이 되려는 자가 보증금 또는 차임을 지급할 자력이 없는 경우
> ㉡ 임차인이 주선한 신규임차인이 되려는 자가 임차인으로서의 의무를 위반할 우려가 있거나 그 밖에 임대차를 유지하기 어려운 상당한 사유가 있는 경우
> ㉢ 임대인이 선택한 신규임차인이 임차인과 권리금 계약을 체결하고 그 권리금을 지급한 경우
> ㉣ 임대차 목적물인 상가건물을 1년 6개월 이상 영리목적으로 사용하지 아니한 경우: 임대인이 임대차 종료 후 상가건물을 1년 6개월 이상 사용하지 아니한 경우를 말함(임대인이 임차인이 주선한 자와 신규임대차계약을 거절하고 권리금을 가로챌 의도 없이 상가건물을 비영리목적으로 사용한 기간이 실제 1년 6개월 이상이 되어야 함)

③ 임대인이 임차인의 권리금 회수기회를 방해하여 임차인에게 손해를 발생하게 한 때에는 그 손해를 배상할 책임이 있다. 이 경우 그 손해배상액은 신규임차인이 임차인에게 지급하기로 한 권리금과 임대차 종료 당시의 권리금 중 낮은 금액을 넘지 못한다.

④ 임차인이 임대인에게 손해배상을 청구할 권리는 임대차가 종료한 날부터 3년 이내에 행사하지 아니하면 시효의 완성으로 소멸한다.

⑤ 권리금보호가 적용되지 않는 경우

> ㉠ 임대인이 임차인의 계약갱신요구를 거절할 수 있는 경우
> ㉡ 상가건물이 대규모점포 또는 국·공유재산인 경우(전통시장은 적용 ○)
> ㉢ 임차인이 상가건물을 전대차한 경우: 전차인은 제3자에게 영업을 양도하고 권리금을 받기로 한 경우 임차인에게 전대차계약을 체결해 달라고 요구할 수 없다.

⑥ 국토교통부장관은 법무부장관과 협의를 거쳐 임차인과 신규임차인이 되려는 자의 권리금 계약 체결을 위한 표준권리금계약서를 정하여 그 사용을 권장할 수 있다.

⑦ 법무부장관은 국토교통부장관과 협의를 거쳐 보증금, 차임액, 임대차기간, 수선비 분담 등의 내용이 기재된 상가건물임대차표준계약서를 정하여 그 사용을 권장할 수 있다.

8 차임연체와 해지

① 임차인의 차임연체액이 3기의 차임액에 달하는 때에는 임대인은 계약을 해지할 수 있다.
② 상가건물이 공유인 경우 임대차계약의 해지와 임대인의 갱신거절의 통지는 공유물의 관리행위이므로 이는 지분의 과반수로써 결정하여야 한다.

POINT 03 집합건물의 소유 및 관리에 관한 법률

1 전유부분과 구분소유권 32회·36회

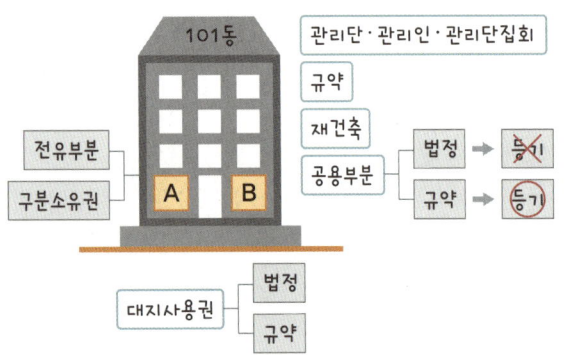

① **전유부분**: 구분소유권의 목적인 건물부분
② **구분소유권**: 1동 건물 중 구조상의 독립성 및 이용상의 독립성을 가진 전유부분을 목적으로 하는 소유권
③ **구분건물이 되기 위한 요건**: 구조상·이용상의 독립성 + 구분행위
④ 구분행위로 인정받기 위해서 등기부에 구분건물로 등기되거나 집합건축물대장에 구분건물로 등록될 필요는 없다(분양계약이나 건축허가 신청만으로도 됨).
⑤ 분양자와 시공자는 구분소유자에 대하여 건물의 건축상 하자에 대해서 담보책임을 진다(대지의 권리상 하자에 대해서는 담보책임 ✕).
⑥ **담보책임의 존속기간**: 건물의 주요구조부와 지반공사의 하자는 10년이고, 그 외의 하자는 5년의 범위에서 대통령령으로 정한다.
⑦ **담보책임의 기산점**: 전유부분은 구분소유자에게 인도한 날부터이며, 공용부분은 사용승인일 또는 사용검사일부터이다.

2 공용부분

법정공용부분	① 전유부분 이외의 건물부분: 복도, 계단, 지붕, 엘리베이터, 지하실 등 ② 전유부분에 속하지 아니하는 건물의 부속물: 전기배선, 저수탱크, 소화시설 등
규약공용부분	① 규약공용부분: 구조상으로는 전유부분이지만 규약에 의하여 공용부분으로 된 부속건물(관리사무실, 창고, 차고 등) ② 법정공용부분은 등기할 필요가 없으나, 규약공용부분은 등기하여야 한다.
소유형태	① 공용부분은 구분소유자 전원의 공유에 속하나, 일부공용부분은 그들 구분소유자의 공유에 속한다. 다만, 일부공용부분의 관리는 구분소유자 전원에게 이해관계가 있는 사항이면 구분소유자 전원의 집회결의로써 결정하고, 그 밖의 사항은 그것을 공용하는 구분소유자만의 집회결의로써 결정한다. ② 각 공유자의 지분은 그가 가지는 전유부분의 면적비율에 따른다.
일체성의 원칙	① 수반성: 공용부분에 대한 공유자의 지분은 그가 가지는 전유부분의 처분에 따른다. ② 분리처분금지: 공유자는 그가 가지는 전유부분과 분리하여 공용부분에 대한 지분을 처분할 수 없다. ③ 공용부분에 관한 물권의 득실변경은 등기가 필요하지 않다.

3 대지사용권

개념	대지사용권	구분소유자가 전유부분을 소유하기 위하여 건물의 대지에 대해서 가지는 권리(소유권, 지상권, 전세권, 임차권 등) ① 법정대지: 전유부분이 속하는 1동의 건물이 소재하는 대지 ② 규약대지: 규약에 의하여 건물의 대지로 된 도로, 주차장, 정원, 부속건물의 대지 등 ③ 규약대지는 법정대지와 인접할 필요는 없다.
	대지권	대지사용권으로서 건물과 분리하여 처분할 수 없는 것
	분할청구금지	대지 위에 구분소유권의 목적인 건물이 속하는 1동의 건물이 있을 때에는 그 대지의 공유자는 그 건물 사용에 필요한 범위의 대지에 대하여는 분할을 청구하지 못한다.
	시가매도청구권	대지사용권을 가지지 아니한 구분소유자가 있을 때에는 그 전유부분의 철거를 청구할 권리를 가진 자는 그 구분소유자에 대하여 구분소유권을 시가로 매도할 것을 청구할 수 있다.
일체성의 원칙		① 수반성: 구분소유자의 대지사용권은 그가 가지는 전유부분의 처분에 따른다. ② 분리처분금지: 구분소유자는 규약으로 달리 정하지 않는 한, 그가 가지는 전유부분과 분리하여 대지사용권을 처분할 수 없다. → 분리처분을 명하는 법원의 결정도 무효임 ③ 대항력: 분리처분금지는 그 취지를 등기하지 아니하면 선의로 물권을 취득한 제3자에게 대항하지 못한다. ④ 구분소유자가 둘 이상의 전유부분을 소유한 경우에는 각 전유부분의 처분에 따르는 대지사용권은 전유부분의 면적비율에 따른다.
지분포기의 경우		① 민법 제267조 규정은 「집합건물의 소유 및 관리에 관한 법률」상의 대지사용권에는 적용되지 않는다. ② 구분소유자가 대지사용권에 대한 지분을 포기하거나 상속인 없이 사망하더라도 그 지분은 다른 구분소유자에게 귀속하지 않는다.

4 구분소유자의 권리·의무

권리와 의무	① 각 공유자는 공용부분을 그 용도에 따라 사용할 수 있다. ② 구분소유자는 건물의 보존에 해로운 행위나 그 밖에 건물의 관리 및 사용에 관하여 구분소유자의 공동의 이익에 어긋나는 행위를 하여서는 안 된다. ③ 구분소유자가 공동의 이익에 어긋나는 행위를 한 경우 또는 그 행위를 할 우려가 있는 경우에는 관리인 또는 관리단집회의 결의에 의하여 지정된 구분소유자는 위반행위의 정지청구, 전유부분의 사용금지청구, 구분소유권과 대지사용권의 경매청구, 전유부분의 점유자에 대한 인도청구를 할 수 있다. ④ 의결정족수: 사용금지청구, 경매청구, 인도청구는 구분소유자의 4분의 3 이상 및 의결권의 4분의 3 이상의 관리단집회의 결의가 있어야 한다. ⑤ 전유부분이 속하는 1동의 건물의 설치 또는 보존의 흠으로 인하여 다른 자에게 손해를 입힌 경우에는 그 흠은 공용부분에 존재하는 것으로 추정한다. ⑥ 구분소유자는 그 전유부분이나 공용부분을 보존·개량하기 위하여 필요한 범위에서 다른 구분소유자의 전유부분의 사용을 청구할 수 있다.
공용부분의 관리	① 공용부분의 관리에 관한 사항은 원칙적으로 통상의 집회결의로써 결정한다(보존행위는 각 공유자가 할 수 있음). ② 공용부분의 변경에 관한 사항은 구분소유자의 3분의 2 이상 및 의결권의 3분의 2 이상의 다수에 의한 집회결의로써 결정한다(공용부분의 개량을 위한 것으로서 지나치게 많은 비용이 드는 것이 아닐 경우와 휴양콘도미니엄의 공용부분 변경에 관한 사항은 통상의 집회결의로써 결정할 수 있음). ③ 구분소유권과 대지사용권의 범위나 내용에 변동을 일으키는 공용부분의 변경에 관한 사항은 관리단집회에서 구분소유자의 5분의 4 이상 및 의결권의 5분의 4 이상의 결의로써 결정한다. ④ 각 공유자는 규약에 달리 정함이 없는 한 그 지분의 비율에 따라 공용부분의 관리비용 기타 의무를 부담하며, 공용부분에서 생기는 이익을 취득한다. ⑤ 공유자가 공용부분에 관하여 다른 공유자에 대하여 가지는 채권은 그 특별승계인에 대하여도 행사할 수 있다. ⑥ 아파트의 특별승계인은 전 입주자의 체납관리비 중 공용부분에 관하여는 이를 승계하여야 한다. ⑦ 공용부분 관리비에 대한 연체료는 이미 전 구분소유자에게 확정된 채무이므로 특별승계인에게 승계되지 않는다. ⑧ 구분소유권의 특별승계인이 그 구분소유권을 다시 제3자에게 이전한 경우, 각 특별승계인들은 자신의 전(前) 구분소유자의 공용부분에 대한 체납관리비를 지급할 책임이 있다(병존적 채무인수에 해당).
불법점유 제거방법	① 제3자의 불법점유에 대한 방해제거와 부당이득반환 또는 손해배상청구: 제1차적으로는 구분소유자가 각각 또는 전원의 이름으로 할 수 있고, 관리인이 선임되어 있으면 제2차적으로 관리인이 할 수 있다. ② 입주자대표회의는 공동주택의 구분소유자를 대리하여 구분소유권에 기초한 방해제거청구권을 행사할 수 없다.
구분소유자의 일부가 공용부분을 배타적으로 사용·수익한 경우	① 집합건물의 구분소유자가 관리단집회 결의나 다른 구분소유자의 동의 없이 공용부분을 독점적으로 점유·사용하고 있는 경우, 다른 구분소유자는 공용부분의 보존행위로서 그 인도를 청구할 수 없다. ② 구분소유자 중 일부가 정당한 권원 없이 집합건물의 복도, 계단 등과 같은 공용부분을 배타적으로 점유·사용한 경우, 특별한 사정이 없는 한 해당 공용부분을 점유·사용함으로써 얻은 이익을 다른 구분소유자에게 부당이득으로 반환하여야 한다.

5 관리단과 관리인

관리단	① 건물에 대하여 구분소유관계가 성립되면 구분소유자 전원을 구성원으로 하여 건물과 그 대지 및 부속시설의 관리에 관한 사업의 시행을 목적으로 하는 관리단이 설립된다. ② 관리단에는 관리인의 사무집행의 감독을 위하여 규약으로 정하는 바에 따라 관리위원회를 둘 수 있다. ③ 관리위원회의 위원은 구분소유자 중에서 관리단집회의 결의에 의하여 선출한다.
관리인	① 임의적 선임: 구분소유자가 10인 이상일 때에는 관리단을 대표하고 관리단의 사무를 집행할 관리인을 선임하여야 한다(관리인은 구분소유자일 필요 없음). ② 관리인은 관리단집회의 결의로 선임되거나 해임된다. ③ 관리인에게 부정한 행위나 그 밖에 그 직무를 수행하기에 적합하지 아니한 사정이 있을 때에는 각 구분소유자는 관리인의 해임을 법원에 청구할 수 있다.
관리인의 권한과 의무	① 권한 　㉠ 공용부분의 보존 행위 　㉡ 공용부분의 관리 및 변경에 관한 관리단집회 결의를 집행하는 행위 　㉢ 공용부분의 관리비용 등 관리단의 사무 집행을 위한 비용과 분담금을 각 구분소유자에게 청구·수령하는 행위 및 그 금원을 관리하는 행위 　㉣ 관리단의 사업 시행에 관련하여 관리단을 대표하여 하는 재판상 또는 재판 외의 행위 　㉤ 소음·진동·악취 등을 유발하여 공동생활의 평온을 해치는 행위의 중지 요청 또는 분쟁조정절차 권고 등 필요한 조치를 하는 행위 　㉥ 그 밖에 규약에 정하여진 행위 ② 의무: 관리인은 매년 1회 이상 구분소유자에게 그 사무에 관한 보고를 하여야 한다. ③ 관리인의 대표권은 제한할 수 있다. 다만, 이로써 선의의 제3자에게 대항할 수 없다.
관리단집회의 소집	① 정기 관리단집회: 관리인은 매년 회계연도 종료 후 3개월 이내에 정기 관리단집회를 소집하여야 한다. ② 임시 관리단집회 　㉠ 관리인은 필요하다고 인정할 때에는 관리단집회를 소집할 수 있다. 　㉡ 구분소유자의 5분의 1 이상이 회의의 목적사항을 구체적으로 밝혀 관리단집회의 소집을 청구한 때에는 관리인은 관리단집회를 소집하여야 한다. ③ 소집절차 　㉠ 관리단집회를 소집하고자 할 때에는 관리단 집회일의 1주일 전에 회의의 목적사항을 구체적으로 밝혀 각 구분소유자에게 통지하여야 한다. 　㉡ 관리단집회는 구분소유자 전원의 동의가 있는 때에는 소집절차를 거치지 아니하고 소집할 수 있다.
관리단집회의 결의	① 관리단집회는 통지한 사항에 관하여서만 결의할 수 있다. 다만, 구분소유자 전원의 동의로 소집된 관리단집회는 소집절차에서 통지되지 않은 사항에 대해서도 결의할 수 있다. ② 각 구분소유자의 의결권은 규약에 특별한 규정이 없는 경우에는 지분비율에 따른다. ③ 전유부분을 여럿이 공유하는 경우에는 공유자는 관리단집회에서 의결권을 행사할 1인을 정한다. ④ 분양대금을 완납하였음에도 분양자 측의 사정으로 소유권이전등기를 경료받지 못한 수분양자도 관리단의 구성원이 되어 의결권을 행사할 수 있다. ⑤ 관리단집회의 의사는 원칙적으로 구분소유자의 과반수 및 의결권의 과반수로써 의결한다. ⑥ 의결권은 서면이나 대리인을 통하여 또는 전자적 방법으로 행사할 수 있다. ⑦ 관리단집회에서 적법하게 결의된 사항은 그 결의에 반대한 구분소유자에 대하여도 효력이 있고, 구분소유자의 특별승계인에 대하여도 효력이 있다.

관리단의 채무	관리단이 그의 재산으로 채무를 전부 변제할 수 없는 경우에는 구분소유자는 지분비율에 따라 관리단의 채무를 변제할 책임을 진다.

6 규약

보충성	① 건물과 대지 또는 부속시설의 관리 또는 사용에 관한 구분소유자 상호간의 사항 중 「집합건물의 소유 및 관리에 관한 법률」에서 규정하지 아니한 사항은 규약으로써 정할 수 있다. ② 규약의 설정, 변경 및 폐지는 관리단집회에서 구분소유자의 4분의 3 이상 및 의결권의 4분의 3 이상의 찬성을 얻어서 한다. ③ 규약은 구분소유자의 특별승계인에 대하여도 효력이 있다.

7 재건축

재건축결의	① 재건축결의는 구분소유자의 5분의 4 이상 및 의결권의 5분의 4 이상의 다수에 의한 결의에 따른다. ② 하나의 단지 내에 있는 여러 동의 건물 전부를 일괄하여 재건축하는 경우에는 각각의 건물마다 재건축결의 정족수를 충족하여야 한다. ③ 재건축결의에 있어서 필수적 결의사항 　㉠ 새 건물의 설계의 개요 　㉡ 건물의 철거 및 새 건물의 건축에 드는 비용을 개략적으로 산정한 금액 　㉢ 개략적으로 산정한 금액의 비용분담에 관한 사항 　㉣ 새 건물의 구분소유권 귀속에 관한 사항 ④ 재건축결의가 있은 때에는 집회를 소집한 자는 지체 없이 그 결의에 찬성하지 아니한 구분소유자에 대하여 그 결의내용에 따른 재건축에 참가할 것인지 여부를 회답할 것을 서면으로 촉구하여야 한다. ⑤ 위의 촉구를 받은 구분소유자는 촉구를 받은 날부터 2개월 이내에 회답하여야 한다. 이 기간 내에 회답하지 아니한 경우 그 구분소유자는 재건축에 참가하지 아니하겠다는 뜻을 회답한 것으로 본다. ⑥ 위 기간이 지나면 매수지정자는 기간만료일로부터 2개월 이내에 재건축에 참가하지 아니하겠다는 뜻을 회답한 구분소유자에 대하여 구분소유권과 대지사용권을 시가로 매도할 것을 청구할 수 있다(시가매도청구권은 형성권임).
재건축결의 내용의 변경	① 재건축결의 내용의 변경을 위한 의결정족수: 조합원 5분의 4 이상의 결의 ② 재건축결의 내용의 변경방법: 서면결의로도 가능

POINT 04 가등기담보 등에 관한 법률

1 비전형담보

매도담보	1천만원의 자금을 필요로 하는 甲이 시가 3천만원 상당의 자신의 토지를 1천만원에 乙에게 매도하고 필요한 자금을 얻은 다음 뒷날에 그 1천만원을 반환함으로써 토지소유권을 다시 찾아오는 경우
양도담보	1천만원의 자금을 필요로 하는 甲이 소비대차계약에 의하여 乙로부터 1천만원을 차용하고 이 채무를 담보하기 위해 자신 소유의 물건을 乙에게 이전하는 형식을 취하는 경우
가등기담보	1천만원의 자금을 필요로 하는 甲이 소비대차계약에 의하여 乙로부터 1천만원을 차용하면서 변제기에 1천만원을 갚지 않을 경우 시가 3천만원 상당의 자신의 토지를 대신 주기로 약정하고 그 예약에 따른 소유권이전등기청구권을 보전하기 위해 甲 소유 토지 위에 乙 명의로 가등기하는 경우

2 「가등기담보 등에 관한 법률」의 적용범위

34회

적용의 전제요건	① 목적물이 공시할 수 있을 것 ② 예약 당시의 목적물의 가액이 차용액과 이에 붙인 이자를 합산한 액수를 초과할 것 ③ 채권담보목적의 계약이 있을 것(예 대물변제의 예약, 매매예약 등) ④ 소비대차에 기한 채권일 것
적용되지 않는 경우	① 공사대금채권, 매매대금채권, 물품대금선급금 반환채권, 불하대금채권, 매매계약의 해제에 따른 대금반환채권, 불법행위채권, 부당이득반환채권을 담보하기 위하여 가등기한 경우에는 적용되지 않는다. 그러나 대여금채권과 물품대금채권을 담보하기 위해 가등기담보권을 설정하였으나 그 후 채무자가 물품대금채무만 전액 변제하여 대여금채권만 남게 된 경우에는 적용된다. ② 동산과 전세권, 질권 및 저당권에 대해서도 적용되지 않는다. ③ 예약 당시의 목적물의 가액이 차용액과 이에 붙인 이자를 합산한 액수에 미달하는 경우에도 적용되지 않는다(이때에는 청산금의 평가액을 통지할 필요도 없음).

3 가등기담보권의 실행

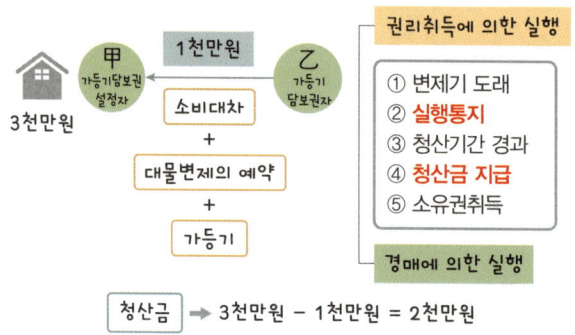

	실행순서	변제기 도래 ⇨ 실행통지 ⇨ 청산기간(2개월) 경과 ⇨ 청산금 지급 ⇨ 소유권취득
권리취득에 의한 실행	실행통지	① 통지사항: 청산금의 평가액 　㉠ 채권자가 나름대로 평가한 청산금의 액수가 객관적인 청산금의 평가액에 미달하더라도 담보권 실행통지로서의 효력은 인정된다. 　㉡ 청산금의 평가액이 채권액에 미달하여 청산금이 없다고 인정되는 때에는 그 뜻을 통지하여야 한다. 　㉢ 채권자는 그가 통지한 청산금의 금액에 관하여 다툴 수 없다. ② 통지의 상대방: 채무자 + 물상보증인 + 제3취득자(담보가등기 후 소유권을 취득한 제3자) ③ 통지시기: 피담보채권의 변제기 이후 ④ 통지방법: 서면 또는 구두 청산금의 평가액 ➡ 5천만원 - (1천만원 + 1천만원) = 3천만원
	청산	① 청산기간: 실행통지가 도달한 날로부터 2개월이 경과하여야 한다(피담보채무를 변제하는 데 필요한 시간을 확보해 주기 위함임). ② 채무자는 청산기간이 지나기 전에 청산금에 관한 권리의 양도나 그 밖의 처분으로써 후순위권리자에게 대항하지 못한다.
	소유권 취득	① 청산금이 없는 경우: 청산기간 경과 후에 곧바로 본등기를 청구할 수 있다. ② 청산금이 있는 경우: 청산기간 경과 후에 청산금을 지급 또는 공탁한 후 본등기를 청구할 수 있다. 이 때 본등기를 하기 위해 지출한 절차비용은 청산금에서 공제할 수 없다. ③ 채무자 등은 청산금채권을 변제받을 때까지 피담보채무를 변제하고 채권담보의 목적으로 경료된 소유권이전등기 또는 가등기의 말소를 청구할 수 있다. 　㉠ 채무의 변제기가 지난 때로부터 10년이 지난 경우 말소청구를 할 수 없다. 　㉡ 선의의 제3자가 소유권을 취득한 경우 말소청구를 할 수 없다.

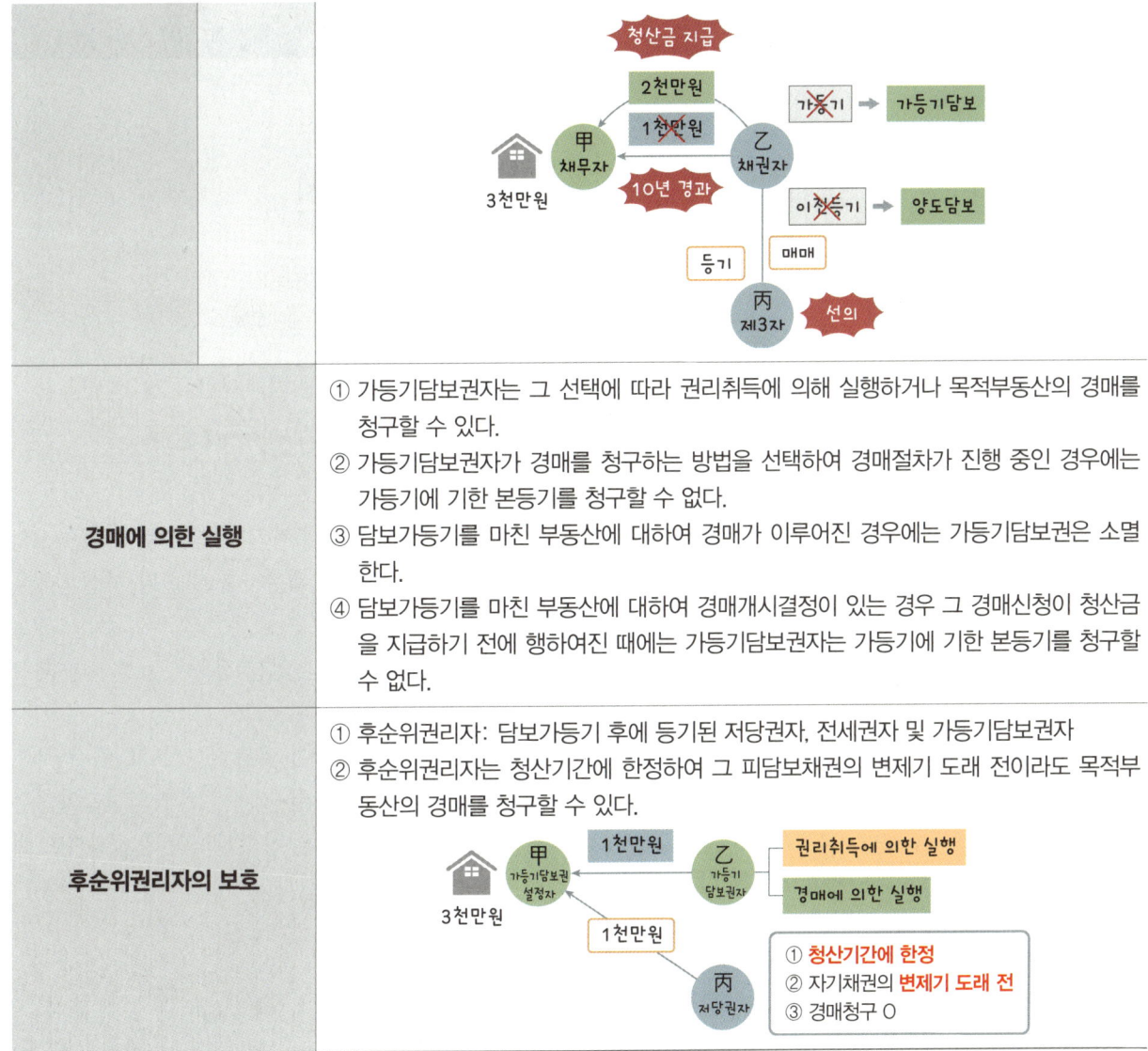

경매에 의한 실행	① 가등기담보권자는 그 선택에 따라 권리취득에 의해 실행하거나 목적부동산의 경매를 청구할 수 있다. ② 가등기담보권자가 경매를 청구하는 방법을 선택하여 경매절차가 진행 중인 경우에는 가등기에 기한 본등기를 청구할 수 없다. ③ 담보가등기를 마친 부동산에 대하여 경매가 이루어진 경우에는 가등기담보권은 소멸한다. ④ 담보가등기를 마친 부동산에 대하여 경매개시결정이 있는 경우 그 경매신청이 청산금을 지급하기 전에 행하여진 때에는 가등기담보권자는 가등기에 기한 본등기를 청구할 수 없다.
후순위권리자의 보호	① 후순위권리자: 담보가등기 후에 등기된 저당권자, 전세권자 및 가등기담보권자 ② 후순위권리자는 청산기간에 한정하여 그 피담보채권의 변제기 도래 전이라도 목적부동산의 경매를 청구할 수 있다.

심's 출제포인트

❶ 청구권보전의 가등기인지 담보가등기인지 여부는 등기부상의 등기원인에 의하여 형식적으로 결정되는 것이 아니고, 거래의 실질과 당사자의 의사해석에 따라 결정된다.

❷ 가등기담보의 경우 담보목적물에 대한 사용·수익권은 가등기담보권설정자인 소유자에게 있다. 그러나 청산절차가 종료되면 담보목적물에 대하여 사용·수익권은 가등기담보권자인 채권자에게 있다.

❸ 채권자가 청산금지급 이전에 본등기와 담보목적물의 인도를 받을 수 있다거나 청산기간이나 동시이행관계를 인정하지 아니하는 처분정산형 담보권실행은 허용되지 않는다(가등기담보 등에 관한 법률은 귀속청산방식만 인정함).

❹ 「가등기담보 등에 관한 법률」상의 청산절차를 거치지 아니한 본등기는 원칙적으로 무효이다(후에 청산절차를 마치면 실체적 권리관계에 부합하여 유효한 등기가 됨).

❺ 토지와 그 위의 건물이 동일한 소유자에게 속한 경우 그 토지나 건물에 대하여 가등기담보권자가 권리취득에 의한 실행에 의해 소유권을 취득한 경우 그 건물의 소유를 목적으로 그 토지 위에 지상권이 설정된 것으로 본다.

❻ 가등기담보권자가 청산절차를 거치지 않고 본등기를 한 후 담보목적 부동산을 선의의 제3자에게 처분하여 소유권이 전등기가 마쳐진 경우에는 가등기담보권자의 본등기도 그 본등기를 마친 시점부터 확정적으로 유효하게 된다.

POINT 05 부동산 실권리자명의 등기에 관한 법률

1 적용범위

제2조【정의】 이 법에서 사용하는 용어의 뜻은 다음과 같다.
1. '명의신탁약정'이란 부동산에 관한 소유권이나 그 밖의 물권을 보유한 자 또는 사실상 취득하거나 취득하려고 하는 자가 타인과의 사이에서 대내적으로는 실권리자가 부동산에 관한 물권을 보유하거나 보유하기로 하고 그에 관한 등기는 그 타인의 명의로 하기로 하는 약정을 말한다. 다만, 다음 각 목의 경우는 제외한다.
   가. 채무의 변제를 담보하기 위하여 채권자가 부동산에 관한 물권을 이전받거나 가등기하는 경우
   나. 부동산의 위치와 면적을 특정하여 2인 이상이 구분소유하기로 하는 약정을 하고 그 구분소유자의 공유로 등기하는 경우
   다. 「신탁법」 또는 「자본시장과 금융투자업에 관한 법률」에 따른 신탁재산인 사실을 등기한 경우

제8조【종중, 배우자 및 종교단체에 대한 특례】 다음 각 호의 어느 하나에 해당하는 경우로서 조세포탈, 강제집행의 면탈 또는 법령상 제한의 회피를 목적으로 하지 아니하는 경우에는 제4조부터 제7조까지 및 제12조 제1항부터 제3항까지를 적용하지 아니한다.
1. 종중이 보유한 부동산에 관한 물권을 종중 외의 자의 명의로 등기한 경우
2. 배우자 명의로 부동산에 관한 물권을 등기한 경우
3. 종교단체의 명의로 그 산하조직이 보유한 부동산에 관한 물권을 등기한 경우

제4조【명의신탁약정의 효력】 ① 명의신탁약정은 무효로 한다.
② 명의신탁약정에 따른 등기로 이루어진 부동산에 관한 물권변동은 무효로 한다. 다만, 부동산에 관한 물권을 취득하기 위한 계약에서 명의수탁자가 어느 한쪽 당사자가 되고 상대방 당사자는 명의신탁약정이 있다는 사실을 알지 못한 경우에는 그러하지 아니하다.
③ 제1항 및 제2항의 무효는 제3자에게 대항하지 못한다.

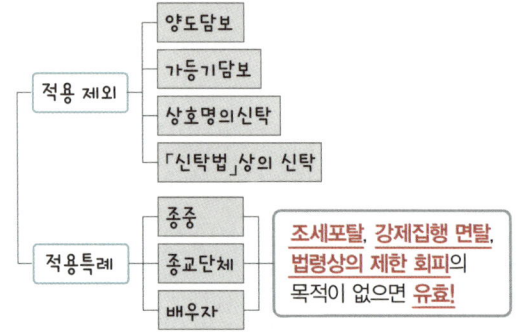

① 특례가 적용되는 배우자 간 명의신탁에 있어서의 배우자는 법률상의 배우자를 말한다(사실혼배우자는 포함 ✕).
② 신탁자가 수탁자와 혼인한 경우에는 혼인한 때로부터 특례가 적용된다.
③ 배우자 간 명의신탁이 유효한 것으로 인정된 후 배우자 일방이 사망한 경우, 그 명의신탁약정은 사망한 배우자의 다른 상속인과의 관계에서도 여전히 유효하게 존속한다.

2 유효한 명의신탁

사례

甲은 조세포탈·강제집행의 면탈 또는 법령상 제한의 회피를 목적으로 하지 않고, 배우자 乙과의 명의신탁약정에 따라 자신의 토지를 乙의 명의로 소유권이전등기를 마쳤다.

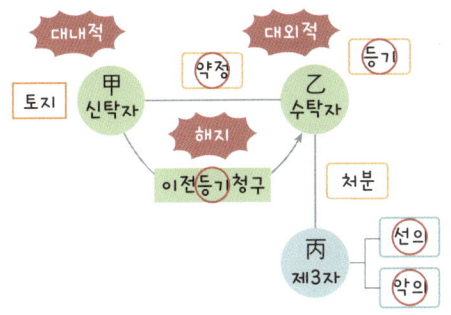

① 명의신탁이 유효한 경우 대내적 소유권은 신탁자가 보유하고 대외적 소유권은 수탁자가 보유한다.
② 신탁자는 언제든지 명의신탁약정을 해지하여 소유권이전등기를 청구할 수 있다.
③ 신탁자가 제3자에게 목적물을 매도하더라도 이는 타인의 권리매매에 해당하지 않는다.
④ 대외적 소유권은 수탁자에게 있으므로 제3자가 목적물을 불법점유하는 경우 수탁자만 소유권에 기한 방해제거청구권을 행사할 수 있다(신탁자는 수탁자의 소유권에 기한 방해제거청구권을 대위행사만 할 수 있음).
⑤ 수탁자가 목적물을 처분한 경우 제3자는 선의·악의를 불문하고 보호된다.

3 이자 간 명의신탁

↳ 이전형 명의신탁

34회·35회·36회

사례

甲은 법령상 제한을 회피하기 위해서 친구 乙과 명의신탁약정을 맺고 자기 소유의 X토지에 대해 乙 명의로 소유권이전등기를 마쳤다. 이후 乙은 丙에게 X토지를 매매하고 소유권이전등기를 경료해 주었다.

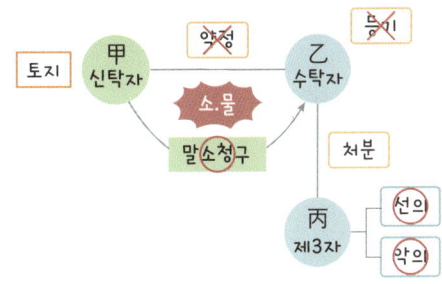

① 甲·乙 간의 명의신탁약정도 무효이고, 등기에 의한 물권변동도 무효이다.
② 대내적·대외적 소유권은 甲이 보유한다.
③ 甲은 乙을 상대로 소유권에 기한 방해제거청구권을 행사하여 등기말소를 청구하거나 진정명의회복을 원인으로 한 소유권이전등기를 청구할 수 있다(부당이득반환을 원인으로 한 소유권이전등기청구는 할 수 없음).
④ 丙은 선의·악의를 불문하고 보호된다(乙이 다시 소유권을 취득해도 甲은 乙에게 소유권에 기한 반환청구 ✕).

4 등기명의신탁
└ 중간생략형 명의신탁

사례

2025.2.1. 甲은 丙 소유의 X토지를 매수하려고 마음먹고, 세금관계 등의 이유로 친구 乙의 이름을 빌리기로 乙과 합의한 뒤, 丙에게 이러한 사정을 이야기하고 丙과 X토지를 매수하는 매매계약을 체결하여 乙 명의로 소유권이전등기를 마쳤다. 이후 乙은 丁에게 X토지를 매매하고 소유권이전등기를 경료해 주었다.

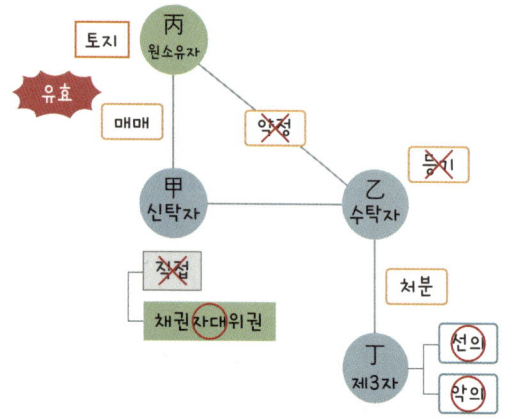

① 甲·乙 간의 명의신탁약정도 무효이고, 丙에게서 乙에게로 이전된 등기에 의한 물권변동도 무효이다.
② 소유권은 여전히 丙이 보유한다. 따라서 丙은 乙을 상대로 소유권에 기한 방해제거청구권을 행사해 등기말소를 청구할 수 있다.
③ 甲과 丙 사이의 매매는 유효하므로 甲은 丙을 상대로 매매대금의 반환을 청구할 수 없고, 甲은 자신에게 소유권이전등기를 하기 위해서는 丙을 대위하여 乙을 상대로 등기말소를 구하고 다시 丙을 상대로 매매계약에 기한 소유권이전등기를 청구하여야 한다.
④ 丁은 선의·악의를 불문하고 보호된다.
⑤ 乙이 丁에게 부동산을 매도하거나 근저당권을 설정하여 丁이 부동산에 관한 권리를 취득하는 경우, 甲은 乙을 상대로 직접 부당이득반환청구를 할 수 있다.

5 계약명의신탁
└ 위임형 명의신탁

32회·33회

사례

2025.2.1. 甲은 丙 소유의 X토지를 매수하려고 마음먹고, 세금관계 등의 이유로 친구 乙의 이름을 빌리기로 乙과 합의한 뒤, 乙에게 매매대금을 주어 乙이 丙과 X토지를 매수하는 계약을 체결하고 乙 명의로 소유권이전등기를 마쳤다. 이후 乙은 丁에게 X토지를 매매하고 소유권이전등기를 경료해 주었다.

(1) 매도인이 악의인 경우

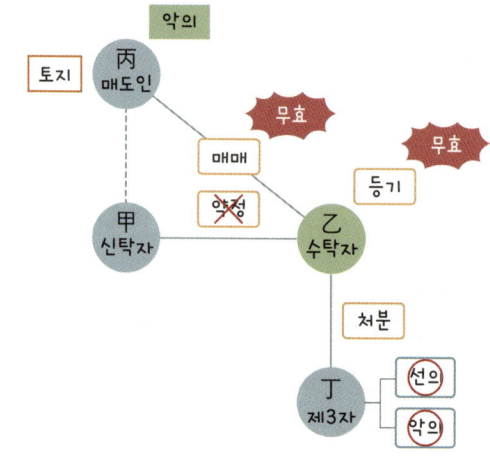

① 甲·乙 간의 명의신탁약정은 무효이다.
② 丙이 악의인 경우 매매계약과 등기에 의한 물권변동이 무효이므로 소유권은 丙이 보유한다. 이 경우 丙은 乙을 상대로 소유권에 기한 방해제거청구권을 행사해 등기말소를 청구할 수 있다.
③ 丁은 선의·악의를 불문하고 보호된다.

(2) 매도인이 선의인 경우

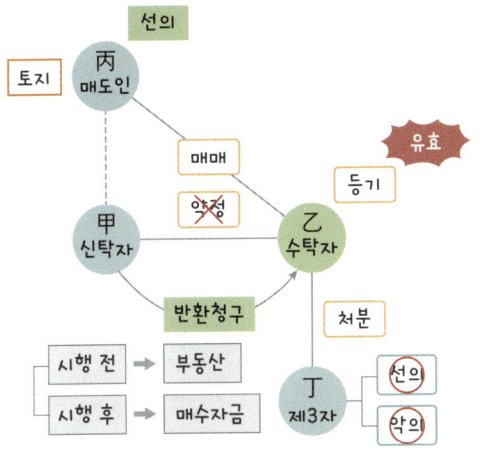

① 甲·乙 간의 명의신탁약정은 무효이다.
② 丙이 선의인 경우 매매계약과 등기에 의한 물권변동이 유효하므로 乙이 소유권을 취득한다.
③ 甲·乙 간의 명의신탁약정이 무효이므로 甲은 乙을 상대로 부당이득반환청구를 할 수 있다.
④ 부당이득의 대상: 「부동산 실권리자명의 등기에 관한 법률」 시행 전에 이루어진 명의신탁인 경우에는 부동산 자체이고, 「부동산 실권리자명의 등기에 관한 법률」 시행 후에 이루어진 명의신탁인 경우에는 매수자금이다(매수자금에 대한 부당이득반환청구권을 담보하기 위한 유치권은 불가).
⑤ 丁은 선의·악의를 불문하고 보호된다.

6 경매에 있어서의 명의신탁

사례

甲은 2025.2.1. 경매절차가 진행 중인 丙 소유의 X토지를 취득하기 위하여, 乙에게 매수자금을 지급하면서 乙 명의로 소유권이전등기를 하기로 약정하였다. 乙은 위 약정에 따라 X토지에 대한 매각허가결정을 받고 매각대금을 완납한 후 자신의 명의로 소유권이전등기를 마쳤다.

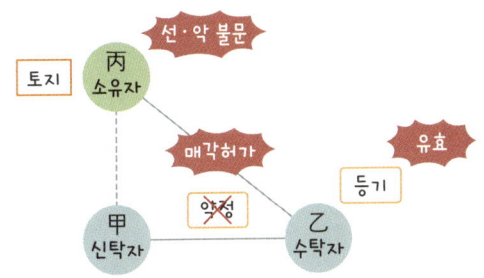

① 甲과 乙의 관계는 계약명의신탁관계에 해당한다.
② 丙이 甲과 乙 사이의 명의신탁약정사실을 알았더라도 乙은 X토지의 소유권을 취득한다.
③ 甲은 乙을 상대로 매수자금에 대해 부당이득반환청구를 할 수 있다.

에듀윌이
너를
지지할게
ENERGY

삶의 순간순간이
아름다운 마무리이며
새로운 시작이어야 한다.

– 법정 스님

MEMO

MEMO

MEMO

MEMO

MEMO

2026 에듀윌 공인중개사 심정욱 합격서 민법 및 민사특별법

발 행 일	2026년 1월 11일 초판
편 저 자	심정욱
펴 낸 이	양형남
펴 낸 곳	(주)에듀윌
I S B M	979-11-360-4001-5
등록번호	제25100-2002-000052호
주 소	08378 서울특별시 구로구 디지털로34길 55
	코오롱싸이언스밸리 2차 3층

* 이 책의 무단 인용·전재·복제를 금합니다.

www.eduwill.net

대표전화 1600-6700

여러분의 작은 소리 에듀윌은 크게 듣겠습니다.

본 교재에 대한 여러분의 목소리를 들려주세요.
공부하시면서 어려웠던 점, 궁금한 점,
칭찬하고 싶은 점, 개선할 점, 어떤 것이라도 좋습니다.

에듀윌은 여러분께서 나누어 주신 의견을
통해 끊임없이 발전하고 있습니다.

에듀윌 도서몰 book.eduwill.net
- 부가학습자료 및 정오표: 에듀윌 도서몰 → 도서자료실
- 교재 문의: 에듀윌 도서몰 → 문의하기 → 교재(내용, 출간) / 주문 및 배송

에듀윌 **직영학원**에서 합격을 수강하세요

언제나 전문 학습 매니저와 상담이 가능한 안내데스크

고품질 영상 및 음향 장비를 갖춘 최고의 강의실

재충전을 위한 카페 분위기의 아늑한 휴게실

에듀윌의 상징 노란색의 환한 학원 입구

에듀윌 직영학원 대표전화

공인중개사 학원	02)815-0600	공무원 학원	02)6328-0600	편입 학원	02)6419-0600
주택관리사 학원	02)815-3388	소방 학원	02)6337-0600	부동산아카데미	02)6736-0600
전기기사 학원	02)6268-1400				

공인중개사학원 바로가기

합격하고 꼭 해야 할 것 1

에듀윌 공인중개사
동문회 특권

1. 에듀윌 공인중개사 합격자 모임

2. 동문회 인맥북
업계 최대 네트워크

3. 개업 축하 선물

4. 온라인 커뮤니티
부동산 정보 실시간 공유

5. 오프라인 커뮤니티

지부/기수 정기모임

6. 공인중개사 취업박람회

7. 동문회 주최 실무 특강

8. 프리미엄 복지혜택
숙박/자기계발/의료 및 소식지 무료 구독

9. 마이오피스
동문 사무소 등록/조회

10. 동문회와 함께하는 사회공헌활동

※ 본 특권은 회원별로 상이하며, 예고 없이 변경될 수 있습니다.

에듀윌 공인중개사 동문회 | dongmun.eduwill.net
문의 | 1600-6700

합격하고 꼭 해야 할 것 2

에듀윌 부동산 아카데미
강의 듣기

성공 창업의 필수 코스
부동산 창업 CEO 과정

1 튼튼 창업 기초
- 창업 입지 컨설팅
- 중개사무 문서작성
- 성공 개업 실무TIP

2 중개업 필수 과정
- 실전창업과 계약서 작성
- 부동산 IT 마케팅 실무
- 부동산 토지(공법) 실무
- 부동산 상가 중개 실무
- 재개발/재건축 실무
- 부동산 세금 실무

3 성공창업 특별 과정
- 부동산 중개영업 실무
- 빌딩 중개 실무
- 중개사고방지 실무
- 사장분석 및 투자 정책
- 부동산 경매 실무

4 실전 계약서 작성 과정
- 계약서 작성 실습(주거, 상가)
- 계약서 작성 실습(토지)

부동산으로 성장하는
컨설팅 전문가 과정

1 토지, 개발 분야
- 부동산 디벨로퍼 과정
- 토지 전문가 과정
- 생활풍수 과정

2 AI, 마케팅 분야
- IT 마케팅 과정
- AI 자동화 과정
- AI 네이버 과정
- AI 빅데이터 과정

3 중개영업 분야
- 상위 1% 중개영업 과정

4 입지분석 컨설팅
- GIS 빅데이터 컨설팅

중개에서 실전 투자로
경매, 투자 과정

1 경매 분야
- 포커스 경매 과정
- 이거다 경매 과정
- 경매 임장 과정

2 빌딩, 투자 분야
- 빌딩 전문가 과정
- 소액 투자 임장 과정

3 테마 특강
- 재개발/재건축 특강
- 부동산 대출 특강
- 부동산 세법 특강

에듀윌 부동산 아카데미 | uland.eduwill.net
문의 | 온라인 강의 1600-6700, 학원 강의 02)6736-0600

꿈을 현실로 만드는
에듀윌

DREAM

공무원 교육
- 선호도 1위, 신뢰도 1위! 브랜드만족도 1위!
- 합격자 수 2,100% 폭등시킨 독한 커리큘럼

자격증 교육
- 9년간 아무도 깨지 못한 기록 합격자 수 1위
- 가장 많은 합격자를 배출한 최고의 합격 시스템

직영학원
- 검증된 합격 프로그램과 강의
- 1:1 밀착 관리 및 컨설팅
- 호텔 수준의 학습 환경

종합출판
- 온라인서점 베스트셀러 1위!
- 출제위원급 전문 교수진이 직접 집필한 합격 교재

어학 교육
- 토익 베스트셀러 1위
- 토익 동영상 강의 무료 제공

콘텐츠 제휴 · B2B 교육
- 고객 맞춤형 위탁 교육 서비스 제공
- 기업, 기관, 대학 등 각 단체에 최적화된 고객 맞춤형 교육 및 제휴 서비스

부동산 아카데미
- 부동산 실무 교육 1위!
- 상위 1% 고소득 창업/취업 비법
- 부동산 실전 재테크 성공 비법

학점은행제
- 99%의 과목이수율
- 17년 연속 교육부 평가 인정 기관 선정

대학 편입
- 편입 교육 1위!
- 최대 200% 환급 상품 서비스

국비무료 교육
- '5년우수훈련기관' 선정
- K-디지털, 산대특 등 특화 훈련과정
- 원격국비교육원 오픈

에듀윌 교육서비스 **AI 교육** AI 프롬프트 연구소/AI CLASS(ChatGPT/AICE/노션 AI/중개업 AI 등) **공무원 교육** 9급공무원/소방공무원/계리직공무원 **자격증 교육** 공인중개사/주택관리사/손해평가사/감정평가사/노무사/전기기사/경비지도사/검정고시/소방설비기사/소방시설관리사/사회복지사1급/대기환경기사/수질환경기사/건축기사/토목기사/직업상담사/청소년상담사/전기기능사/산업안전기사/산업위생관리기사/건설안전기사/위험물산업기사/위험물기능사/설비보전기사/에너지관리기사/유통관리사/물류관리사/행정사/한국사능력검정/한경TESAT/매경TEST/KBS한국어능력시험·실용글쓰기/국제무역사/무역영어 **어학 교육** 토익 교재/토익 동영상 강의 **금융/IT/비즈니스** 전산세무회계/ERP정보관리사/재경관리사/정보처리기사/컴퓨터활용능력/SQLD/ADsP **대학 편입** 편입영어·수학/연고대/의약대/경찰대/논술/면접 **직영학원** 공무원학원/소방학원/공인중개사 학원/주택관리사 학원/전기기사 학원/편입학원 **종합출판** 공무원·자격증 수험교재 및 단행본 **학점은행제** 교육부평가인정기관 원격평생교육원(사회복지사2급/경영학/CPA) **콘텐츠 제휴·B2B 교육** 교육 콘텐츠 제휴/기업 맞춤 자격증 교육/대학취업역량 강화 교육 **부동산 아카데미** 부동산 창업CEO/부동산 경매마스터/부동산 컨설팅 **주택취업센터** 실무 특강/실무 아카데미 **국비무료 교육(국비교육원)** 전기기능사/전기(산업)기사/소방설비(산업)기사/IT(빅데이터/자바프로그램/파이썬)/게임그래픽/3D프린터/실내건축디자인/웹퍼블리셔/그래픽디자인/영상편집(유튜브) 디자인/온라인 쇼핑몰광고 및 제작(쿠팡, 스마트스토어)/전산세무회계/컴퓨터활용능력/ITQ/GTQ/직업상담사

교육문의 **1600-6700** www.eduwill.net